工业和信息化普通高等教育
“十三五”规划教材立项项目

21世纪高等学校
经济管理类规划教材
高校系列

FOUNDATIONAL OF INNOVATION AND ENTREPRENEURSHIP

创新创业基础

+ 李新庚 主编
+ 杨辉 高永丰 副主编

ECONOMICS AND MANAGEMENT

人民邮电出版社
北京

图书在版编目（CIP）数据

创新创业基础 / 李新庚主编. -- 北京 ：人民邮电出版社，2016.8（2017.8重印）
21世纪高等学校经济管理类规划教材．高校系列
ISBN 978-7-115-43068-7

Ⅰ．①创… Ⅱ．①李… Ⅲ．①职业选择－高等学校－教材 Ⅳ．①G647.38

中国版本图书馆CIP数据核字(2016)第177696号

内 容 提 要

本书全面系统地阐述了创业管理的基本理论与方法，具有较强的实用性和操作性。全书共十三章，主要内容包括：创新创业概述、创新思维与技法、创新训练、创业者与创业团队、创业机会识别与评价、商业模式、创业计划书、创业项目财务分析、创业融资、创办企业、创业企业成长期管理、公司内部创业、创业风险与信用管理。

本书可作为普通高等院校创新创业相关课程的教材，也可作为新创企业或企业管理者的参考用书。

◆ 主　　编　李新庚
副 主 编　杨　辉　高永丰
责任编辑　许金霞
责任印制　沈　蓉　彭志环

◆ 人民邮电出版社出版发行　　北京市丰台区成寿寺路 11 号
邮编　100164　　电子邮件　315@ptpress.com.cn
网址　http://www.ptpress.com.cn
北京鑫正大印刷有限公司印刷

◆ 开本：700×1000　1/16
印张：16　　　　2016 年 8 月第 1 版
字数：254 千字　　2017 年 8 月北京第 4 次印刷

定价：39.80 元

读者服务热线：(010)81055256　印装质量热线：(010)81055316
反盗版热线：(010)81055315

前言 FOREWORD

2015 年 5 月，国务院办公厅印发了《关于深化高等学校创新创业教育改革的实施意见》，这是党和国家在新时期为建设创新型国家，实现“两个一百年”奋斗目标和中华民族伟大复兴中国梦，提供强大的人才智力支撑的重大战略和部署，也是对新时期高校创新创业教育赋予了新要求，提出了新任务。所以，各类高等院校建设和发展的一个重点方向，就是推进创新创业教育内涵式发展，提高高等教育质量，促进学生全面发展，推动毕业生就业创业，服务国家现代化建设。

以此为基础，如何编写出一本真正符合高等院校应用型创新创业人才教育培训的需要，打破以往创新创业基础教材强调学科体系、重理论轻实践、重知识轻实训、重管理轻服务的传统模式，这很值得我们去认真探究。为此，广东白云学院集合了一批长期在一线从事创新创业教育的教师，发挥他们在理论与实践方面的积累，突出实践性教学和案例教学的优势，共同编写了本书。

本书的体系及结构符合国内外创新创业教科书的主流，由创新和创业两部分组成。全书共十三章，围绕创新思维与技法，研究设计创业过程中创业者与创业团队建立、创业机会识别与评价、商业模式设计、创业计划书缮写、创业项目财务分析、创业融资、风险管理等内容展开。本书循序渐进地介绍创新和创业的原理和方法，在理论内容的取舍与安排上，力争做到系统完整、重点突出，并注重用案例反映创新创业实践，按照逻辑顺序来阐述创新创业过程的有关知识与技能。在写作过程中，博采国内外众多创新创业基础教科书之所长，借鉴、参考和吸收了众多的研究成果。原理阐述简明，通俗易懂，可作为各类高等院校相关课程的教材，也适合 MBA、研究生和网络教育相关专业的课程使用。

本书由广东白云学院李新庚教授担任主编，并负责全书总体框架编写和审定。杨辉、高永丰老师负责全书的统稿、各章节内容的修改和定稿工作。各章节编写成员分别是：李新庚（第一章）、杨辉（第二章）、杨宝丽（第三章）、曾华（第四章）、杨勇军（第五章）、李左声（第六章）、黎超（第七章）、贾文博（第八章）、周利芬（第九章）、陈有毅（第十章）、招建贞（第十一章）、高永丰（第十二章）、吴良勇（第十三章）。

在本书的编写过程中，得到了广东白云学院领导的大力支持，在此深表谢意。同时，我们参阅和借鉴了大量的相关书刊和网络资料，引用了部分文献资料和案例，在此谨向这些书籍、论文、案例及其他资料的作者表示诚挚感谢。

高等教育改革大潮方兴未艾，高质量教材的编写和更新是长期而艰难的过程。由于编者水平有限，加之编写时间仓促，书中的疏漏和不足之处在所难免，恳请读者提出批评和建议，以使本书不断充实完善。

编者

2016 年 6 月

目录 CONTENTS

目录

CONTENTS

目录 CONTENTS

CHAPTER1

第一章 创新创业概述

学习目标

- 创新的概念及其作用
- 创业的概念及其内涵
- 创新与创业的基本关系

关键词

创新；创业；创新与创业的关系

引导案例

Facebook（脸谱）与马克·扎克伯格

Facebook（脸谱）是一个创办于美国的社交网络服务网站，2004 年 2 月 4 日上线。互联网用户凡年龄达 13 岁，即可注册成为 Facebook 用户，并享有站内所有免费功能。2012 年 5 月 18 日，Facebook 正式在美国纳斯达克证券交易所上市。2010 年世界品牌 500 强：Facebook 超微软居第一。根据 Facebook 官方统计，截至 2012 年 9 月，站内已逾 10 余亿名的活跃用户，上传相片数量逾 2190 余亿张。用户可以建立个人专页，添加其他用户作为朋友并交换信息，包括自动更新及即时通知对方专页。此外，用户可以加入各种群组，例如工作场所、学校、学院或其他活动。2012 年 5 月 18 日，Facebook 在美国纳斯达克证券交易所上市，股票代码 FB。2013 年 2 月美国知名科技博客网 Businessinsider 根据互联网流量监测机构 com Score 的数据，列出全球最大网站前 20 名榜单，名列榜首的是 Facebook 8.367 亿独立访问者。

Facebook 的创办人是马克·扎克伯格（Mark Zuckerberg），被人们冠以“盖茨第二”。哈佛大学计算机和心理学专业辍学生。据《福布斯》杂志保守估计，马克·扎克伯格拥有 135 亿美元身家，是 2008 年全球最年轻的巨富，也是历来全球最年轻的自行创业亿万富豪。2010 年 12 月，扎克伯格被《时代杂志》评选为“2010 年年度风云人物”。2015 年，扎克伯格表示，计划将他与华裔妻子普莉希拉-陈持有的 facebook 股份中的 99%（约 450 亿美元，2879 亿元人民币）捐赠给慈善机构，为下一代改善世界。

第一节　创新的概念及其作用

一、创新的概念

1. 创新的含义

创新一词在经济学、管理学当中有特定的含义。在现代市场经济条件下，创新往往是一种新的组合，如新技术与新产品的组合、新技术与新生产过程的组合、新技术与新原料的组合、新技术与新市场的组合以及新技术与新产业组织的组合等。

大多数学者和企业人士都同意美国经济学家熊彼特关于创新的定义：创新是

指新产品的开发、新市场的开拓、新生产要素的发现、新生产经营管理方式的引进和新企业组织形式的实施。熊彼特最早在 1912 年《经济发展》一书中，提出“创新理论”一词。以后又在其他著作里加以应用和发展。1942 年，“创新理论”体系最终完成。

熊彼特说的“创新”或“新组合”，包括下列五种情况：

（1）引入一种新的产品或提供一种产品的新的质量。

（2）引进新技术，即采用一种新的生产方式。

（3）开辟一个新的市场。

（4）采用新的原材料或控制原材料的供应来源。

（5）实行一种新的组织形式，如建立一种垄断地位或打破一种垄断地位。

可见，熊彼特所说的“创新”主要是一个经济概念，而不是一个技术概念。它是指经济活动中引入某种“新”的东西，形成新的组合，因而与技术上的新发明并不是一回事。一种新的发明只有在被应用到经济活动时，才成为“创新”。

可见，创新在经济学、管理学上的意义就是新的组合，而这个组合的最初起因可能是知识的创新和技术的创新。在长期的管理实践中，创新的内容被不断地逐步扩充，包括管理创新、制度创新、组织创新、市场创新、产品创新、观念创新、管理方法创新、文化创新、品质创新等。

1985 年，被誉为“现代管理之父”的美国管理学家彼得·德鲁克发展了创新理论。他提出，任何使现有资源的财富创造潜力发生改变的行为，都可以称之为创新。德鲁克主张，创新不仅仅是创造，而且并非一定是技术上的。对一项创新的考验并不在于它的新奇性、科学内涵，或是小聪明，而在于推出市场后的成功程度，也就是能否为大众创造出新的价值。这就使人们对创新的理解拓展到技术、产品、经营、管理、市场等诸多领域，极大地丰富了创新的含义。

2．创新概念与其他相关概念的比较

要准确理解创新的含义，还有必要将创新概念与其他几个相关概念加以区别。

（1）创新与发明

创新与发明是两个不同的概念。发明是指研究活动本身或它的直接结果，而创新是发明的商业化过程或商业化结果。按照熊彼特的观点，创新是发明的首次商业化应用。因此，只有第一次把发明引入生产体系并为商业化生产服务的行为才是创新，第二次、第三次只能算作模仿。一般地，发明先于创新，两者的关系可简洁地表达为：创新=发明+开发。

（2）创新与研究开发

研究开发是科学研究与技术开发活动的统称，它是指为了增加知识储备，包括关于人类、文化和社会的知识并探索其新的应用而进行的系统的创造性工作。它是创新的前期阶段，是创新的投入，是创新成功的物质和科学基础。现在人们常以研究开发经费的多少来衡量一个国家、一个地区、一个部门或一个企业对创新的重视和投入程度，并把研究开发活动看作是创新的关键部分。

研究开发包括三种活动，即基础研究、应用研究和实验开发。其中，基础研究是指以发现自然规律和发展科学理论为目标的研究。应用研究是指把基础研究成果应用于解决新技术、新产品、新工艺和新方法等问题而进行的科学研究，它是以应用为目的，运用在已确定的科学规律的基础上形成的方法和原理，探索应用途径的研究。实验研究是指为寻求明确而又具体的技术方案而进行的研究，它根据应用研究提供的知识，创造新设备、新材料、新产品、新技术和新工艺等，以便实现某种新产品的批量生产。

二、创新型企业的品质

1．把握发展机遇，注重创新信息

对于创新性企业来说，信息和机遇二者同样重要。不断创新的企业把信息作为他们的主要战略优势，把权变理论运用于他们的经营管理活动之中，把灵活性作为他们主要的战略武器。特别是在当今信息高度发达而又快速发展的新经济时代，更是如此。

创新型企业的特长是善于利用信息，在别人认识不到机遇的地方发现机遇，在别人盲目投机（投资）的时候按兵不动，在别人犹豫不决的时候果断地采取行动。

2．以人为本，营造良好的创新环境

一般来说，创新型企业家，在企业中充当创新的战略家、鼓动家和领路人角色。他们是为企业确定创新的方向，而不是制定详尽的企业经营管理方案。他们的作用是带领和激励员工不懈努力、积极发挥自己的聪明才智，并成为优秀的员工。

创新型企业家的创新管理方式，主要是确定创新的方向和目标，规定出一定的范围和界线，让员工按照方向和目标在一定的范围和界线内按照自己认为最佳的方式去创造性地工作，把员工当作发动机而不是当作企业这台大机器上的齿轮和螺丝钉，把每一位员工都当作做出创造性贡献的源泉。管理艺术的最高表现形式是经营者使每一个职能部门，每一个事业部，每一位员工以及自己不断地创新。没有创新，也就不可能有杰出的、优秀的经营管理。

虽然创新型企业也建立有规避创新风险、降低创新成本的管理控制制度，保持着严格、精确的创新技术经济效果评价标准，但更多的是把这些制度当作解放员工思想，激励员工创新的工具。员工也不把这些管理控制制度视作强加在自己头上的专横统治，而是一种宽厚的检验和平衡的机制，其作用是使他们获得发挥创造性的自由。

3．打破习惯势力，不断注入新的思想和方法

就像人一样，企业也是受习惯势力支配的。对于企业来说，习惯势力，是指现有的成文的和不成文的行为规范、规章制度、管理程序。时间一长，这些习惯便嵌入组织本体的结构，就像冰川中的石头一样。

不断创新的企业知道如何不断打破旧的习惯势力，把企业不断推向前进。如果他们有什么共同的习惯做法，那就是破除习惯势力。创新型的企业都能自觉地打破官僚主义习气，清除那些繁文缛节的障碍，向自己的系统注入新的思想和方法，以抵挡无孔不入的习惯势力的腐朽力量。但是，他们在行动的时候，都要求同时或交替地注重稳定性和创新变革这两个要素，并以基本稳定为前提。

4．确立创新目标，培育创新精神

创新型企业都追求创新的目标。创新、盈利与发展是最普遍的目标，甚至对长期以来保持绩优的企业都是如此。不断创新的公司总是能够不断确立创新的目标，并以某种方式将它转变为大家的信念，即创新的价值观——一种创新文化。其中往往还包含着一些风险——挑战的风险，但又绝不盲目。不断创新的企业家都能把具有风险的不确定的事情转变为具有刺激性、挑战性的高尚的事业，他们在激励自己和员工不断创新的同时，让自己和员工更强烈地感受到人的尊严和自我价值的实现。

三、创新型企业的特征

创新型企业与传统的生产型企业和生产经营型企业不同。传统生产型企业的核心职能是生产，它们以生产为中心，执行“以产定销”的方针，重生产轻销售、重产量轻需求，不注重考虑如何提高企业的适应性、应变能力等问题。传统生产经营型企业的核心职能是生产和销售，它们具有明确的市场意识，执行“以销定产”或“以需定产”的方针，抓供销、促生产，但仍不重视研究开发创新。

创新型企业扬弃了传统企业的经营理念，把企业竞争从单纯的生产竞争和营销竞争扩展到系统创新的竞争。创新型企业在企业内部实现研究与开发的制度化，把研究与开发作为企业的核心职能之一，集研究与开发、生产、营销三位于一体，形成研究与开发、生产、营销三者互动的健全机制，通过不断的持续创新，获得持续性的收益。因此，持续创新是创新型企业的本质特征。

一般认为，创新型企业具有以下 10 个特征：

（1）企业内部研究与开发能力相当强。

（2）从事基础研究或相近的研究。

（3）利用知识产权保护自己，与竞争对手讨价还价。

（4）有外部风险投资参与创新活动或企业规模足够大，能长期高额资助创新活动。

（5）新产品研制周期比竞争对手短。

（6）愿意冒风险。

（7）较早且富于想象地确定一个潜在市场。

（8）关注潜在市场，努力培训、帮助用户。

（9）具有高效地研究与开发、生产和营销协调的企业家精神。

（10）与有关各界形成创新网络，并保持密切联系。

四、企业创新的作用

熊彼特创新理论一个最大的特点，就是强调企业家创新在社会经济发展过程中具有至高无上的作用。他强调了“变动”和“发展”的观点，认为企业家的“创新”是一个内在的因素，经济发展也是来自企业内部自身创造性的一种变动。熊彼特特别强调社会经济的发展应归功于企业家，企业家的创新精神及创新工作是企业成功的重要因素。这对我国建设企业家队伍有可取之处。中国在发展和完善市场经济体制过程中，应该培养一大批有战略眼光，有创新精神，有组织能力，有经营管理才能的企业家。

创新是企业快速、持续发展的根本动力。现代国际竞争在相当程度上是以创新为基础的经济实力来决定成败的。企业生存与发展的基础就在于创新，只有持续不断的推进创新，企业才能在市场竞争中获胜。“创新则兴，不创新则亡”是市场经济规律的必然结果。

1. 创新能够促进企业的自我发展

创新是企业改善市场环境和利用企业剩余生产能力的重要手段。这是因为：

（1）通过技术和产品创新，企业可以提高产品质量，使产品更好地满足用户需要，使企业产品的竞争力提高，改善用户对企业产品的看法，从而改善现有市场条件。

（2）当企业技术创新成果是适销对路的产品时，它会给企业带来新的用户，形成新的市场，从而使企业可以在更广泛的市场中进行选择。

（3）不断创新并获得成功的企业，一般是首次进入新的市场领域，它具有领先者的优势，在很大程度上决定着产品的价格、市场规模等。

2. 创新能够提高劳动生产率

创新是企业加速新技术、新材料和新工艺的应用、降低产品成本、提高生产效率的有效途径。通过改进产品或工程设计，开发或推广新工艺、新技术，改进或更新服务，提高工具系统的寿命等方法，企业可以节约原材料消耗，提高劳动生产效率。

3. 创新是企业全方位提高企业素质的最有效方式

（1）通过技术创新，可以改善企业的研发条件，提高研制能力，从而提高企业基本素质。

（2）通过组织创新和管理创新，可以提高企业对外适应能力，并通过对外部环境的有效影响，改善企业的行为素质。

4. 创新具有联动效应

当企业通过产品或服务创新成功地进入市场后，随着该产品或服务销售量的增加，该企业其他商品的销售量也随之不断增加。创新的联动效应已成为企业持续进行创新的重要驱动力。

总之，创新对社会的发展有着举足轻重的影响。当今世界发达国家、新兴工业国家的创新实践表明：创新决定社会资源的利用效率，进而影响社会的资源配置方式，从而产生了任何其他因素难以比拟的对于社会经济增长的推动力。创新既是企业和社会发展的动力，更是企业和社会发展的灵魂；创新既是企业文化和企业精神，也是企业经营战略和策略。

第二节　创业的概念及其内涵

一、创业理论的提出

18 世纪以来，由于欧洲近代工业革命的蓬勃发展，连续的科学发现和技术发明创新，为企业创业活动提供了强大的推动力。一般认为，18 世纪英国著名的经济学家和作家理查德·康替龙（Richard Cantillon）是“企业家”和“创业”概念的首倡者。他用“企业家”这个词来指称在寻求机遇的过程中扮演积极承担风险角色的人即“创业者”。他认为，现实中一些有资金的人不一定愿意承担风险而去寻找投资机会。而另有一些人或团体作为积极的风险承担者，为资金寻找出路，开展创业活动，成为了那些拥有资本不愿亲自去寻找创业机遇的人们之间的中间人，这些中间人就是创业的企业家（可以是个人或一个团体）。

到了 19 世纪以后，创业的概念被拓展到不仅仅包括承担风险，还要策划、引导、组织甚至拥有生产要素。更有一些经济学家指出，创业所得的利润与拥有资本而产生的利润是不同的、是相互独立的，创业过程是一系列独特的经济活动，创业利润产生更大的社会经济效益。这就把创业理论的内容进一步扩大了。

20 世纪中后期，美国管理学家彼得·德鲁克进一步丰富和发展创业理论，他为创业的概念添加的观点是，企业家们对机会的认知和采取的行动，是使机会最大化，企业家的创业不仅仅是在有蓝图的情况下发生，也会作为对企业家如何看待未曾使用、未曾开发的机会的一种回应而产生。因此，创业就成为了企业家一种独特的活动。

二、创业的概念

创业是人类社会生活中一项最能体现人的主体性和创造性的社会实践活动。创业概念往往有广义和狭义的含义。

广义的创业，突出强调的是主体在能动性的社会实践中所体现特定的精神、能力和行为方式，其本质在于把握各种机会，利用一切可能的资源，创造性的进行资源整合，以一种全新的产出状态呈现给世界。创业不仅创造新的产品和服务，而且创造人们全新的生活形态，改变人们以往的生活方式。创业行为普遍存在于各种生活组织和各种企业家的独特的经营活动中。因此，广义的创业是指社会生活各个领域里的人们，运用创新精神和创业方法，为开创新的事业而从事的一切社会实践活动。

狭义的创业，是指主体以创造价值和就业机会为目的，通过组建一定的企业组织形式，为社会提供产品和服务的经济活动。创业包括两个相互关联的内容：第一，创业是人们的一种经济活动，它以市场为导向，以满足他人需求为途径，以营利为目的，是一种创造财富和追求经济效益行为。第二，创业是通过创办企业以形成生产能力和产品为突出标志，如果没有企业化生产和与之相应的经营管理行为，就不能称之为创业。

创业实践离不开特定主体的活动，它往往特指企业家的创新性行为。企业家通常有两个基本的意思：第一，企业家是在已经成型的企业中，负责决策、经营和管理的企业领导人。第二，企业家是全新的企业的创办人，他们的身份特指那些创办新企业而且主要从事企业决策和引领企业员工队伍的领导人。因此，企业家应该是那些具有创业心态和创业行为的企业领袖型人物。需要说明的是，无论是企业创办人还是企业家，都不是泛指企业中执行日常管理功能的普通经理人员，二者之间是有明显差别的。在一个企业组织中，可能不存在大量的企业家，但却可以有大量的经理人员。虽然大多数企业家是白手起家的，但我们不能狭隘地把创业者全部理解为白手起家的企业创办人。

三、创业的特征

创业是现代社会一种重要的生产和生活方式，有着显著的社会性、自主性和风险性特征。

（1）创业是以创办企业并形成企业经营管理活动来实现的，它往往是创业者个体在一定社会环境中开展的一种独特的创新组织活动，创业活动的社会性表现为创业者要承载着重要的组织和管理使命，并为此承担相应的社会责任。

（2）创业是创业者围绕追求利润而自主开展的经济活动，创业者需要具备良好的心态、机会把握能力和经营管理水平。创业是创业者一项具有鲜明的自主性特征的实践活动，也是充分体现创业者的自主意识和能动精神的一种主体性行为。

（3）创业是一种高收益与高风险并存的活动，可能成功也可能失败。创业活动的风险性反映了一般经济活动所共有的特征，需要创业者以高度自觉性和责任感加以承担。

四、创业的分类

根据企业创业采取的不同形式，一般把创业活动区分为独立创业，复制型创业和创新型创业三种类型。

（1）独立创业是指创业主体主要依靠自身的力量独立、自主的创办企业。独立创业的主体，既可以是个体创业者，也可以是一个创业团队。独立创业是对一种极为艰巨和极富挑战性的创业实践活动，它要求创业者完全独立地分析形势，把握资源，并承担全部企业经营活动的后果。由于创业者个人或者创业团队是白手起家进行创业的。这种创业活动充满挑战性，个人的能力和想象力能够得到最大限度的发挥。创业活动中，创业者可多方面地接触社会各个阶层，摆脱那种日复一日、单调乏味的重复性劳动的工作。由于创业活动为创业者提供了一个可供自己能力施展的平台，一旦创业成功，创业者可在较短的时间内积累财富，奠定人生的物质基础，从而为攀登人生的顶峰打好基础。

（2）复制型创业是就创办企业所体现出来的创新含量比较低而言的，即创业者所创办的企业往往是对市场上已有的企业经营模式进行简单复制。这类企业的自主管理创新含量和科技含量等因素的比例不高，企业在经营方式和产品服务方面没有很多的创新性。这类创业比较适合就业创业，因为就业创业的出发点在于谋生，创业者为了谋生被迫走上创业之路。这种创业大多属于模仿型和尾随型，项目多集中在服务行业，且很少带动新产业的发展，也比较难创造新的市场需求。由于就业创业仅仅是为了谋生，所以可以预见这种创业所能创造的个人价值和社会价值是很有限的。

（3）创新型创业是指创业者通过创办全新的企业，提供有创造性的产品或服务，填补市场需求的空白、引领消费需求。它的价值在于能够为社会创造和提供全新的具有创造性的产品和服务，其创新含量非常高，能够开拓和引领市场方向，满足人们不断增长的物质和文化需求。这类创新也适合企业内部创业。成熟的企业为了使自己获得持续的增长和长久的竞争力，鼓励企业员工创新并使其研发成功的产品，通过授权和资源保障的方式实现企业内部的创业。因为市场上的每一种产品都有一定的生命周期，企业只有通过不断地推出新产品和服务，才能跳出产品生命周期的怪圈。而成熟企业的增长同样需要创业的理念和文化的支持，需要企业内部创业者利用和整合内部资源不断地进行创业。

五、创业的意义

创业的意义主要体现在以下几个方面：

（1）推动经济发展，促进科技创新在社会经济中的广泛应用，实现经济发展和科技进步的良性互动。促进科技创新在现代社会，人们的创业活动首先具有重大的经济意义。在市场经济时代，创业是人们最基本的一种经济活动方式。

（2）创造社会财富，不断满足人们的物质和文化生活需要，提高人们的生活水平，促进社会和谐健康发展。

（3）创造就业机会，缓解就业压力。创业活动不仅只是创造经济效益和物质财富，它同时还为社会提供了劳动力就业的机会，特别是在我国现阶段，多层次的创业实践活动，对于缓解全社会范围内存在的就业压力更是具有十分重要的意义和作用。

（4）推动教育创新，培养创新型人才。广泛的社会创业实践活动激发人们对于创新创业教育和创业型人才培养的需求。创业实践活动还具有推动创新教育发展和加速培养创新型人才的意义和功能。

案例阅读

刘政的创业实践

刘政在大学学习时成绩就非常优异，他在大学毕业之后，放弃了很多大公司的工作邀请，一心想要创业。他认为中国未来就是创业者的天下，他也要努力成为这中间的一分子。他希望未来能够实现自己的人生价值和抱负，而现在一切都要从头做起。他经过慎重的思考和市场调查，非常看好鸭绒填充市场，因为眼下临近冬季，很多人都喜欢去网上团购鸭绒被或者羽绒服之类的商品，这是个巨大的市场。不过，市面上存在着很多假货，填充的根本就不是鸭绒，而是一些人造纤维；或者是使用未经过任何处理的劣质鸭绒填充，产品味道很大，也不卫生。

刘政的家乡是鸭绒的大型产地，这里有着非常好的资源优势。他决定把这些鸭绒收集起来，专门提供给那些在网上做鸭绒产品生意的客户。在这些客户中，不乏他以前的同学，或者老师的朋友。有了这样一层信任关系，他的业务开展得很顺利。渐渐地，他的企业经营上了轨道，但他并没有停下脚步。刘政考虑到如果公司只是做原料，产品附加值非常低，那么企业的未来发展会被限制。于是他决定做成品加工，不再只是给那些做鸭绒产品生意的客户提供原料。随后他通过一些后来建立的合作关系，做起了自己的品牌，产品包括鸭绒被、羽绒服等。没过多久，他就成为了当地的鸭绒大王。

刘政非常好地找到了机会，利用了资源，并且经过努力经营，使自己创业成功。这之中肯定经历了各种各样的艰难险阻，但他都没有屈服和退让，而是谋求各种生存和发展之道，把企业做起来，让企业真正站稳脚跟。

第三节　创新和创业的基本关系

由于社会经济发展需求和国家政策导向的因素，“创新”与“创业”已成为了近年来学术研究的热点。且很多研究者都因循“创新”学派的观点，过于强调创新和创业的内在联系，主张“创业是实现创新的过程，而创新是创业的本质和手段”。当前在学术界，尚没有对创新和“创业”的关系达成很成熟的共识。但近年来以下两个要点基本得到了公认：其一，创业是一个过程，而不是一个事件；其二，机会是创业的核心要素。这就把创新与创业适当地进行了区别。

在表 1-1 中，创业学研究领域中各种主要流派及其理论观点一目了然。

表 1-1　创业学研究领域中各种主要流派及其理论观点

不同的创业学派	基本主张
“创新”学派	创业是实现创新的过程，而创新是创业的本质和手段
“风险”学派	创业者要承担以固定价格买入商品并以不确定的价格将其卖出的风险
“领导”学派	创业者就是生产过程的协调者和领导者
“认知”学派	从创业者的认知特性、人品特征、成就感动机、冒险倾向等角度来研究创业
“社会”学派	强调宏观的社会环境和社会网络对于企业创业的影响
“管理”学派	认为创业是一种管理方法，包括：战略导向、把握机会、获取资源、控制资源、管理结构报酬政策等 6 个方面
“战略”学派	把创业过程视为初创企业或者现有企业成长过程中的战略管理过程
“机会”学派	强调从“存在有利可图的机会”和“存在有进取心的个人”这两者相结合的角度去研究创业

在这个表格中，我们发现，只有“创新学派”的观点，明确表达了“创新”和“创业”的关系。其他学派，鲜有对二者的关系进行说明。由此我们可以看出，创新与创业，是既有联系，又有区别的概念，不能把二者混为一谈。

一、创新与创业的区别

1. 创业与创新的概念不可以相互等同

虽然创业活动必然地涉及创新活动，但创新活动并不必然地是创业活动。创新是指在原有的物质精神基础上，进行一定的改革更新，对原有事物的功能，价值等方面进行一定的提升，它包括了一种新的业务模式，新的商业手段，新的理念、管理意识的创新等。而创业指的是将创新或创造出来的新事物转化成为具有最大社会化价值的一个过程，创业的整个过程往往是十分复杂和困难的，包括物质、技术手段、方法、方式等方面的创新改革，新型物质材料的开发利用等。

按照“企业制度三层次模型”，创新的第一层次是产品（服务）创新，第二层次是营销模式创新，第三层次是企业组织制度创新。在以上三个层面的企业制度创新中，产品创新和营销模式创新都有可能在已有的企业组织框架内进行，这些活动尽管都包含创新的意义，但它们与“创建企业”这种最终要涉及企业组织制度层面上的创新却有着本质的区别。

在已有的企业组织框架内实现创新成果的商业化，仍然属于一般意义上的创新性“企业管理活动”，而不是创业活动。只有通过“创建企业”这种意义上的企业组织管理体系创新来实现创新成果商业化，才算得上是创业活动。此外，一些虽然并不涉及技术创新，而仅仅是基于工艺创新而创造出新产品，但同样需要通过“创建企业”这种意义上的企业组织管理体系创新来实现工艺创新成果商业化的，同样属于创业活动。

2．创业与创新的基础不同

创业活动与企业的管理创新活动之间最大的区别，就在于创业是在一个空白基础上的起步，它的任务是要创办、建立起一个新的企业。而成熟企业的管理创新则在于要把已经建立起来的企业做大做强。创业活动是从无到有，企业管理活动则是从小到大、从弱到强。正是基于这一认识，一些学者坚持认为，尽管我国许多国有企业的主管带领企业进行企业内创业，并取得了巨大成就，但从创业者的识别特征看，它们不能被称为创业者。

二、创新与创业的联系

1．创新是创业的基础，创业推动着创新

创业与创新两个范畴之间有着本质上的契合，内涵上的相互包容和实践过程中的互动发展。创业推动并深化创新创业可以推动新发明、新产品或新服务的不断涌现，创造出新的市场需求，从而进一步推动和深化科技创新，因而提高了企业或是整个国家的创新能力，推动经济增长。创新活动的这些本质内涵，体现着它与创业活动性质上的一致性和关联性。从总体上说，科学技术、思想观念的创新，在促进人们物质生产和生活方式的变革，引发新的生产、生活方式，进而为整个社会不断地提供新的消费需求，这是创业活动之所以源源不断的根本动因；另一方面，现代创业活动依赖于科学技术、生产流程和经营理念创新支持下的产品和服务创新，这是在这样的意义上，创新是一批又一批新企业诞生的内在支撑和根本保障。创业者在创业过程中需要具有持续旺盛的创新意识，才可能产生富有创意的想法或方案，才可能不断寻求新的模式、新的出路，最终获得创业成功。

2. 创业是主体能动性的创新实践行为

主体能动性是一切创新活动的内在动因，创业过程中的主体能动性充分体现了它的创新性特征。首先，创业是一种高度的自主行为，在创业实践的全过程中，主体的主观能动性将会得到最充分的发挥和张扬。兴办企业或经营性实体，是行为人的一种自我要求和自愿的行为，虽然外部环境会为人们的创业实践提供一些帮助和引导，但人们最终是否迈出创业这一步，取决于主体自身的条件，依赖于主体的意向和决心，在这一过程中，创业主体自身的意志和愿望始终是居主导地位的。其次，主体的素养和能力等主体性要素是决定创业活动成败的关键，从某种意义上说，创业机会对于人们来说是一视同仁的。然而，创业是创业者对于现实社会存在着的某种创造财富和职业的可能性亦即我们通常所说的创业机会的把握、利用和开发。

3. 创新的价值在于创业

1975 年 7 月，当微软公司刚刚成立的时候，除了比尔·盖茨、保罗·艾伦和他们的秘书之外，可以说是几乎一无所有。然而，凭着比尔·盖茨的创新和创业能力，一个引领世界的计算机软件公司诞生了，并在现代高科技企业行列中独领风骚。

熟悉微软公司发展历程的人都知道，创办企业不一定要有充足的创新技术准备，在很多情况下，企业是在发展过程中，不断地进行市场分析和战略调整，才能够实现从无到有、从小到大。因此，创业者可能不是创新者或发明家，但必须具有能发现潜在商业机会并敢于冒险的特质；创新者也并不一定是创业者或企业家，但创新成果经由创业者推向市场，使其价值市场化，才能创新成果转化为现实生产力。

创业是一种推陈出新的社会实践活动。对原有的思想理念、制度文化和科学技术进行革新、改造、突破、超越乃至淘汰，这是一切创新活动共有的特质，而创业正是具有这样特质的一种实践活动。现代社会的创业，实际上是一种充满着激烈竞争的社会实践活动。这种竞争的一个具体表征，就是新创企业不断地以新的产品和服务方式取代那些产品和服务相对落后了的企业。

本章小结

经济学家熊彼特关于创新的定义：创新是指新产品的开发、新市场的开拓、新生产要素的发现、新生产经营管理方式的引进和新企业组织形式的实施。管理学家彼得·德鲁克提出，任何使现有资源的财富创造潜力发生改变的行为，都可以称之为创新。德鲁克主张，创新不仅仅是创造，而在于推出市场后的成功程度，也就是能否为大众创造出新的价值。这就使人们对创新的理解拓展到技术、产品、经营、管理、市场等诸多领域，极大地丰富了创新的含义。在现代市场经济条件下，创新往往是一种新的组合，如新技术与新产品的组合、新技术与新生产过程的组合、新技术与新原料的组合、新技术与新市场的组合以及新技术与新产业组织的组合等。

创业是人类社会生活中一项最能体现人的主体性和创造性的社会实践活动。广义的创业，突出强调的是主体在能动性的社会实践中所体现特定的精神、能力和行为方式，其本质在于把握各种机会，利用一切可能的资源，创造性的进行资源整合，以一种全新的产出状态呈现给世界。创业不仅创造新的产品和服务，还创造人们全新的生活形态，改变人们以往的生活方式。创业行为普遍存在于各种生活组织和各种企业家的独特的经营活动中。狭义的创业，是指主体以创造价值和就业机会为目的，通过组建一定的企业组织形式，为社会提供产品和服务的经济活动。创业包括两个相互关联的内容：第一，创业是人们的一种经济活动，它以市场为导向，以满足他人需求为途径，以营利为目的，是一种创造财富和追求经济效益行为。第二，创业是通过创办企业以形成生产能力和产品为突出标志，如果没有企业化生产和与之相应的经营管理行为，就不能称之为创业。

思考题

1. 创新的含义和作用是什么？

2. 创业的含义和特征是什么？

3. 结合当代大学生实际谈谈如何进行创业的活动？

小组活动

以小组为单位，每人写出一个文案，谈谈自己对创新创业的理解，提出自己的创业方案（创业设想和技术路径）。其他同学进行点评，提出改进意见，将创业方案分为一、二、三3个等级。

案例分析

弗雷德·史密斯与“联邦快递”——联邦快递的管理创新

弗雷德·史密斯是全球最大快递企业——美国联邦快递公司的董事长、总裁兼首席执行官，业务遍及全球211个国家，拥有超过660架货机及约9.5万辆货车，并且在全球聘用超过21.5万名员工和独立承包商，每天平均处理500万件货件。弗雷德专门用于包裹邮递的货运航班，为全国以及后来为全世界客户提供了方便、快捷、准时、可靠的服务，创新的营销模式为其提供了低成本、高效、安全和全天候的物流系统，因而联邦快递迅速发展，从创业到成长为世界500强企业只用了短短20多年的时间。从这个案例我们可以看出，创业在本质上是人们的一种创新性实践活动。无论是何种性质、类型的创业活动，它们都有一个共同的特征，即创业是主体的一种能动的、开创性的实践活动。

弗雷德·史密斯开创了一个崭新的行业——隔夜快递，他曾经骄傲地说："我们是计算机时代的赫尔默斯。"（希腊神话中的众神信使）的确如此，最早的时候他们只是传递包裹和信件，而发展到今天，已经无所不包。缅因州的龙虾，日本樱桃，夏威夷的鲜花，各种药品，心脏起搏器，隐形眼镜，新鲜血浆，发动机，减震器，还有欧洲香水和瑞士钟表，凡是你所能想到的，都可以传递。弗雷德·史密斯是一个创新家，是一个企业家，更是一个伟大的冒险家。

联邦快递总是不断地在创新，根据顾客的各种需求不断的提升自身的服务，同时创新自身的管理模式，完善员工激励体制和企业文化建设，努力塑造一种既为客户、也为员工着想的企业形象。每月两次，总有许多世界各地商业人士愿付 250 美元、花几个小时去参观联邦快递公司的营业中心。目的是为了亲身体会一下这个巨人如何在短短 23 年间从零开始，发展为拥有 100 亿美元、占据大量市场份额的行业领袖。

联邦快递的管理创新体现在以下方面。

服务倾情投入：20 世纪 90 年代初，联邦快递准备建立一个服务亚洲的超级中心站，负责亚太地区的副总裁 Joe Mc Carty（麦卡提）在苏比克湾（Subic）选址。但日本担心联邦快递在亚洲的存在会影响到它自己的运输业，不让联邦快递通过苏比克湾服务日本市场。在联邦快递公司，这不是麦卡提自己的问题，必须跨越部门界限协同解决。联邦快递在美国的主要法律顾问 Ken Masterson（马斯特逊）和政府事务副总裁 Doyle Cloud（多约尔）联手，获得政府支持。与此同时，在麦卡提的带领下，联邦快递在日本发起了一场大胆而又广泛的公关活动。这次行动十分成功，使日本人接受了联邦快递连接苏比克湾与日本的计划。

积极利用技术软件：联邦快递的经验证明，在这个信息时代，一个公司创造和整理的信息，其价值远不止于在公司内部使用。公司有一种 POWERSHIP（百威发运）系统，可以接订单、跟踪包裹、收集信息和开账单。公司约 2/3 的运输都是通过这个系统或者 FedExShip（联邦快递发运）电子运输系统来完成的。1994 年，联邦快运有了自己的网址。客户可以通过公司的主页了解到有用的信息，还能打开公司的 COSMOS 数据库。为帮助客户把自己的生意上网，联邦快运提供了专门的软件联邦快递发运系统，使运输过程自动化。联邦快运还创建了自己的企业内部网，供公司内部专用。

首要规则是改变规则：联邦快递选择了固定价格体系来取代按邮区划定的路程和运量定价体系，在货运业引起了巨大轰动。这一改变不仅简化了联邦快递的业务程序，也使客户能够准确预测自己的运输费用。弗雷德说服国会使美国民航管理委员会解除对航空快运的限制后，开辟了隔夜送达货运业务，使对手公司也纷纷受益，整个行业的利润增加了10倍。

犹豫就会失败（但必须看准才动）：尽管公司顾问担心弗雷德打算提供的隔天下午送货业务可能会影响到公司的其他服务项目，如优先服务和经济送货，弗雷德认为新的服务会带来利润，还能消除早晨优先送货和下午经济送货之间的闲置期。他的预感得到了回报。两天到货的业务增长不断，隔夜到货的优先服务也持续增长。在联邦快递，经理都按直觉办事。

该放手时就放手：有时自己的直觉和从报表中看到的发展趋势都是不对的。联邦快递采用最新技术、通过卫星相连、传真处理文件，然后送货上门的新尝试——专递邮件。因低成本的传真机充斥商业市场而宣告失败就是一个教训。不过，这算不了什么。联邦快递从一开始就把冒险作为公司的制度了。因此，其他一些看上去不那么合理的举措还是获得了成功。如第一个辐射式发运系统、专用运输机队、联邦快递技术的电视广告等。

倾心尽力为员工：弗雷德创建的扁平式管理结构，不仅得以向员工授权赋能，而且扩大了员工的职责范围。与很多公司不同的是，联邦快递的员工敢于向管理层提出质疑。他们可以求助于公司的保证公平待遇程序，以处理跟经理有不能解决的争执。公司还耗资数百万美元建立了一个FXTV（编者译：联邦快递电视网络），使世界各地的管理层和员工可建立即时联系。它充分体现了公司快速、坦诚、全面、交互式的交流方式。

奖励至关重要：联邦快递经常让员工和客户对工作做评估，以便恰当表彰员工的卓越业绩。其中几种比较主要的奖励有：

Bravo Zulu：奖励超出标准的卓越表现。

Finder’s Keepers：给每日与客户接触、给公司带来新客户的员工以额外奖金。

Best Practice Pays（最佳业绩奖）：对员工的贡献超出公司目标的团队一笔现金作为奖励。

Golden Falcon Awards（金鹰奖）：奖给客户和公司管理层提名表彰的员工。

The Star/Superstar awards（明星／超级明星奖）：这是公司的最佳工作表现奖，相当于受奖人薪水2%～3%的支票。

融合多元文化：联邦快递有自己的大文化，同时也有各种局域文化。在超级中心站，它的文化在于其时间观念；而在软件开发实验室和后勤服务部门，他们的文化则在于创新和创意；在一线现场，它强调的是顾客满意的企业文化。负责美国和加拿大业务的高级副总裁 Mary Alice Taylor（马丽）指出：“我们的文化之所以有效，是因为它与我们的宗旨紧密相连，即提供优秀品质服务顾客。”

激励胜于控制：联邦快递的经理会领导属下按工作要求作出适当个人调整，创造一流业绩。正如马丽在报告中所说：“我们需要加强地面运作。我想，如果让每个员工专注于单一目标，就能整体达到一定水平。正因为此，我们才引入最佳业绩奖。它使我们能把50 000名员工专注于提高生产效率和服务客户。我们达到了以前从没想过能实现的另一个高峰，工作绩效接近 100%，而成本却降到最低水平。”公司设计了考核程序和培训计划，以确保经理知道如何作出正确的榜样。公司的高级经理就是下级经理的榜样。

努力决定形象：令人仰慕的形象要花很多年建立，要经过周密的计划，利用不同的资源，一心一意去做才能把它传递出去。公众现在已经把“交给联邦快递”这句话同遵守诺言等同起来，这可以说是联邦快递的成绩之一。联邦快递从不为自己找借口。成功的广告节目加强了公司的声誉，员工以自己的工作为自豪的信心同样使公司声誉倍增。

（资料来源：http://baike.so.com/doc/2521770-2664419.html）

思考：

1. 请分析概括联邦快递管理创新的价值和意义？

2. 弗雷德·史密斯的创业实践对你有什么借鉴意义？

CHAPTER2

第二章 创新思维与技法

学习目标

- 理解创新思维的含义
- 掌握创新思维开发和训练的方法
- 熟练运用多种创新技法

关键词

思维；创新思维；创新技法

引导案例

三星的崛起

在 1993 年三星还默默无闻的时候，三星认为伟大的设计可能会使三星公司从一个无名小卒一举跻身世界顶级品牌之列。在三星创新设计战略下，公司通过多种途径提升自己设计能力，如与 IDEO 公司及其他顶级咨询公司时行合作；建立三星创新设计实验室（IDS），将公司的设计人员派到国外，让他们在时装商店、化妆品专业公司或设计咨询机构待上数月，以便跟上其他行业的发展潮流。最终，这种投入获得了回报。仅五年时间，三星获得了 18 个行业设计奖，其中 2004 年就从《商业周刊》和 IDSA 获得 5 个奖项。自从 2000 年以来，三星公司在美国、欧洲和亚洲的各项顶级设计大赛中一共荣获了 100 项大奖。这一期间，只有苹果公司可以与之匹敌。

三星实行的是垂直一体化、“自产自销”的模式，这有别于当时许多制造商盛行的做法（即从外部供应商购买零部件和服务）。这种做法让三星的设计创新和技术创新能够很好地表现并付诸实践，形成了一个别人无法模仿的平台。这个以自主创新为基础的平台成为三星超越索尼提供了巨大的原动力。

三星的崛起立足于设计的创新，技术的创新，营销的创新，但这一切都是源于公司战略思维的创新。

第一节　创新思维

创新这个概念最早是由美籍奥地利经济学家约瑟夫 · 阿罗斯 · 熊彼特在 1912 年提出来的。

创新这个词起源于拉丁语“innovare”，意思是更新、创造新的东西或改变。

创新的本质是突破，包括突破原有思维模式、原有的条条框框，一切为了适应新形势的需要。创新的核心在于“新”。它可以是新技术、新产品、新思路、新方法、新实践等一切相对于原有而言的变革和组合。

一、思维

思维是人类特有的精神意识活动，是人类最本质的特征。通俗来说就是人类的“想”“思考”“动脑筋”，是指人的大脑对所接收的信息进行加工与处理的活动过程。人们通过思维，能够概括出事物的本质属性，总结出事物的一般规律，用以指导人们的实践，这是思维的概括特性；人们通过思维，也能够超越具体的时间和空间，超越目前的现实，在虚无的空间中自由畅想，这就是思维的超越特性。借助思维的概括特性和超越特性，人们可以突破经历和环境的限制，去认识、想象和预测那些没有直接经历或直接接触过的事物，从而实现创造。

二、创新思维

创新思维是以创新的意识、开放的心态和包容的心理，突破各种思维定势的束缚进行思考，并产生创新成果的思维。通俗地说，就是不受现有的、常规的思路所制约，以独特的角度去寻求对问题的解决方法的思维过程。

这里所说的创新成果，主要是指对事物的新认识、新判断和解决问题的新方案、新途径等"思维的创新产物"。

创新思维不是一般性思维，它不是单纯依靠现有的知识和经验进行抽象和概括的，而是在现有知识和经验的基础上进行想象、推理和再创造的，对尚未解决的问题进行探索、寻究，找出新答案的思维活动。

创新思维的对立面主要是常规思维，反映在思维习惯上就是单一片面、机械刻板、思路固定；反映在思维结果上就是复制模仿、千篇一律。

创新思维不是天生就有的，它是通过人们的学习和实践而不断培养和发展起来的。

三、创新思维的特点

创新思维作为一种思维活动，既有一般思维的共同特点，又有不同于一般思维的特点。创新思维具有五个特点：

1．联想性

联想是将表面看来互不相干的事物联系起来，从而达到创新。联想性思维可以利用已有的经验创新，如我们常说的由此及彼、举一反三、触类旁通，也可以利用别人的发明或创造进行创新。联想是创新者在创新思考时经常使用的方法，也比较容易见到成效。

能否主动地、有效地运用联想，与一个人的联想能力有关，然而在创新思考中若能有意识地运用这种方式则是有效利用联想的重要前提。任何事物之间都存在着一定的联系，这是人们能够采用联想的客观基础，因此联想的最主要方法是积极寻找事物之间的一一对应关系。

2．求异性

创新思维在创新活动过程中，尤其在初期阶段，求异性特别明显。它要求关注客观事物的不同性与特殊性，关注现象与本质、形式与内容的不一致性。

英国科学家何非认为："科学研究工作就是设法走到某事物的极端而观察它有无特别现象的工作。"创新也是如此。一般来说，人们对司空见惯的现象和已有的权威结论怀有盲从和迷信的心理，这种心理使人很难有所发现、有所创新。而求异性思维则不拘泥于常规，不轻信权威，以怀疑和批判的态度对待一切事物和现象。

3．发散性

发散性思维是一种开放性思维，其过程是从某一点出发，任意发散，既无一定方向，也无一定范围。它主张打开大门，张开思维之网，冲破一切禁锢，尽力接受更多的信息。可以海阔天空地想，甚至可以想入非非。人的行动自由可能会受到各种条件的限制，而人的思维活动却有无限广阔的天地，是任何别的外界因素难以限制的。

发散性思维是创新思维的核心。发散性思维能够产生众多的可供选择的方案、办法及建议，能提出一些独出心裁、出乎意料的见解，使一些似乎无法解决的问题迎刃而解。

4．逆向性

逆向性思维就是有意识从常规思维的反方向去思考问题的思维方法。如果把传统观念、常规经验、权威言论当作金科玉律，常常会阻碍我们创新思维活动的展开。因此，面对新的问题或长期解决不了的问题，不要习惯于沿着前辈或自己长久形成的、固有的思路去思考问题，而应从相反的方向寻找解决问题的办法。

5．综合性

综合性思维是把对事物各个侧面、部分和属性的认识统一为一个整体，从而把握事物的本质和规律的一种思维方法。综合性思维不是把事物各个部分、侧面和属性的认识，随意地、主观地拼凑在一起，也不是机械地相加，而是按它们内在的、必然的、本质的联系把整个事物在思维中再现出来的思维方法。

美国在 1969 年 7 月 16 日，实现了"阿波罗"登月计划，参加这项工程的科学家和工程师达 42 万多人，参加单位 2 万多个，历时 11 年，耗资 300 多亿美元，共用 700 多万个零件。美国"阿波罗"登月计划总指挥韦伯曾指出："阿波罗计划中没有一项新发明的技术，都是现成的技术，关键在于综合。”可见，阿波罗计划是充分运用综合性思维方法进行的最佳创新。

第二节　创新思维的开发与训练

一、创新思维的开发

1. 逻辑思维

逻辑思维也称抽象思维，是人们在认识活动中运用概念、判断、推理等思维方法，在对事物进行分析、综合、比较、概括的基础上，抽取事物的本质属性，撇开事物的具体形象与非本质属性，使认识从感性阶段进入理性阶段的一种思维模式。逻辑思维的基本单元是概念，基本思维方法是抽象，基本表达工具是语言和符号。

在人类的认识活动中逻辑思维具有极为中重要的作用。人类在实践活动中形成的感性认识，必须通过抽象的思维才能去粗取精、去伪存真、由此及彼、由表及里，达到对事物本质的认识。只有对事物的存在联系和规律的认识，即理性认识，才能真正地推动人类的进步。

一些人辛辛苦苦地工作，但认识水平和工作能力长期没有明显的提高，一个重要原因，就是不善于开动脑筋，即不善于利用分析、综合、比较、推类、概括等抽象的心智技巧，因此也就发现不了带有因果制约性的东西，当然也实现不了创新。这就是说，要想创新，就要找出复杂问题的解决方案，就必须运用逻辑思维。

案例阅读

资料缺失与逻辑分析

有一次，日本新日铁公司寄给我国宝山钢铁公司一箱技术资料，清单上写明是6份，但开箱清点只有5份。双方发生争执，日方坚持说：“我方装箱时需经过多次检查，不会漏装。”宝钢人员则说：“我们开箱时有很多人在场，并反复清点，在确认缺少一份资料后才向贵方提出交涉。”双方各执一词，相持不下，后来宝钢做了充分准备，再与日方谈判，分析了三种可能：（1）日方漏装。（2）运输途中丢失。（3）我方开箱后丢失。

接着逐一分析：如果是在运输途中丢失，木箱一定会破损，现在箱体完好，故不可能；如果资料是我方开箱后丢失，那么木箱上标印的净重就会大于 5 份资料的重量。而现在刚好相等。现在，三种可能已排除了两种。那就可以肯定是日方漏装了资料。后来新日铁公司只好承认漏装而补送了一份资料。

这一案例说明了逻辑思维在工作实践中的重要作用。其实，在现实的工作、生活和学习等方面，运用逻辑思维解决问题是非常普遍的。例如，分析某一想象的原因、推断问题产生的影响、预测形势发展的趋向等，创新更是如此。逻辑思维是创新思维的重要组成部分，科技发展史上，科学家与发明家运用归纳推理思维、演绎推理思维、相似推理思维以及组合推理思维等逻辑思维方法，实现了许多伟大的科学发现与技术发明。

2. 形象思维

形象思维又称直接思维，属于感性认识活动。形象思维是以具体的形象或图像为思维内容的思维方式，它是人的一种本能思维。人一出生就会无师自通地以形象思维方式考虑问题，如儿童认识事物和看图识字，就是运用形象思维来进行的。

形象思维具有普遍性，人人都有，人人都用。在日常的学习和生产活动中，形象思维一直起着很重要作用，认识客观世界、与人交往，首先使用的常常是形象思维。例如，在与陌生人打交道时，会注意他的举止行为和音容笑貌，从而考虑如何接待与应对。

画家绚丽的作品、诗人形象的描述、舞蹈家优美的形体语言都是形象思维的结果。形象思维不仅仅属于艺术家，它也是科学家进行科学发现和创造的一种重要的思维形式。例如，物理学中所有的形象模型，像电力线、磁力线、原子结构的卢瑟福太阳系模型等，都是物理学家抽象思维和形象思维结合的产物。数学是一门极其抽象的科学，但它同样不可避免地要使用形象思维，几何学中许多问题都与图像有关，在代数中只想用概念符号来解决问题也是行不通的。

形象性是形象思维最基本的特征，它与抽象思维相比，具有具体性、直观性、生动性和整体性等优点，而与一般的感觉、知觉相比，则具有独特的概括性和创造性。

形象思维所反映的对象是事物的形象，它是从形象上来认识和把握所研究对象的本质和规律的。形象思维是引起联想、产生想象以至启发灵感和直觉的重要思维形式，所以它在创新活动中有着十分重要作用。并且形象思维贯穿于创新活动的始终。从认识问题开始到把问题解决后应用于实践，都离不开形象思维。

爱因斯坦在总结自己的科学思维时指出："纯粹的逻辑思维不能给我们任何关于经验世界的知识，一切关于实在的知识是从经验开始又终结于经验。"

当然，创新活动不能完全依靠形象思维，因为形象思维对问题的反映是粗线条的，对问题的把握是大体上的，对问题的分析是定性的或半定量的。所以，形象思维通常用于问题的定性分析。而抽象思维则可以给出精确的数量关系，所以，在实际思维活动中，往往需要将抽象思维与形象思维有机结合，协同使用，才能更好地使创新活动获得有效的成果。

3．发散思维

发散思维也叫扩散思维、辐射思维，是一种在思维过程中，从所要解决的问题出发，不墨守成规，不拘于传统，突破习惯和经验的束缚，呈现一种扩散状态，求得多种解决方案的思维方式。通俗地讲，就是从一点到多点的思维方法。

发散思维可以使人思路活跃、思维敏捷、办法多而新颖，能提出大量可供选择的方案、办法或建议，从中可以得到新奇独特的见解，从而能够创新地去解决问题。

案例阅读

发散思维创造的奇迹

第 23 届洛杉矶奥运会主席彼得·尤伯罗斯运用发散思维创造了奇迹。历史上历届奥运会都亏损严重，但 23 届奥运会非但未负债，而且还盈利 2 亿美元，创造了震惊世界的奇迹。尤伯罗斯说，这次尝试能够获得成功要归功于他在美国佛罗里达州听了英国创造学家德博诺博士一个多小时关于发散思维的演讲。受该演讲的启发，他从节流与开源两方面进行思维发散，提出了解决奥运会经费的方案：改造已有的体育场尽量少建新馆；以广告为条件让麦当劳出资 400 万美元建游泳馆；利用假期大学生宿舍办奥运村；提前 1 年发售门票赚大笔利息；出售火炬传递接力权（3000 美元/千米）；选择 30 家赞助厂商集资 1 亿美元；以 7500 万美元出售广播转播权给各国电视台；奥运会标志"山鹰"作为专利商品广泛出售。

这个案例告诉我们，运用发散思维有着重大意义。

发散思维是创新思维的主导成分，对培养人的创新能力有着直接的重要作用，同时，人们在学习和工作的过程中，只有进行发散思维，才能获得灵活的知识和众多有价值的新知识，才能从事创新活动。人们平时说的“举一反三”“以一贯十”“主意多”“心计多”等都是发散思维的结果。

美国著名心理学家吉尔福特通过对创新思维的研究认为，与创新思维和创新能力最有关的就是发散思维。因此，他进一步把发散思维定义为：所谓发散思维是指从已知信息中产生出大量变化的、独特新颖的、一种沿不同方向、向不同范围、不因循传统的思维方式。他认为经由发散思维表现于外的行为就代表个人的创造力。这个观点已被许多科学家所证实和认同。

4．收敛思维

收敛思维也称集中思维，是指在解决问题的过程中，尽可能利用已有的知识和经验，把众多的信息逐步引导到条理化的逻辑程序中去，以便最终得到一个合乎逻辑规范的结论。收敛性思维包括分析、综合、归纳、演绎、科学抽象等逻辑思维中的一些思维形式。

通俗地讲，收敛性思维是指，以某个思考对象为中心，从不同的方向和角度，将思维集中指向这个中心点，利用已有信息，寻求唯一正确方案，以达到解决问题的目的。

案例阅读

北京奥运会“祥云火炬”方案的选定

由联想集团设计的北京奥运会火炬“祥云”方案，是经过北京奥组委三轮评选，在全球388个竞标方案中挑出来的。从如此众多的方案中，要评选出唯一的最佳方案，可想而知，评选过程需要运用收敛思维，才能将评委们的意见统一起来。

据联想集团全球高级副总裁、大中华区总裁陈绍鹏介绍，祥云火炬的设计是由来自中国、德国、意大利和法国的34名设计师组成的国际团队，历时 1 年多合作完成的。祥云火炬的科技含量非常高，它跨越了工业设计、平面设计、材料工程、机械工程、人类学和社会学等十大学科专业。要把这样多的科技因素、艺术因素和人文因素进行归纳统一，使其集中体现于一体，也必须通过收敛思维才能实现。

在祥云火炬研制过程中，运用收敛思维来优选方案，具有普遍性，许多创新项目的研发都有相似的情况。

收敛性思维能力的高低，取决于一个人的分析、比较、综合、抽象、概括、判断和推理的能力。在现实生活中，我们最常用的是集中思考，一般课堂教学的主要内容之一就是训练人们的收敛思维，培养集中思考能力，从小到大我们接受成千上万次的考试和测验，目的就是要培养学生根据所掌握的信息资料得出正确结论的能力。

二、创新思维的训练

1．逆向思维训练

逆向思维也叫反向思维，简单来说就是“反其道而思之”，是一种从问题的相反面进行探索的思维方式。对于某些问题，尤其是一些特殊问题，从结论往回推，倒过来思考，从求解回到已知条件，也许更容易找到问题的答案。

例如：有个教徒在祈祷时来了烟瘾，他问在场的神父，祈祷时可不可以抽香烟。神父回答“不行”。另一个教徒也想抽烟，但他换了一种问法，结果得到了神父的许可，你知道他是怎么问的吗？他这样问神父：“在抽烟的时候可不可以祈祷？”神父回答：“当然可以。”同样是抽烟和祈祷，祈祷时要求抽烟，那似乎意味着对耶稣的不尊重；而抽烟时要求祈祷，则可以表示在休闲时也想着神的恩典，神父当然没有反对的理由了。

2．横向思维训练

横向思维训练也叫“侧向思维”，即向思考的事物及问题的侧面伸展思维触角，以求获得新的思维成果，这是发散思维中最常使用的一种方法。例如，中国传统节日端午节的食品粽子，从外形看，大致有长方形（扁方）和四角形（六棱）两种，是否能再变换几种？从 内部的配料看，主要有糯米和黄米两种，是否可以改用别的配料？从馅料看，常见的有红枣和豆沙（甜）及猪肉（咸），能否增加馅料的品种？要解决上述问题便离不开横向思维。

例如：某市郊区一个著名旅游景点的附近有几个“果树村”（以种植果树为主的山村）。山坡上、山沟里分布了很多果林，有苹果树林、桃树林、杏树林、栗子树林。这几个“果树林”打算借旅游景点之利，开展些能够吸引游客的活动，以增加收入。根据横向思维可以开展两项活动：一是采摘鲜果。游客交纳一定数额的活动费，按照规定到果林里采摘鲜果。二是请游客进山村农家小院，一方面休息，另一方面可以品尝农家饭菜和了解山村农民的习俗。如果有纯净泉水，可用山泉沏茶招待游客。

3．换位思维训练

人们在考虑问题、处理事情时，常常受所处地位、所持立场的影响，想不出解决问题的办法。但如果交换一下立场，转变一下地位，就可能产生新思路，想出有效的方法。

例如：1956 年，在苏联共产党第二十次代表大会上，赫鲁晓夫做了秘密报告，揭露、批判了斯大林肃反扩大化等一系列错误，引起苏联人民及全世界各国的强烈反响，人们议论纷纷。由于赫鲁晓夫曾经是斯大林非常相信和器重的人，很多苏联人都持有疑问：既然你早就认识到了斯大林的错误，那么你为什么早先从来没有提出过不同意见？你当时干什么去了？你有没有参与这些错误行动？有一次，在苏共代表大会上，赫鲁晓夫再次批判斯大林的错误，这时，有人从听众席上递上来一张条子。赫鲁晓夫打开一看，上面写着：“那时候你在哪里？”这是一个非常尖锐的问题，赫鲁晓夫很难做出回答。但他又不能回避这个问题，更无法隐瞒这个条子，这样做会使他失去威信，让人觉得他没有勇气面对现实。他也知道，许多人有着同样的疑问。更何况，这会儿台下成千双眼睛正盯着他手里的那张字条，等着他念出来。赫鲁晓夫思索片刻，拿起条子，通过扩音器大声念了一遍条子的内容，然后望着台下，大声喊道：“谁写的这张条子，请你马上从座位上起来，走上台。”没有人站起来，所以人的心都怦怦地跳，不知赫鲁晓夫要干什么。写条子的人更是忐忑不安，心里后悔刚才的举动，想着一旦被查出来会有什么结局。赫鲁晓夫又重复了一遍他的话，请写字条的人站出来。全场仍死一般的寂静，大家都等着赫鲁晓夫的爆发。几分钟过去了。赫鲁晓夫平静地说：“好吧，我告诉你，我当时就坐在你现在的那个地方。”

换位思维就是指“设身处地”思考问题。有些矛盾和问题，只要当事人能够站在对方角度，设身处地地进行思考，便不难解决。这种换位思考方法现在被广泛使用，如医院急病人所急，为病人提供方便；商店从顾客需求出发，变换商品种类；厂家按照用户的要求进行产品改造。这种换位思维，有益于开阔思路，发现一些原先体悟不到、认识不清、理解不适的东西，产生新的思维成果。

4．求同思维训练

“求同”是指在两个以上事物中找到它们的共同之处。运用求同思维，有助于在不同的事物之间找到结合点，使新结合的事物在性质、形态、功能等方面有所变化，以获得创新的效益。例如，最初茶杯和暖水瓶各有其工用，利用求同思维将两者相结合，便有了现在普遍使用的不锈钢保温杯，既有暖水瓶的保温作用，又是携带方便的喝水杯子。用求同思维方法，找到暖瓶与饭盒的结合点，把暖水瓶改成了广口状、可携带饭菜的保温提桶；把磁疗垫放在鞋里，做出磁疗皮鞋；把录音机和电话机相结合，造出录音电话；把滚动带和计时器组合起来，做成跑步健身器。尤其在仿生学研究中，求同思维具有不可替代的地位。例如，仿照蛋壳、乌龟壳发明了建筑的薄壳结构；通过模拟生物酶的催化作用创造了高级催化剂。

再例如，找出与自行车有结合点的其他事物，使自行车的构造和功用发生新的变化。可以考虑自行车与船结合（水上自行车），与健身器材结合（自行车健身器），自行车旁安装挎斗（挎斗自行车），自行车上安装货架（卸货自行车），将自行车装到索道上（登高自行车，用于娱乐或体育比赛，尚无产品），自行车与飞行器结合（飞行自行车，尚无产品），自行车与太阳能结合（太阳能助动自行车，尚无产品），自行车与风扇结合（自来风自行车，尚无产品）。

5．求异思维训练

“求异”指在相同或相似的两个以上事物中找出不同之处，这在科研、科技、产品研制、经营管理、广告宣传、文学创作等工作中能够获得新成效的一种思维方法。有些企业，为了使产品能够在竞争激烈的市场上占有一席之地，便采用“你无我有，你有我廉，你廉我精，你精我转”等生产、经营策略，制定和实施这些策略，自然离不开同中求异的创新思维方法。

例如：有个专门生产大小皮包的企业，想扩大皮包的品种，运用求异思维，从功能方面提出些设想：育儿包（便于携带婴儿用品），钓鱼专用包，运动员包，医生急救包，集邮包（装邮票册），化妆包，旅行便携包，写生包（装外出写生的用具），海员急救包（防水，备用救生用具），自行车挂包（供骑自行车长途锻炼用），经理包（高档提包），中小学生书包（背包），公务包（公务员及大学生用的挎包、提包或挎提两用包），采访包（供摄影记者用），电脑包，文具包（装办公常用的笔、本、刀、日历、计算器等）。

第三节　创新思维的技法与应用

从某种程度来说，公司内部创业是一个革新的过程。因此，从内部创业观点的形成到创业实践活动的开展都面临着一系列新的、复杂的挑战。公司内部创业障碍重重，而这些障碍大多来自公司的内部。了解这些障碍对推动公司内部创业是十分重要的。

一、思维导图技法

1．思维导图的内涵

思维导图，又叫心智图，是表达发射性思维的有效的图形思维工具，它简单却又极其有效，是一种革命性的思维工具。思维导图运用图文并重的技巧，把各级主题的关系用相互隶属与相关的层级图表现出来，把主题关键词与图像、颜色等建立记忆链接，开启人类大脑的无限潜能。

2．思维导图的作用

思维导图是以放射性思考模式为基础收放自如的思考方式，除了提供一个正确而快速的学习方法与工具外，运用在创意的联想与收敛、项目企划、问题解决与分析、会议管理等方面，往往产生令人惊喜的效果。具体作用如下：

（1）可以帮助大家极快的提高记忆力；

（2）可以很好地开发大脑潜能、提高大脑的创造能力；

（3）具有很好的归纳、总结、分析和找重点的能力；

（4）能帮助你认识到整体和提升你的全局观。

3．应用思维导图技法

（1）准备工作：一些 A3 或 A4 大的白纸；一套 12 支或更多的好写的软芯颜色笔；4 支以上不同颜色，色彩明亮的涂色笔；1 支标准签字笔。

（2）具体规则：①最大的主题要以图形的形式体现出来；②把主题体现在整张纸的中心，并且以图形的形式体现出来。我们称之为中央图。中央图可以用三种以上的颜色；③一个主题多个主干（主干不超过 7 个）；④思维导图把主题以主干的形式体现出来，有多少个主要的主题，就会有多少条大的主干；⑤每条主干要用不同的颜色；⑥每条主干用不同颜色可以让你对不同主题的相关信息一目了然；⑦可以用代码的尽量用代码（如厘米可以用 cm 来代表）；⑧头的连接；⑨只写关键词，并且要写在线条的上方；⑩纸要横着放，用数字标明顺序。

二、智力激励法

现代科学技术发展史表明：一项技术革新或科技成果，大都先有一个创造性设想，一般来说，创造性设想越多，发明越容易获得成功。那么怎样才能获得大量在创造性设想呢？

中国有句俗话，叫做集思广益。在创造发明活动中，应用“集思广益”的例子屡见不鲜。例如，日本三菱树脂公司随着生产的发展，急需研制一种新型净化池。公司领导召集 10 余名技术人员，在短短半天里就提了 70 种方案，并从中选了 10 种优秀方案。接着，将根据 10 种优秀方案设计的净化池的结构画在图纸上，贴在黑板上，再将各人对新方案提出的改进设想写在纸条上，贴在净化池结构图的相应部位，通过公司内部科技人员的评审，最后得出一种研制新型净化池的最佳方案。

由此可见，集思广益是一种有效的创造方法。创造学家在此基础上研究出了科学开发创造性思想的创造技法——智力激励法。

智力激励法又称头脑风暴法，是世界上最早付诸实施的创造技法，是由美国创造学家奥斯本首先提出的。采用这种技法，一般通过一种特殊的会议，使参加的人员相互启发，填补知识空隙，每个人都可以充分利用别人的设想来激发自己的灵感，或者结合几个人的设想产生新的设想，所以要比单独思考更容易获得数量众多的，有价值的设想。

智力激励法的应用非常广泛，不仅可以应用于创造发明，还可以应用于企业管理。

三、特性列举法

由美国的克劳福倡导，把问题分解为局部小问题，然后分别解决。把事物的特性分为名词特性、形容词特性、动词特性三大类，分别列举，考虑创新。如水壶，名词特性：身、把、底、口，盖；形容词特性：红、黄、白、绿、蓝；动词特性：烧水、保温、携带。可以考虑各部分如何改进、创新。又如计算机的主机、显示器、键盘、鼠标等各部分的形状、材质、颜色，各组件的设置，各公司都有所创新。

四、设问探讨法

设问探讨法是实现大生产活动中经常使用的一种创造技法，特点是简单易学，还可因地制宜，根据不同需要，改变设问方法。

日本京都有家生产编席的小厂，由于地毯盛行，编席订货力量逐年减少，该厂面临着关门的危险。工厂经理人员经过反复思考，认为只要设计出一种新颖的编席，订单还是会接踵而来的。那么，设计新颖的编席该从何着手呢？

有一个经理人员提出：不妨使用塑料纤维编席子。另一个经理人员提出：能否将黑色的席边换成彩色的席边？后者比较容易操作，于是他们找来各种彩色的布包边，果然十分漂亮，但是感到还不够新颖，有人提出，如果把闪闪发光的金丝编织入席边，一定会更好看。大家对这一方案一致赞同，就这样，一种带金丝席边的编席问世了。这种新颖的席子不仅十分畅销，而且还获得了专利。这种提出设问开发新产品的方法，是人们经常使用的一种创造技法——设问探讨法。

当然，革新老产品也不是一件容易的事情，人们常常会感到无从下手。设问法可以帮助革新者找到革新的着手处。设问发市围绕老产品提出各种问题，通过提问，发现老产品存在的问题或者不能满足消费者要求的地方，从而找到需要革新的方面，开发出新的产品来。

在新产品的开发中，设问的方法有很多，如 5W2H 法、7 步法等。

五、仿生创新法

模仿生物的结构和功能原理的发明创造层出不穷。例如，飞机是模仿鸟类飞行的原理而创造的；潜艇是模仿鱼遨游的原理而创造的；响尾蛇导弹是模仿响尾蛇跟踪热源体咬人的原理而创造的；机器人是模仿人的活动创造出来的智能机器。

北京奥运会主场馆是椭圆形的“鸟巢”，与之相辉映的是“水立方”膜结构的游泳馆。主场馆的外观就像“鸟巢”，馆内有 91000 个观众座位，无论观众坐在“鸟巢”的哪个位置，到比赛场地中心点的视线距离都在 140 米左右，“水立方”的创意来自细胞组织单元的基本排列形式以及水泡、肥皂泡的天然构造。这种在自然界常见的形态从来没有在建筑中出现过，作为世界上第一个敢于实现这一结构体系的建筑，“水立方”为国内外建筑界填补了一项项空白。

六、联想创新法

联想是想象中最活跃和最重要的内容，也是重要的创造技法，联想创新法，是指企业经营者善于运用联想思维的方法，做到由此及彼、举一反三，触类旁通，不断创新开拓，以及促进企业的产品开发和管理水平的不断提高。联想创新法主要有以下 5 种类型：

（1）相似联想。由一事物联想到与其想似的另一事物，如由铅笔想到钢笔等。

（2）接近联想。因一事物在时间空间上比较接近另一事物而产生的联想，如由月亮想到黑夜等。

（3）因果联想。由事物的因果关系而产生的联想，如由下雨想到路滑。

（4）对比联想。由事物之间的相反或对比的关系产生的联想，如由炎热想到冰雪。

（5）强制联想。把两件毫无关系的事物强行地联系起来思考，如把人和花联系起来思考。

在这些联想中，相似联想占有重要地位，同时也是比较容易掌握的联想；强制联想虽比较困难但产生的创造效果将会更好、更奇特。

七、类比创新法

1．直接类比

发明者从自然界或已有的技术成果中，找出与发明对象类似的现象或事物，从中获得启示，从而发明设计出新的项目。

例如，瑞士著名的科学家阿 · 皮卡尔就利用平流层气球的原理改进了当时需用钢缆吊入海中的深潜器，使深潜器能平安下到万米以下的海底，也能自如地浮起。又如原子能发电站的建立等都是直接类比的发明。再如，牛黄是牛的胆结石，是一种贵重的中药，有人从河蚌培育珍珠的方法中得到启迪，在牛的胆囊中埋入异物，制造牛的胆结石生产牛黄。此外，直接类比创新发明还有人造棉、人造纤维、人造金刚石、克隆绵羊、克隆牛，等等。

2．象征类比

象征类比是借助具体的事物形象和象征符号来比喻某种抽象概念或思想感情的类比。它是直觉感知的，在无意的联想中一旦作出这种类比，将呈现一个完整的形象。针对待解决的问题，用具体形象的东西作类比描述，使问题形象化、立体化，为创新开拓思路。例如，泡沫砖、泡沫陶瓷、泡沫金属、蜂窝结构、鸟巢结构、飞船等。

象征类比在建筑设计中应用甚广。例如，设计桥梁要赋予“虹”的象征格调；设计纪念碑、纪念馆要赋予“宏伟”“庄严”的象征格调；而设计展览馆、音乐厅、歌舞厅则要赋予“艺术”“幽雅”的象征格调。曾被誉为中国大陆第一高楼的上海金茂大厦即融合了多层象征含义：其外形像竹笋——象征着节节攀升；像宝塔——富有民族气息；像一支笔——在蓝天中描绘着未来。整座大厦的设计数据与中国人喜欢的“8”字相连——总高 88 层，中间是 8 角形混凝土核心、周边是 8 根巨型钢柱、塔式建筑的向上收缩点均位于与 8 有关的楼层上，以“8”象征着兴旺发达！

3．人性化类比

人类有史以来的大多数发明，都是人自身器官的延伸。例如，电话延伸了耳朵，电视延伸了眼睛，还有机械手、电脑、机器人、智能装置等。

4．幻想类比

古代神话、幻想中的千里眼、顺风耳、一个跟斗十万八千里、拔一根猴毛变一群猴子等，都带来了当代的类比科技发明。例如，雷达技术、遥感技术、航天技术、克隆技术等。

八、移植创新法

1．原理移植

例如，喷香水、喷药水、喷农药、喷漆、喷涂料、喷水泥等，都是同一个原理的移植。

2．方法移植

例如，电镀金属，电镀塑料，电镀鲜花。国花镀金，是新加坡的一项专利技术，生产出的产品是该国独有的珍贵工艺品。

3．结构移植

古埃及人用转动链条运水桶灌溉田地，1783 年，英国的埃文斯用此法在磨坊输送谷物。选矿厂的提升吊斗、螺旋运输机等也是同样结构的移植。

拉链结构的移植最常见，大大小小的提包、皮箱上用，各种各样的衣服上用，裤子上用，裙子上用，前面用，后面用，处处用。也许材料科学发展到能创造出可以安装在皮肤上的拉链时，就可以避免多次手术（如为心脏起搏器更换电池）的痛苦了。

本章小结

创新是创业的基础。本章向大家介绍了什么是创新，什么是创新思维，并简明扼要地阐述了创新思维训练的方法和在思维创新、产品创新上行之有效的部分创新技法，目的是希望通过本章的学习，同学们能够了解和掌握这些方法，对自己的学习、生活和工作有所帮助。

思考题

1. 什么是创新思维？在什么情况下要运用创新思维？
2. 根据你的思维习惯，你应该掌握哪几种创新思维技法？

小组活动

全班分成若干小组，以小组为单位完成以下活动并进行展示。

1. 根据教师随机提供的一个词语，为一家咖啡厅策划期限为 1 年的，能够给顾客带来不一样体验的点子。

2. 根据教师随机提供的一个词语，设计一个主题餐厅。

案例分析

松鼠来了！

80 后的路凯林在海尔工作了 11 年，曾负责整个海尔的笔记本业务（也称笔记本平台主）。2013 年，路凯林发现传统的笔记本电脑并不能够很好地满足游戏发烧友的需求，于是带领四五个人聚焦于游戏本的研发和销售。他们在互联网上收集了 3 万多条意见，归纳成 13 类问题，然后整合了全社会的设计、研发和制造资源，开发出了一款全新的游戏本“雷神”。如今你上京东买笔记本电脑，就会发现“雷神”占据了显要的位置。

“三只松鼠”是由安徽三只松鼠电子商务有限公司于 2012 年强力推出的第一个互联网森林食品品牌，代表着天然、新鲜以及非过度加工。仅仅上线 65 天，其销售在淘宝天猫坚果行业跃居第一，花茶行业跃居前 10 名，发展速度之快创造了中国电子商务历史上的一个奇迹。

在 2012 年天猫“双十一”大促中，成立刚刚 4 个多月的“三只松鼠”当日成交近 800 万元，一举夺得坚果零食类目冠军宝座，并且成功在约定时间内发完 10 万笔订单，创造了中国互联网食品历史性的突破。2013 年 1 月单月业绩突破 2000 万元，轻松跃居坚果行业全网第一。

因为互联网极大地缩短了厂商和消费者的距离与环节，三只松鼠定位于做“互联网顾客体验的第一品牌”，产品体验是顾客体验的核心，互联网的速度可以让产品更新鲜、更快到达，这就是“三只松鼠”坚持做“互联网顾客体验的第一品牌”和“只做互联网销售”的原因。

资料来源：http://www.xuexila.com/success/chenggonganli/147997_3.html，编者对部分资料进行了整理。

思考：

1. 传统企业被颠覆的真正原因是什么？

2. “三只松鼠”的创新点在哪里？

CHAPTER3

第三章 创新训练

学习目标

- 能够列举 3 个及以上的创新训练课题
- 能够筛选最适合自己的创新训练课题
- 能够研制出自己的技术路线
- 能够阐述专利和著作权的种类、申请流程

关键词

创新训练；技术路线；研究方法；专利；著作权

引导案例

校园创新小课题，商场拼搏硬实力

庄丰荣，男，广东白云学院电气与信息工程学院 2008 级学生。

在校期间，庄丰荣同学就因为喜欢计算机软件开发，组织了几个志同道合的同学创办了 Winlight 工作室，并且以此申请了广东白云学院 2012 年度大学生创新训练项目。通过一年多的创新研究和软件开发，团队推出了《广东菜菜网》网站。在掌握市场的需求后，通过联系商家，又再次成功推出了手机网站，并得到了商家的赞赏和支持。就这样，他们团队的名声就在白云打响了，还吸引了学校《白云会所》网站的眼球，双方在平等互利的前提下，建立了合作关系，实现了双赢。凭着自己的专业知识，庄丰荣同学不仅将理论运用于实践而且也为他后来的创业打下了牢固的基础。

2011 年 11 月庄丰荣同学抓住机遇，开始了自己的创业之路。凭着自己扎实的专业知识和丰富的人际关系，2012 年 4 月他与队友成立了广州昊翼信息科技有限公司。作为一个电子商务服务商，主要是提供 IT 技术支持、业务系统设计、操作运营等服务。自成立以来，在销售方面上推广了《商翼·进销存管理系统》产品，在技术创新方面也解决了《智翼·智能家电系统》的项目方案，为了让公司发展得更好，还与珠三角的企业建立了良好的合作关系，并取得了不错的业绩。

第一节　创新训练课题来源

“为什么我们的学校总是培养不出杰出人才?”钱学森之问，触动了中国千万人的心。为了解决之一问题，许多学者提出中国的高等学校要开展创新教育。创新教育就是指对人的创新精神、创新能力和创新素质的培养和教育。创新精神教育的任务是培养学生不墨守成规、敢于怀疑、善于思考、勇于探索的精神；创新能力教育的任务是培养学生掌握坚实的基础知识、基本技能，宽广的知识面，较强的实践能力；创新素质教育是对学生责任心、进取心和自信心的培养，即自信心的培养。那么，创新教育的载体是什么呢？自 2011 年起，教育部“高等学校本科教学质量与教学改革工程”建设项目中设立“国家级大学生创新创业训练计划”，2012 年广东省教育厅出台文件，开展“大学生创新创业训练计划”，并给予创新创业专项资金资助；广东白云学院在资金资助的基础上，还给予创新创业学分认定。通过系列政策推动实施国家级、省级和校级大学生创新创业训练计划，培养学生的创新精神、创新能力和在创新基础上的创业能力，培养适应创新型国家建设需要的高水平创新型人才。

一、创新训练课题寻找途径

创新训练课题是大学生个体或团队在导师指导下，自主完成创新性研究项目设计、研究条件准备、项目实施、研究报告撰写、成果（学术）交流等工作。

在这么好的政策扶持下，在校大学生如何寻找创新训练课题呢？主要有以下6个途径。

1．在学习中寻找

学生在校园里学习各专业知识的过程中可以选题，并可针对各自所学专业的特点联系自己的社会实践发现问题。然后，思考怎样解决这个问题？用什么方法可以解决这个问题？工人、农民以及各行各业的职工同样也可以在学习中选题。他们可以带着自己在实践中遇到的许多问题到图书馆或上网寻找相应的学习材料，通过学习来选择课题。

2．在竞赛指南中寻找

每年广东省乃至全国举办各类科技学术和文化创意类竞赛，我们可以通过解读竞赛的报名指南，发现新的研究课题，开展创新训练。

3．在生活中寻找

每个人都有各自的生活实践，在生活实践中会遇到许多的困难，或发现许多与生活有密切关系的问题，从中可以选题。

4．在工作中寻找

每个人都可以结合自己的工作实践去发现问题。然后，考虑怎样去解决这些问题，从中选择符合上述选题原则的问题作为所要研究的课题。

5．在科技文献中寻找

文献指的是有历史价值或参考价值的图书资料。科技文献是指在科学技术方面有历史价值或参考价值的图书资料。我们可以到图书馆或资料室，根据自己的兴趣、爱好和目标去有目的地翻阅寻找相关的科技文献，从中达到既学到科技知识，又了解过去和现在某一学科研究成果水平所处的状况，还能学到别人研究的方法与手段，经验与教训。然后，在此基础上考虑选择自己所要研究的课题。

6．在讨论或交际中寻找

在学习、生活和工作过程中，经常会用讨论的方式进行交流。相对来说比较正规、比较认真，主题围绕比较集中的讨论中会提到许多问题，甚至是一些难以解决的问题。可以考虑从中选择有价值的问题作为研究的课题。在学习、生活和工作过程中，我们不断地在进行着交际活动。交际活动不是讨论，是一种非常灵活的活动方式，它不受时间、地点、环境的限制。所以，在交际活动中一般呈现很自由很放松的一种状态，从而促使大脑放松，并能激发大脑思维的功能。因此，在交际中往往会出现一些异想天开的想法，这时就可以从中选择所要研究课题的素材，再通过加工后正式列入课题研究计划。

二、创新训练课题类型

大学生在校期间可选的创新训练课题类型主要有以下几种：

1．创新性实验项目

学生针对参与开发性实验过程中所发现的问题或学习中所发现的问题而设计的实验项目。

2．创新性竞赛项目

拟参加国家、省、市、行业组织的各类学科竞赛及挑战杯系列竞赛的创新特征比较明显的竞赛项目。

3．创造性社会实践项目

学生个人或团队在寒暑假社会实践中，自主申请获得的企业管理改革、技术工艺改造或产品开发类训练项目。

4．新颖性文化创意项目

学生个人或团队根据校园文化活动或者个性展示需要进行网络广告、艺术设计、宣传网页等设计制作。

5．实用性科技开发项目

学生个人或团队根据师生学习、工作和生活需要进行网站、软件、实用教学工具（含课件、教具等）和专利产品等设计制作。

创新性竞赛项目中由教育部资助的全国性大学生学科竞赛活动项目共有 31 项，具体见表 3-1：

表 3-1　教育部资助的全国性大学生学科竞赛活动

序号	竞赛名称	可开展学院
1	全国大学生电子设计竞赛	机电工程学院、电气与信息工程学院
2	全国大学生机械创新设计竞赛	机电工程学院、电气与信息工程学院
3	全国大学生机器人竞赛	机电工程学院、电气与信息工程学院
4	全国大学生智能车竞赛（飞思卡尔杯）	机电工程学院、电气与信息工程学院
5	全国大学生数学建模竞赛	各学院
6	全国“挑战杯”大学生课外科技作品竞赛	各学院
7	全国“挑战杯”大学生创业计划竞赛	各学院
8	全国大学生广告艺术竞赛	艺术设计学院
9	全国大学生节能减排社会实践与科技竞赛	艺术设计学院、机电工程学院、电气与信息工程学院
10	“CCTV 杯”全国大学生英语竞赛	外国语学院（重点）、各学院
11	全国大学生英语辩论赛	各学院
12	全国大学生（文科）计算机设计大赛	电气与信息工程学院
13	全国大学生建筑设计竞赛	建筑工程学院
14	全国大学生建筑设计作业观摩与评选	建筑工程学院
15	全国大学生结构设计竞赛	机电工程学院、电气与信息工程学院
16	全国计算机仿真技术竞赛	电气与信息工程学院
17	全国数控技术竞赛	机电工程学院
18	全国大学生工业设计竞赛	艺术设计学院
19	全国航模科技实践锦标赛	机电工程学院、电气与信息工程学院
20	全国信息安全大赛	机电工程学院、电气与信息工程学院
21	全国大学生高等数学竞赛	各学院
22	全国周培源大学生力学竞赛	机电工程学院、电气与信息工程学院
23	全国大学创意实作竞赛	各学院
24	全国大学生物流设计竞赛	管理学院、财经学院
25	全国大学生创新创业训练计划	各学院
26	全国大学生程序设计大赛	电气与信息工程学院
27	全国大学生过程控制仿真挑战赛	机电工程学院、电气与信息工程学院
28	全国大学生电子商务竞赛	管理学院
29	全国大学生公共关系策划大赛	各学院
30	全国大学生营销大赛	管理学院
31	全国大学生 ERP 沙盘比赛	财经学院

第二节 创新训练课题选择

经过挖掘，我们从学习、生活、工作、文献资料与讨论中获取了很多可以研究的创新训练课题，但是哪个更加适合我们自身呢？

一、创新训练课题的价值诉求

有学者曾经说过，“我们需要在值得努力的地方努力，而不需要努力的地方就停止努力。”因此，选择创新训练课题之前，我们需要从以下 4 个原则出发了解我们开展课题研究的价值诉求。

1．需求性原则

开展创新训练的根本目的是满足自身对创新目标实现的需求，在这过程中我们需要产生创新的标志性成果，能够有利于社会发展和科技进步的需求。因此只有当需求得到满足时，课题才有价值。

2．新颖性原则

创新训练的内容应是前人没有解决的或尚未完全解决的，具有一定的新颖性和先进性；被选中的课题能想出新方法，建立新理论，引进与研究开发新事物；其最终研究成果能发现或充实前人没有发现的真理或是尚不完全的真理，或者是新的问题解决方案，便于人们更好地生活、工作。

3．可行性原则

所选课题基本上符合主客观允许的资源条件之内，经过团队的努力是可以实现的。换句话就是说这个课题完成的可行性很高，并能够达到我们预期的目标。

4．科学性原则

所选课题必须符合唯物主义和唯物辩证法的原则，建立在经实践检验而符合客观规律的基础上。

二、创新训练课题的筛选

创新训练课题的筛选需要经过分类、查重两个步骤来开展。

1．分类

依据创新训练课题的内容难度分为两类：当前可行类和待后可行类。

当前可行类指的是：该选题内容实施研究的条件与要求不高，相对容易解决或通过努力可以解决，也具有一定的应用价值。我们还可以将这类选题按照解决的难易程度依次排队（把最容易解决的选题排在最前面）。

待后可行类指的是：这类选题内容实施研究的条件与要求很高，相对解决的难度很大，但其应用价值趋向于较高或很高。也可将这一类选题依照解决难易程度的不同依次排队，以后再考虑研究实施。

2．查重

针对当前可行类的选题内容作全面的分析研究，并通过国家专利网站或中国知网的查询后，排除已有学者开展过的研究内容，从中挑选出相对容易解决实施，其应用价值又高的选题确立为正式的研究课题。

通过对训练课题的价值判断和内容难易程度排序、查重后，选择适合自己研究的创新训练课题。

第三节　创新训练课题的实施

创新训练课题的实施过程包括申报、研究、结题和成果展示四个环节。以下主要介绍申报和研究的方法。

一、创新训练课题的申报

1．申报渠道

目前高校大学生创新训练课题申报的渠道有国家级、省级、校级大学生创新创业训练计划、青年学生科技创新攀登计划和“挑战杯”大学生课外学术科技竞赛、“发明杯”大学生创新大赛、全国大学生机械创新大赛等。

2．申报书的内容

大学生创新训练课题的申报书基本都包含“申报课题基本情况、申报课题的前提选题研究与后期研究设想、研究技术路线及拟解决问题、预期成果、研究进度安排、经费预算”等内容。

申报书撰写过程中要求“内容完整、重点突出、格式规范、表达准确”。“内容完整”指所列出的项目必须全部填写，不可空项；“重点突出”指在课题来源及前期研究方面言之有据，课题特色项目，成果可行；“格式规范”即指申报书撰写需要按照要求格式编辑文字、图表，一般申报书内文字字体为“小四，宋体”，表格内文字字体为“五号，宋体”；“表达准确”即要求文字表述通顺、词意贴切。

二、创新训练课题的研究

创新训练课题在研究中主要做好研究技术路线的设计，研究方法的选用及项目执行与监控。

1．设计研究技术路线

技术路线是指申请者对要达到研究目标准备采取的技术手段、具体步骤及解决关键性问题的方法等在内的研究途径。合理的技术路线可保证顺利的实现既定目标。技术路线的合理性并不是技术路线的复杂性。

技术路线是指进行研究的具体程序的操作步骤，应尽可能详尽，每一步骤的关键点要阐述清楚并具有可操作性。如有可能，可以使用流程图或示意图加以说明，以达到一目了然的效果。图 3-1 以《车牌识别系统开发》为案例，给出了从“提出问题—分析问题—解决问题”思路出发的技术路线图。

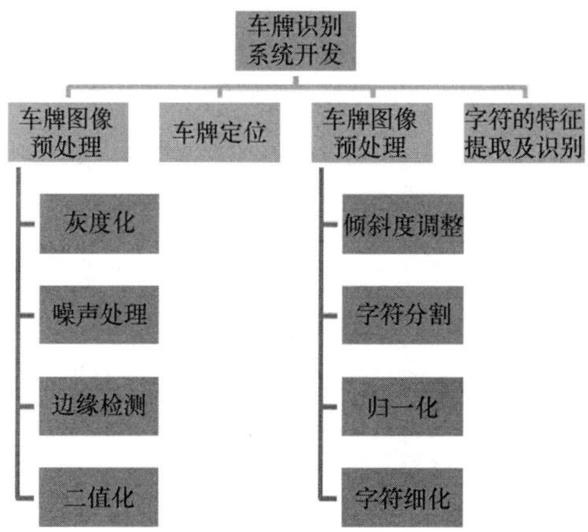

图 3-1 《车牌识别系统开发》技术路线图

2．选择研究方法

在课题研究中常用的研究方法有以下几种：

（1）文献法

根据一定的研究目的或课题，通过调查文献来获得资料，从而全面地、正确地了解掌握所要研究问题的一种方法。文献法被广泛用于各种学科研究中。收集方法有以下三种方法：①直接利用文献目录及索引方法；②专家咨询法；③抄录和复印法。文献法的实施步骤包括：①编制大纲；②收集鉴别；③阅读摘录；④梳理组织；⑤分析研究；⑥书写报告。

（2）问卷调查

问卷调查是以书面提出问题的方式搜集资料的一种研究方法，即调查者就调查项目编制成表式，分发或邮寄给有关人员，请示填写答案，然后回收整理、统计和研究。

（3）数量研究法

数量研究法也称"统计分析法"和"定量分析法"，指通过对研究对象的规模、速度、范围、程度等数量关系的分析研究，认识和揭示事物间的相互关系、变化规律和发展趋势，借以达到对事物的正确解释和预测的一种研究方法。具体方法有统计分析法、模式分析法、预测研究法、图表技术等。

（4）实验性研究

实验性研究又称实验法，是通过对某些影响实验结果的无关因素加以控制，有系统地利用某些实验条件，然后观测与这些实验条件相伴随现象的变化，从而确定条件与现象间因果关系的一种研究方法。实验性研究一般可分为实验的准备、实验的实施、实验的总结与评价三个步骤。它一般可以采取单组实验法、等组实验法和循环实验法，即组法实验法的三种方法，具体可采用随机取样、测量选择、逐个分配等手段进行。

（5）模拟法

模拟法先依照原型的主要特征，创设一个相似的模型，然后通过模型来间接研究原型的一种形容方法。根据模型和原型之间的相似关系，模拟法可分为物理模拟和数学模拟两类。如人脑模拟、战术模拟训练、工程模拟以及模拟式经济管理等。

3．项目的执行与监控

大家知道导弹为什么总能命中目标吗？因为导弹在发射出去以后的飞行过程中始终受到控制，不断调整飞行方向，直至最终击中目标。创新训练课题如果想要达到预期目标，就必须像发射导弹一样做好执行与监控。具体流程如下：

（1）签订合同

课题申请人接到批准立项的通知后，应与创新训练课题管理部门签订项目管理合同书。未按时签订合同者，按自动放弃处理。

（2）中期检查

各课题组实施时间过半时需开展中期检查一次，由院（系）指导小组负责组织实施。中期检查时项目组应向指导小组提交项目中期进度报告，提供阶段性的实践活动原始记录。中期检查主要是对项目的工作进度、各项工作完成情况、中期成果等给出恰当的评价，提出项目进一步实施的意见和建议。如发现项目申报或实施过程中有弄虚作假或工作无明显进展的现象，应提出及时终止项目运行的建议。中期检查后的“中期检查表”应存于项目档案，并及时交课题管理部门备案。

（3）项目变更

项目变更或终止应由项目负责人向“院系指导小组”提出书面申请，阐明具体原因，对更改项目内容、更换项目成员、提前或推迟项目进度等作出详细描述。“院系指导小组”应进行实事求是的审核，给出同意与否的结论，并提交课题管理部门认定并通知执行。项目如因特殊原因需更改内容、补充新成员、更换原有成员、推迟结题等，均须提交变更申请，说明变更理由，经课题管理部门批准后实施。对擅自更改项目计划或因管理不善严重影响工作的，学校要终止其项目运行，并收回资助经费。对无正当理由而不能如期完成任务的，项目组成员两年内不得再申报创新创业训练项目，取消项目指导老师两年内指导创新创业训练项目的资格。

第四节　知识产权与专利

我们在开展创新训练课题研究之初的价值诉求之一就是产生创新的标志性成果，而这些标志性成果最理想的状态是其创新性得到认可，我们把这种认可的标志定为获取知识产权（含专利、著作权）。因此接下来我们大家学习专利的相关知识。

一、知识产权与专利的概念

1．知识产权的概念

知识产权，是指人们对自己智力活动创造的成果和经营管理活动中的标记、信誉依法享有的占有、使用、处分和收益的权利，是受国家法律保护的一种无形财产权。

根据《中华人民共和国民法通则》界定知识产权包括：著作权（或版权）、专利权、商标专用权、发现权、发明权和其他科技成果权。

世界知识产权组织（WIPO）于 2000 年决定，把 4 月 26 日定为“世界知识产权日”，并且多年来，世界知识产权组织都有自己的年度主题。例如：2012 年的主题是“天才创新家”，2013 年的主题是“创造力下一代”，2014 年的主题是“电影——全球挚爱”，2015 年的主题是“因乐而动，为乐维权”，2016 年的主题是"数字创意，重塑文化"。

2. 专利的概念

专利（Patent）是指一个国家对本国或外国科学技术领域中的发明创造以法律形式授予发明人或其权利受益人在法定期限内对其发明创造享有受保护的独占实施的专有权。从法律意义上来说，专利是"专利权"的简称。

我国2008年12月起新修订的《中华人民共和国专利法》对专利的性质特点做出了明确的描述，专利具有专有性、地域性和时效性。

二、专利的类型

由于世界各国的专利保护范围有别，导致各国专利类型的不尽相同。我国的专利有发明专利、实用新型专利和外观设计专利三种类型。

1. 发明专利

发明专利（Invention Patent）是国际上公认的最具有新颖性、创造性和实用性的新产品或新方法的发明。我国专利法中对发明的定义是：对产品、方法或其改进所提出的新的技术方案。

发明专利可以是多种多样的，有产品发明（如机械、器具、仪器、部件和元件等），方法发明（如产品的制造方法——机械、化学或生物；产品的使用方法——材料、物质的新用途；其他方法——通信、测试和修理的方法），物质发明（如液态、气态、粉末状的化学物质、化学反应中间物质等）；材料发明（如合金、玻璃、水泥、油墨、燃料和化学组合物等）。

我国对发明专利的保护期为20年。

2. 实用新型专利

实用新型专利（Utility Model Patent）又称"小发明""小专利"，主要是指对机器、设备、装置、器具等产品的形状、构造或其结合所提出的适用于实用的、新的技术解决方案，并能在产业上制造出具有使用价值或实际用途的产品。

实用新型专利的技术方案特征是：必须是一种产品；有形的技术思想的创作；适于实用；有一定的形状和构造，其固定的形状应该有一定的技术效果。即产品是占据一定空间的有"型"实体，为肉眼可观察的确定三维空间形状。如果是自然形成的形状，摆放或堆积形成的形状，以及无确定形状的产品，不能申请实用新型专利的。同时，其产品的构造包括了各个部分的布置、组织和相互关系，如机械构造和线路构造等，并且为工业方法制造。

实用新型专利往往限于产品发明，申请审批程序较简单，费用也较低。我国对实用新型专利的保护期为 10 年。

3．外观设计专利

外观设计专利（Industrial Design Patent）是指对产品的形状、图案或者其结合，以及色彩与形状的结合所提出的富有美感并适于工业上应用的新颖的设计方案。如果说发明专利和实用新型专利是从技术角度解决某个特定的技术问题，那么外观设计专利则是从美学角度对产品的外表进行设计。外观设计专利偏重于产品的装饰性和艺术性。

外观设计专利的要素包括：必须与某一具体产品有关；必须是产品形状、图案和色彩或者其结合的设计；具有视觉上的美感效果；适用于工业上应用的新设计，即工业化产品，是能重复生产的产品的外观设计。

外观设计专利可以是三维空间的产品造型，也可以是二维的平面设计图案。外观设计应该有美感，但不包括单纯的艺术品，如美术作品、风景画和照片等，而是能大量复制生产的具有工业实用性产品。

我国对外观设计专利的保护期为 10 年。

三、专利的申请和审批程序

1．专利申请的一般要求

专利申请须采用书面或电子形式才具有法律效力，专利申请提交的专利申请文件包括申请请求书、说明书、说明书摘要及其附图、权利要求书、外观设计的图片或照片等文件。

我国专利申请文件的文字书写使用中文。外国人名、地名和科技术语如没有统一中文译名时，应注明原文。申请文件应当用 4 号或 5 号宋体或仿宋体字打印或印刷，绘图清晰均匀，文件字迹呈黑色，一式两份，一份为原件，一份为复印件。

2．专利申请的审批程序

申办专利的基本程序如下：①个人或组织（单位）准备符合申请专利条件的科研成果资料；②进行填表撰写相关专利的文书（须符合国家的统一标准与要求）；③赴国家知识产权局代办处（各省、直辖市均有代办处）进行办理专利申请登记手续同时交纳国家统一规定的相关费用；④通过国家知识产权局审核；⑤将专利的主要内容登入《中国专利公报》进行公示；⑥发送审核结果通知单（其中有未通过审核者，如果通过审核，将会收到相关的专利证书）。

本章小结

创新训练课题是大学生个人或团队在导师指导下，自主完成创新性研究项目设计、研究条件准备和项目实施、研究报告撰写、成果（学术）交流等工作。

大学生在校期间可选的创新训练课题类型主要有创新性实验项目、创新性竞赛项目、创造性社会实践项目、新颖性文化创意项目和实用性科技开发项目5大类。

通过对训练课题的价值判断和内容难易程度排序、查重后，选择适合自己研究的创新训练课题。

创新训练课题的实施过程包括申报、研究、结题和成果展示四个环节。创新训练课题在研究中主要做好研究技术路线的设计，研究方法的选用及项目执行与监控。技术路线是指进行研究的具体程序的操作步骤。

知识产权，是指人们对自己智力活动创造的成果和经营管理活动中的标记、信誉依法享有的占有、使用、处分和收益的权利，是受国家法律保护的一种无形财产权。知识产权包含专利和著作权。

专利是指一个国家对本国或外国科学技术领域中的发明创造以法律形式授予发明人或其权利受益人在法定期限内对其发明创造享有受保护的独占实施的专有权专利包括发明专利、实用新型专利和外观设计专利。

思考题

1. 创新训练课题来源和筛选的依据是什么？
2. 创新训练课题的研究技术路线如何设计？
3. 什么是公司内部创业模式？常用哪些模式？
4. 公司内部创业的障碍有哪些？如何克服？

小组活动

各创新团队围绕自己所选的项目，研制一份技术路线图。

案例分析

职务发明专利纠纷

王某医学院毕业后来到某国有企业工作，该国有企业把王某安排到该企业的医院，负责该企业职工家属的疾病诊治工作。王某在上学的时候对一味中药药材特别感兴趣，参加工作后继续利用业余时间对该中药药材进行研究，最终配合其他几种中药药材研究出了一服专治脑出血的中药。王某先是在小兔子身上进行的药物试验，成功后又找到了当地医院的同学在当地医院进行了临床试验，又获得了成功。这个时候，王某被调到另外一家国有企业，这家国有企业看好并支持王某发明的中药，专门为王某配备人员建立了制剂室。王某在该企业工作期间开始大批量生产该中药，并申请了个人的发明专利，以企业名义申请了新药证书。后来这个药品市场比较好，王某与单位之间就利益分配问题发生了纠纷。单位认为王某的专利属于职务发明，单位才是专利的专有权人；王某认为该药品发明专利是自己在业余时间做出来的，属于个人发明专利。双方矛盾无法调解，只能进入司法程序。

思考：

1. 王某的发明的药品是否是自己单位的职务发明，为什么？

2. 王某的发明的药品是否是自己供职的第一个国有企业的职务发明，为什么？

CHAPTER4

第四章
创业者和创业团队

学习目标

- 理解创业者的概念
- 了解创业者的素质和能力
- 熟悉创业团队的组建和管理
- 了解创业团队的社会责任

关键词

创业者；创业团队；社会责任

引导案例

创业：玩密室逃脱激发创业灵感

2011 年，曾舜考进四川大学，专业是广播电视编导。她说："我是一个爱说话的人，喜欢讲故事，也喜欢写故事。小时候，我的理想是，成为一个善于与人沟通的社会活动家。但进大学后，我发现我更加喜欢做生意，或许我生来就有做生意的天赋。"

2012 年暑假，曾舜和一个女同学到北京旅游，一起玩了一次密室脱逃。"当时，我就有了创业灵感，决定将这个项目带到成都去。我想买他们的技术，找了店方问需要多少加盟费。一听说五万元，一分钱也不肯少，我就放弃了加盟的想法。"曾舜说，当时，密室脱逃这个项目还很初级，门槛也很低，于是她决定自己设计。

旅游归来，曾舜将创业的想法告诉了父母，但父母坚决反对。她母亲何美玲说："我们所赚的钱，足够你用一辈子了，读大学，首要任务是读好书。"她父母担心她不务正业，将来学业会挂科。

创业的想法遭到了父母的坚决反对，但得到了同学的支持，他们决定一起出资，共同创业。最后一起出资的共有 13 个人，每人凑了几千元钱，总共 5 万元，但主要做事的有 4 人，另外 9 个同学只是投入资金，不参与经营。

第一家店选址在成都市中心，一家商场的楼上，250 平方米。因为是大学生创业，房东将租金打了折。当时募资 5 万元，实际只用了 3 万多元。"搬砖、贴墙纸的事都由自己做，密室设计也是我自己动手。第一家店在当年 11 月 10 日开业，火爆得不得了，一个星期就赚回了成本。12 月 10 日、12 月底，又连续开了两家店。一年下来，我们赚了几百万元。"曾舜说。

在这期间，因为担心扩张过快，一部分同学选择了退出。大三时，公司开始招加盟，一年下来，加盟店达到了 15 家。但到大四时，他们渐渐将加盟店停了，开始做直营店。目前，公司的直营店已经挺进了重庆、武汉、天津、北京、广州、长沙和株洲，并将总部从成都搬到了广州。

据天使投资人聘请的第三方公司评估，其公司资产估值为 2.7 亿元，而曾舜的股权为 49%，职务是公司执行总裁；另一名大股东为李威，占股 51%。"李威大学时是我朋友的朋友，他也想创业，我们两人的世界观、价值观都很相似，很投缘。现在，我们修成正果，已经结婚了。"曾舜说。

曾舜创业，她父母所担心的挂科是否出现？曾舜说："我将创业和学业协调得很好，我的成绩一直名列班上前三名。”大二下学期时，英国南安普敦大学在四川大学选拔交流生，交流时间一年。竞争很激烈，经过层层选拔，曾舜顺利通过，但到最后关头她还是放弃了，因为创业正处在紧要关头。

后来，曾舜报考了美国哥伦比亚大学研究生，最终如愿收到了录取通知书，但最后她再次选择了放弃，“公司的发展正处于上升势头，这时离开，我不放心。”曾舜说，她准备等自己积累三五年工作经验、公司发展再上一个台阶后，再申请哥伦比毕亚大学的商科，“我有信心一定能再次考上这所大学。”

第一节　创业者

创业者是指某个人发现某种信息、资源、机会或掌握某种技术，利用或借用相应的平台或载体，将其发现的信息、资源、机会或掌握的技术，以一定的方式，转化、创造成更多的财富、价值，并实现某种追求或目标的过程的人。创业者的定义有很多种。1880 年，法国经济学家萨伊首次对创业者的定义进行了阐述，他将创业者描述为“将劳动、资本、土地这三项生产要素结合起来进行生产的第四项要素，是把经济资源从生产率较低、产量较少的领域转移到生产率较高、产量较大的领域的人。”香港创业学院院长张世平是这样定义创业的：“创业者是一种主导劳动方式的领导人，是一种需要具有使命、荣誉、责任能力的人，是一种组织和运用服务、技术、器物作业的人，是一种具有思考、推理、判断能力的人，是一种能使人追随并使追随的人获得利益的人，是一种具有完全权利能力和行为能力的人。”

创业者与职业经理人的区别在于，创业者是开办或经营自己企业的人，他们既是员工，又是雇主，对所经营企业的成功与失败负责；职业经理人则通常不是他们所管理公司的所有者，而是被雇来管理公司日常运作的人。

创业者的类型

根据不同的情况，创业的类型可按照创业动机和创业者情况来进行分类。

1．根据创业动机分类

根据创业动机的不同，创业分为生存型创业和机会型创业。

生存型创业：生存型创业是指创业者对当前现状不满，并受到一些非创业者特征的因素的推动而从事创业的行为，可用“逼上梁山”来概括。

机会型创业：机会型创业是指创业者在新创一个企业的想法以及开始一个新企业活动的吸引下，由于创业者自身的个人特质和商业机会本身的吸引而产生的创业行为，可用“自动自发”来概括。

在金融、保险、房地产等商业服务业，创业的主导形式是机会型创业，而零售、汽车、租赁、个人服务、保健、教育服务、社会服务和娱乐业，生存型创业相对较多。

2．根据创业者情况分类

根据创业者情况的不同，创业者一般可以分成3种类型，第一种为生存型创业者；第二种为变现型创业者；第三种为主动型创业者。

此外，我们还可以将创业活动分为个体创业和公司创业。个体创业主要指与原有组织实体不相关的个体或团队的创业行为；公司创业主要是指由已有组织发起的组织创造、更新与创新的活动。下面分别讲解创业者的3种类型。

（1）生存型创业者

生存型创业者大多为下岗工人、失去土地或因为种种原因不愿困守乡村的农民以及刚刚毕业找不到工作的大学生。生存型创业者是中国数量最大的创业人群。清华大学的一份调查报告显示，生存型创业的人数占中国创业者总数的90%，其中，许多人是为了谋生。

（2）变现型创业者

变现型创业者就是曾经在国企、民营企业当经理人期间聚集了大量资源的人，他们利用这些资源在机会适当的时候下海，自己开公司、办企业。其实质是将无形资源变为有形的创业行为。

例如，一些地方政府出台鼓励公务员带薪下海，允许政府官员创业失败之后重新回到原工作岗位的政策，事实上都在为第一类变现型创业者给予鼓励。

（3）主动型创业者

主动型创业者又可以分为两种：盲动型创业者和冷静型创业者。

盲动型创业者大多极为自信，做事冲动。这样的创业者很容易失败。冷静型创业者是创业者中的精英，其特点是创业前做好充分的准备，从来不打无准备之仗。他们或是掌握资源，或是拥有技术，一旦行动，成功率通常很高。

第二节　创业者的素质和能力

一、创业应具备的素质

任何一个企业的成功很大程度上取决于创业者个人的性格、技能水平和经济状况。创业者在决定创办一个企业之前，必须真实地审视自己，以判断自己是否适合创办企业，以及目前是否具有创办企业的基本条件。

创业是一项复杂的活动，不仅要求创业者具备广泛的知识、丰富的经验，更要求创业者本身必须具备一些特点和品质，有创业潜质的大学生更要明确在创业过程中个人素质、能力对创业成败的重要影响。要想成为一个成功的创业者，在创业准备期，就必须对照这些品质不断地完善自己、锻炼自己。

创业基本素质包括创业意识、创业者心理品质、创业能力和创业知识结构 4 大要素，在这 4 个要素中，任何一个要素发生变化或残缺，都会影响其他要素的形成和发展，影响其他要素功能和作用的发挥，乃至影响创业的成功。图 4-1 即为创业者基本素质及其所包括的内容。

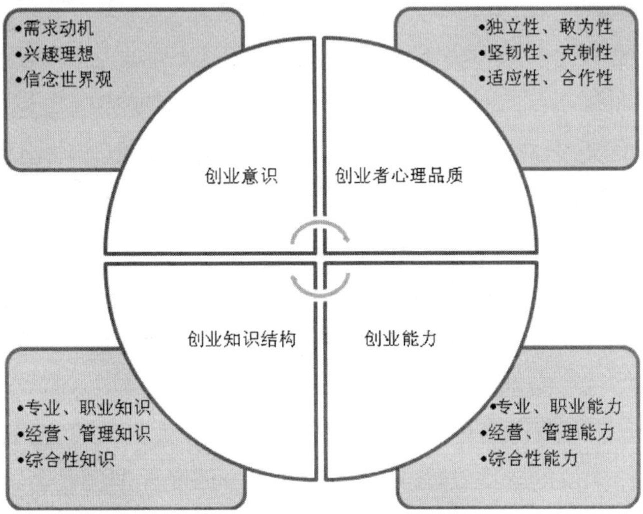

图 4-1　创业者基本素质及其所包括的内容

曾有一些创业者，在创业初期事业辉煌，轰轰烈烈，但后来却倒闭破产，乃至身败名裂。究其原因，主要是由于创业者个人创业素质的不完备，或在某一个创业基本要素上出现了严重的质变。

1．创业意识的培养

创业意识是指创业者在创业过程中起着动力作用的个性倾向，包括需要、动机、兴趣、思想、信念和世界观等心理成分。创业意识支配着创业者的态度和行为，规定着态度和行为的方向、力度，它具有强大的选择性和能动性，是创业素质的重要组成部分。

创业需要的是创业活动的最初诱因和动力，当需要上升为动机时，标志着创业活动即将开始。创业兴趣可以激发创业者的潜力和坚强意志。创业理想是创业者对未来的奋斗目标的追求，在对目标的追求中形成信念。创业信念是创业者的精神支柱，是创业意识的最高层次。

当前不少创业者不明白创业的真谛，因此创业者创业首先必须要树立正确的创业意识，还要认识到创业是一种精神，是一种意识，是一种素质，最后创业者需要明确创业目标，努力使自己具备创造梦想、发现机遇，凝聚梦想、不懈追求，学习新知、进取提升，突破陈规、创新创造，敢于担当、直面挑战，居安思危、自省自警的意识。

2．创业者的心理品质

心理品质是指创业者的心理条件，包括自我意识、性格、气质、情感等心理构成的要素。作为创业者，应该充满自信，性格刚强、果敢和开朗，感情富有理性色彩。

成功的创业者大多是在面对成功和胜利时，不沾沾自喜、得意忘形；在碰到困难时，也不灰心丧气、消极悲观。

3．创业者的知识结构

建立合理的知识结构，是创业的必要条件。创业者要想成功创业，必须具备相应的专业知识，尤其是以新技术、新发明为基础的创业更要以专业知识为基础。没有专业知识，大学生创业就失去了一部分优势。

纵观近几年在高科技领域创业取得成功的创业者，无一不具有丰富的专业知识。除专业知识以外，创业企业需要管理，创业者要想创业成功，还必须学习管理知识并能学有所用，以便成为优秀的管理者。同时，创业者进行创业还必须具备法律知识和市场营销等其他专业知识。

4．创业者的能力结构

对创业者而言，知识是基础、能力是关键。作为一个想创业并打算创业的大学生，必须培养和提高自身的综合能力。特别是要注意锻炼自己的学习能力、应变能力、用人能力、沟通交流能力和组织策划、管理、自我控制等能力。

5．创业面临的挑战

对于创业者来说，创业意味着从事经营活动，与受雇于别人拿工资的情况完全不同。可以说，创业是人生最重要的选择之一，它会改变创业者的生活。

创业者选择创业，就得为所创办企业全力以赴，做大量艰辛的工作，只有这样才能使企业获得成功。而一旦获得成功，创业者为之付出的努力就会获得回报，并感到满足。

人们出于多种原因创业，有些人是为了体现自身价值而创业，有些人则是为了改变生存方式而创业，还有人可能是因为下岗和失业等原因而决定创业。不管因何种原因而创业，创业既有好处，也有烦恼和困难。创业所面临的挑战主要有以下几点。

（1）创业的风险较高。大学生创业是一项充满风险与挑战的工作，大学生必须要加强管理能力、专业技能、社会经验和心理承受能力的锻炼，降低创业失败的风险。创业者缺乏经验和技巧。大多数创业者因为经验不足和缺乏技巧，导致无法根据市场变化调整促销的手段、服务措施以及商品陈列，最终失去顾客。

（2）时间成本较高。创业者为了创业成功，需要投入全部精力和大量时间。

（3）团队合作配合度。团队每个成员都有自己的观点，团队之间缺少包容和协作，容易产生矛盾。

（4）创业有可能失败，创业者需要对企业失败承担所有责任。

（5）激烈的市场竞争是无法避免的，大学生创业既要学会尊敬对手，也要学会与竞争对手竞争，找到更多打败竞争对手的方法。

（6）可能会有一些意外情况发生，如企业资料外泄、设备损坏等，创业者需要采取相应的措施来防止这些情况给企业带来损失。

二、创业应具备的能力

作为一个大学生创业者，对于创业应该具备的条件和能力，是否适合创业等问题，是创业前需要了解的。

优秀的管理技能、专业技能、社交技能和规划技能是大学生创业必须具备的能力。

1．管理技能

管理技能是创业的核心，主要包括目标管理技能、财务管理技能、信息管理技能、团队管理技能和项目管理技能等。

（1）目标管理技能：是指作为一个创业者，必须能够制定目标、分解目标。目标包括长期目标（5～10年）、中期目标（3～5年）、短期目标（一年和日程计划）。

（2）财务管理技能：是指作为一个创业者，必须具备管理公司财务资金流的能力。财务资金流是公司能够正常运营的核心，资金流断裂对于创业的企业来说，将是致命的打击。

（3）信息管理技能：是指作为一个创业者，必须具备掌握信息并有效使用信息的能力。随着互联网的快速发展，信息时代来临，掌握信息就意味着掌握市场和先机。

（4）团队管理技能：是指作为一个创业者，必须具备进行团队分工合作管理的能力。随着企业的发展和运作，不同个性的人汇聚在一起，他们之间需要不停的磨合，这就需要团队共同合作。通过团队的合作形成内部的合力，而不是分力。

（5）项目管理技能：是指作为一个创业者，必须拥有独立的管理、策划、运作具体项目的能力。

2．专业技能

专业技能是大学生创业的一条特色之路。对于打算创业，但创业资金不够雄厚的大学生来说，采取加强技术创新和开发具有独立知识产权的产品的方式，可以吸引投资商手中的资金来进行创业。

3．社交技能

对大学生创业者来说，多积累人脉，扩大社交圈，通过朋友掌握更多信息、寻求更大发展，将成为成功创业的捷径。尤其是随着互联网时代的到来，创业者的社交能力变得越来越重要。

4．规划技能

没有任何创业经验的大学生，首先应该学会按照自己创业规划撰写创业计划书，然后根据实际情况审视创业计划的可行性。

三、不适合创业的大学生类型

社会心理学家认为并不是所有的人都具备创业素质，适合创业。以下 10 种人不适合创业。

1．缺少职业意识的人

职业意识是人们对所从事职业的认同感，它可以最大限度地激发人的活力和创造力，是敬业的前提。如职业运动员、职业演员等，他们具有较强的职业意识。有些工薪人员由于对所从事的工作缺少职业意识，满足于机械地完成自己分内的工作，所以缺少进取心、主动性，因此不适合创业。

2．优越感过强的人

一个人若没有从小就养成一种谦卑、尊敬别人的心，就会存在优越感过强、自恃才高，我行我素、难以与集体融合的问题。尤其是难以融入一个注意团队合作的创业团队。

3．唯上是从、只会说“是”的人

这种人缺乏独立性、主动性和创造性。若进行创业，也只能因循守旧，难以开拓性地开展工作，对公司的发展是十分不利的。

4．偷懒的人

这种人被称做“工资小偷”。他们付出的劳动和工资不相符合，只会发牢骚、闲聊，不仅浪费自己时间，还影响他人工作。

5．片面和傲慢的人

有的人只注意别人的缺点，看不到别人的优点；有的人总喜欢贬低别人，抬高自己，总以为自己是最强者，这些人在人格方面存在很大缺陷。由于这样的人不能正确看待事物，只会片面分析，对企业的发展是非常不利的。

6．僵化死板的人

这样的人做事缺少灵活性，对于发生的问题只会凭经验教条来处理，不能灵活地解决。这类人一般习惯按照自己的惯性思维来思考，没有其他建设性意见。

7．感情用事的人

感情用事者往往以感情代替原则，想如何干就如何干，缺乏理智。这样的创业者往往会因为冲动而失去一些机会，或因错误判断而给企业带来损失。

8．“多嘴多舌”与“固执己见”的人

“多嘴多舌”的人，不管做什么事情，他们都要插上几句话，发表自己的意见，完全不顾当前的情形是否适合。

“固执己见”的人，从不倾听别人的意见，往往是自己有了决断后，不管别人怎么劝说，都不会改变自己的看法或做法。

9．胆小怕事、毫无主见的人

这种人往往畏首畏脚、毫无主见，宁可因循守旧也不敢尝试革新，遇到一点问题就推卸责任，没有责任心。这类人一般都比较自私、庸碌无为。

10．患得患失却又容易自满自足的人

这种人只要有所收获就欣喜若狂，稍受挫折就一蹶不振，情绪大起大落，很不稳定。

当然，世上万物绝非一成不变，性格也是可以改变的，一个人可以在实践中逐步克服性格缺陷，战胜性格弊端，改变性格类型，不断丰富和完善自我。

四、影响创业成功的心理障碍

大学生要想创业成功，要有一定的心理承受能力。而影响创业的心理障碍，如犹豫、茫然、多疑、虚荣、急躁等心理状态是绝不能出现在创业过程中的。下面将对影响创业成功的心理障碍进行具体讲解。

1．犹豫心理

有些人因为家庭条件比较优越，认为生活缺乏新鲜感，便有一种创业的冲动，但又怕失败后会比现在还糟糕。创业成功者认为：当你犹豫的时候，需要想清楚自己最愿意过什么样的生活。如果追求稳定想办法让生活有滋有味就可，不必自讨苦吃地去创业；如果想创业，就要有一去不回头的打算，无论怎么样都要熬下去，直至成功的那一天。

2．茫然心理

有的人一方面什么都想做，也觉得什么都可以做。但是，另一方面他们会发现，做什么都有困难。创业成功者认为：当你茫然的时候，需要想清楚自己最喜欢和最擅长什么，然后沿着这个方向努力下去就是了，不要盲目跟风。正所谓三百六十行，行行出状元，行行出效益。问题的关键是看自己怎么去做。

3．多疑心理

有的创业者因为害怕合作伙伴损害自己的利益，便处处防范，结果反而搞得不欢而散，创业最终也不了了之。创业成功者认为：在创业初期，为求安心，创业者选择合作伙伴应在自己熟悉的朋友、同学、同事、亲戚中寻找。到了后期，只能靠制度和契约来保证各方的责、权、利。这是因为，人会变，感情也会变，变就有不一致的时候。有成熟的制度和规范的契约，创业者各方就可以平静地处理或退出，不会发生兄弟反目、朋友成仇的情况。

因此，合伙协议或公司章程的条文一定要明确规定，不要草率了事。

4．老大心理

在合伙创业的时候，合作各方都认为自己很强，都想当董事长或总经理。一旦企业出现问题，就处处显示自己在企业中的影响力。其内心的真实想法是：能达到不是老大的老大境界当然最好，但成为少了我老大就玩不转了的人也不错。

创业成功者认为：在这种情况下，应当建立最没本事的人做老大的共识。老大只负责决策和协调，需要真本事的地方应由有真本事的人完成。如果你自认为还有一点本事，就别争当老大了。

5．虚荣心理

有的创业者在创业初期，就想做大班台，不仅装修办公室，还专门聘请秘书接电话，十足的领导派头。或者小小的公司却众多部门，就如“麻雀虽小、器官不少”。创业成功者认为：对于创业者来说，首先应该多想想怎么样让企业站稳脚跟，怎么样才能让企业赚得更多，而不是只做表面工作。否则，面临的将不是预期的成功，而是急速的失败。

6．急躁心理

很多创业者在创业初期，恨不得日进斗金，希望任何时候都在不停地增加资产。创业成功者认为：这样的创业者应该学会制定半年甚至一年无盈利时如何坚持下去的计划，才能有足够的心理承受能力去面对可能出现的亏损和创业失败。罗马不是一日建成，创业容易守业难，创业需要的是一颗戒骄戒躁的心和一份长远科学的规划。实践证明，成功的创业者不在乎一天能挣多少，而在乎的是每天、每月、每年都能够实现稳定的盈利。

7．消化不良

所谓消化不良，就是指创业者同时经营几项生意，而每一项生意的前景都很好，但目前没有一项特别突出的。创业成功者认为：创业者在必要的时候需要壮士断臂，集中精力力求突破。任何事都需要一个领导效应，只有树立起某一方面的优势，才会引起别人的注意，才有机会去发展其他方面。

8．忧愁心理

一些创业者在创业之后，成天忧心忡忡，茶饭不思，不知明天会如何。这就从侧面反映出这些创业者对自己的创业没有规划。如果做好了规划，怎么可能不知道明天会是什么样子？创业成功者认为，如果你确定没有规划就踏上了创业的路，与其忧心明天，不如研究明天，一点一滴完善今天，不断地摸索规律，找到合适的途径，再补充好对未来的规划，还是可以船到桥头自然直的。

第三节　创业团队的组建和管理

创业，需要组建一个相互协作、有稳定组织结构的群体，使其成为一个既有统一意志、又能分工协作，具有较强凝聚力和战斗力的团队。美国学者对 104 个高技术企业的一项研究表明，在这些年销售额达到或超过 500 万美元的公司中，有 83.3%的公司是由团队创立的。

一、创业团队的概念和类型

创业团队是指由两个以上的具有一定利益关系、共同承担创建新企业的人组成的工作团队。

1．创业团队的概念

创业团队是指在创业初期，由一群才能互补、责任共担、角色分工，愿为共同的创业目标奋斗的人所组成的特殊群体。创业团队需要具备 5 个重要的要素，称为 5P。

（1）目标（Purpose）

创业团队应该有一个既定的共同目标，没有目标，这个团队就没有存在的价值。目标在创业企业的管理中以创业企业愿景和战略的形式体现出来。

（2）人（People）

一个创业团队中，人力资源是所有创业资源中最活跃、最重要的资源，创业者应充分调动创业团队的各种资源和能力，将人力资源进一步转化为人力资本。创业者之所以寻求团队合作，其目的就在于弥补创业目标与自身能力间的差距。

只有当团队成员相互间在知识、技能、经验等方面实现互补时，才有可能通过相互协作发挥出“1+1>2”的协同效应。因此创业者在人员选择方面，要充分考虑人员的知识、技能和经验。

（3）定位（Place）

创业团队的定位包含两层意思。一是创业团队的定位，包括创业团队在企业中处于什么位置，由谁选择和决定团队的成员，创业团队最终应对谁负责，创业团队采取什么方式激励下属等；二是个体的定位，包括成员在创业团队中扮演什么角色，是制订计划还是具体实施或评估，是大家共同出资，委派某个人管理，还是大家共同参与管理，或是共同出资，聘请第三方（职业经理人）管理等。

（4）权限（Power）

创业团队中领导人的权力大小与团队的发展阶段和创业企业所在行业相关。在创业团队发展的初期，领导权相对比较集中，创业团队越熟悉，领导者拥有的权力相应越小。

（5）计划（Plan）

计划有两层含义：一是目标最终的实现，需要一系列具体的行动方案，可以把计划理解成达到目标的具体工作程序；二是按计划进行可以保证创业团队工作进展顺利，只有按计划执行操作，创业团队才会一步一步地贴近目标并最终实现目标。

2．创业团队的类型

创业团队分为“核心式”创业团队、“圆桌式”创业团队和“虚拟核心式”创业团队。

（1）“核心式”创业团队

这种类型的团队中一般有一个核心人物，充当领队的角色。这种团队在形成之前，一般是核心人物有了创业的想法，然后根据自己的设想组建创业团队。

这种团队有以下几个明显的特点：

① 组织结构紧密，向心力强，核心人物在组织中对其他个体影响巨大；

② 决策程序相对简单，组织效率较高；

③ 容易形成权力过分集中的局面，从而使决策失误的风险加大。

当组织内发生冲突时，因为核心主导人物的特殊权威，使其他团队成员在冲突发生时往往处于被动地位；在冲突较为严重时，其他成员一般会选择离开团队，因而对组织的影响较大。

（2）“圆桌式”创业团队

“圆桌式”创业团队的成员一般在创业之前就有亲密的关系，如同学、亲友、同事、朋友等。一般都是各个成员在交往过程中，就创业达成了共识以后，才开始进行创业。这种创业团队在组成时，没有明确的核心人物，各成员根据各自的特点进行自发的组织角色定位。因此，在创业初期，各位成员基本上扮演的都是协作者或伙伴的角色。

这种团队有以下几个明显的特点：

① 团队没有明显核心，整体结构较为松散；

② 一般采用集体决策的方式，通过大家的沟通和讨论达成一致意见，决策效率相对较低；

③ 由于团队成员在团队中的地位相似，因此容易在组织中形成多头领导的局面。当团队成员之间发生冲突时，一般都采取平等协商、积极解决的态度消除冲突，团队成员不会轻易离开。但是一旦团队成员间的冲突升级，某些成员撤出团队，就容易导致整个团队的涣散。

（3）“虚拟核心式”创业团队

“虚拟核心式”创业团队是由“圆桌式”创业团队转化而来，可以说是前两种的中间形态。在团队中，团队成员协商确定一名核心成员，核心人物是整个团队的代言人，而不是主导型人物，其在团队中的行为必须充分考虑其他团队成员的意见，权威性低于“核心式”创业团队中的核心主导人物。

二、创业团队成功的关键因素

团队创业比个人创业具有更多的优势，能够集合团队人员的力量来推动创业，对创业成功起着举足轻重的作用。创业团队的成功有一定的规律可循，一般来讲包括以下几个方面：

1. 共同的愿景

创业团队因为聚集了一帮有能力、有梦想的人，因而比个体创业更容易获得成功。当然，如何凝聚大家的力量是很重要的事。愿景是凝聚团队力量的一个很重要的因素。作为创业团队的领导者，在组建团队时就有一个明确的目标，一个未来的蓝图。这样的团队才能在今后的创业之路上走得更远。因为“人因梦想而伟大”，有了共同的梦想，做事情就会有一个清楚的目标，有一个明确的价值。即便团队合作中出现问题，团队成员也可以按照团队的愿景去做选择。

2. 优势互补

俗话说：“人无完人。”每个人的能力、性格和品质都有不足的地方，如果找到可以互相取长补短、彼此协助和帮助的人，那无疑是最好的搭档。通过优势互补而建立起来的创业团队，能够充分发挥每个人的特点，将自身能力运用到极致，最终达到“1+1>2”的效果。

3. 共同承担

创业团队是一个整体，具有一荣俱荣、一损俱损的特点，团队成员共同对企业运营过程中可能出现的问题负责。当资金不足时，可以团队成员平均分担；技术出现问题时，可以共同分担和解决。每个人分工合作又互相关怀、帮助，使企业维持正常运转。这种共同努力、奋斗的精神，减轻了个人的压力，分散了创业的风险。

4. 信任和支持

由于不同的人对待事物的看法不同，所以创业者需要具有判断能力和识别能力的合作伙伴来给他提出忠告。这些忠告并不需要创业者完全听从，但必须要指出存在的问题，且具有一定的参考性，最后通过创业者综合考虑之后做出决定。

三、创业团队的组建

创业者组建创业团队前需要了解基本原则，然后按照一定的步骤来进行，这样才能使团队更加合理，最大限度发挥团队的作用。

1．组建创业团队的基本原则

创业者组建创业团队时，需注意以下几个原则。

（1）目标明确合理原则：创业目标必须明确、合理、切实可行，这样才能使团队成员清楚地认识到共同的奋斗方向，才能真正达到激励的目的。

（2）互补原则：创业者之所以寻求团队合作，其目的就在于弥补创业目标与自身能力之间的差距。只有当团队成员相互间在知识、技能、经验等方面实现互补时，才有可能通过相互协作发挥出“1+1>2”的协同效应，因此团队成员之间要做到诚实守信、志同道合、取长补短、分工协作、权责明确。

（3）精简高效原则：为了减少创业期的运作成本，各成员最大比例地分享成果，创业团队人员构成应在保证企业能高效运作的前提下尽量精简。

（4）动态开放原则：创业是一个充满了不确定性的过程，团队中可能因为能力、观念等多种原因不断有人在离开，同时也不断有人在要求加入。因此，创业者在组建创业团队时，应注意保持团队的动态性和开放性，使真正完美匹配的人员能被吸纳到创业团队中来。

2．创业团队的组建步骤

创业者组建成功的创业团队，主要有以下几个步骤。

（1）识别创业机会，明确创业目标。识别创业机会是组建创业者团队的起点，创业机会的市场层面特征拥有优势，就需要更多的市场开拓方面的人才；如果创业机会的产品层面拥有更多的优势，就需要更多的技术人才。

创业团队的总目标就是要通过完成创业阶段的技术、市场、规划、组织、管理等各项工作使企业从无到有、从起步到成熟。总目标确定之后，为了推动团队最终实现创业目标，再将总目标加以分解，设定成若干可行的、阶段性的子目标。

（2）制定创业计划。在确定了一个个阶段性子目标以及总目标之后，就要开始研究如何实现这些目标，这就需要制定周密的创业计划。创业计划是在对创业目标进行具体分解的基础上，以团队为整体来考虑的计划，创业计划确定了在不同的创业阶段需要完成的阶段性任务，通过逐步实现这些阶段性目标来最终实现创业目标。

（3）寻找创业伙伴。招募合适的团队成员也是创业团队组建最关键的一步。关于创业团队成员的招募，主要考虑以下两个方面。

一是互补性，即考虑其能否与其他成员在能力或技术上形成互补。这种互补性既有助于强化团队成员间彼此的合作，又能保证整个团队的核心战斗力，更好地发挥团队的作用。一般而言，一个创业团队至少需要管理、技术和营销 3 个方面的人才，只有这 3 个方面的人才形成良好的沟通协作关系后，创业团队才可能实现稳定高效的运转。

二是考虑适度规模，适度的团队规模是保证团队高效运转的重要条件。团队成员太少无法实现团队的功能和优势；而过多又可能会产生交流障碍，团队很可能会分裂成许多较小的团体，进而大大削弱团队的凝聚力。一般来说，创业团队的规模控制在 2～12 人为佳。

（4）职权划分。为了保证团队成员执行创业计划、顺利开展各项工作，必须预先在团队内部进行职权划分。创业团队的职权划分就是根据执行创业计划的需要，具体确定每个团队成员所要担负的职责以及相应的权限。团队成员间职权的划分必须明确，既要避免职权的重叠和交叉，也要避免无人承担造成工作上的疏漏。此外，由于处于创业过程中，面临的创业环境较为复杂，会不断出现新的问题，团队成员可能会不断更换，因此创业团队成员的职权也应根据需要不断地进行调整。

（5）构建创业团队制度体系。创业团队制度体系体现了创业团队对成员的控制和激励能力，主要包括团队的各种约束制度和各种激励制度。一方面，创业团队通过各种约束制度（主要包括纪律条例、组织条例、财务条例、保密条例等）指导成员，避免做出不利于团队发展的行为，实现对成员行为的有效约束，保证团队的稳定秩序。另一方面，创业团队要实现高效运作需要有效的激励机制（主要包括利益分配方案、奖惩制度、考核标准、激励措施等），使团队成员能够看到随着创业目标的实现，自己的自身利益将会得到怎样的改变，从而达到充分调动成员的积极性、最大限度发挥团队成员作用的目的。创业团队要实现有效的激励首先就必须把成员的收益模式界定清楚，尤其是关于股权、奖惩等与团队成员利益密切相关的事宜。

（6）团队的调整融合。完美组合的创业团队并非创业一开始就能建立起来的，很多时候团队是在企业创立一定时间之后随着企业的发展逐步形成的。随着团队的运作，团队组建时在人员匹配、制度设计、职权划分等方面的不合理之处会逐渐暴露出来，这时就需要对团队进行调整融合。由于问题的暴露需要一个过程，因此团队调整融合也应是一个动态持续的过程。

四、创业团队的管理

一个成功的创业者需要知道如何管理团队，并具备领导团队运作的能力。一般而言，创业团队需要从以下几个方面来管理。

1．订立规章制度

创业者在组建创业团队时，会遇到许多新问题、新矛盾，需要及时处理，不能积累问题和矛盾，否则会引发更大的问题和矛盾。建立规章制度就是及时解决问题的关键，做到“有章可循、按章办事”。常用的规章有岗位职责、财务制度、绩效考评制度、薪酬制度、奖惩制度、利润分配制度、会议制度、物资管理制度等。

2．培养互相信任的氛围

建立并维护互相信任的团队氛围，是团队成员互相协作的基础。如果团队成员之间互相猜疑会导致企业内部分裂和企业瓦解。简单地说就是要增加团队成员之间的信任，增强团队成员的凝聚力。

创业者在选择合作伙伴时要着重考虑成员的人品和能力，还要考虑对方是否诚信、行为和动机是否带有很强的私心，并且还要求团队成员要有集团荣誉感，成员之间彼此以诚相待、和平相处。

3．良好的团队活动

开展团队建设活动，是体现团队成员间相互尊重、相互关心的重要方式，也是团队成员间加深了解、加强协调合作的有效途径。常见的团队建设活动有生日活动、聚餐、有目的团队拓展训练、共同庆祝成员的成就，甚至从事共同感兴趣的业余活动，都能起到不错的团队建设效果。

4．有效的沟通机制

及时有效的交流和沟通可以消除创业过程中出现的一些矛盾和问题。特别是当出现员工对公司信心不足、员工发生口角、员工之间彼此猜疑等情况时，创业者不仅要加强自己与员工之间的交流与沟通，还要加强员工与员工之间的交流与沟通。创业者可以通过一些会议或互动游戏来增强自己与员工、员工与员工彼此间的交流。

第四节 创业团队的社会责任

创业团队中的每个人都是社会中的一员，都肩负着一定的社会责任。团队成员之间是否能进行良好的分工合作，影响着整个团队的发展和未来。因此明确创业团队的社会责任与分工合作对创业者来说是相当重要的。

曾经有过一句名言："能力越大，责任也越大。"作为一支成功的创业团队，在获取商业利益的同时，也不可忘了回馈社会。一个团队的成功是建立在政府支持和社会接纳的基础之上，假如没有这些客观基础，团队也就失去了发展的平台。因此，团队领导者要以身作则，培养成员的社会责任感，使企业的每一个员工都可以在实际的日常行为中履行社会责任。

一、经济责任

企业要生存就必须要盈利，因此在遵纪守法的前提下以最小的成本获取最大的利润是企业发展壮大的根本。随着企业利润的增加，企业需要向国家缴纳的赋税也相应增加，国家用于社会建设、巩固国防、开展慈善、扶贫等的能力就越高，这为丰富和满足民众生活提供了保障。

二、法律责任

创业团队进行一切经营活动都必须遵守法律法规。例如，创业初期创业项目是否合法，是否允许经营；创业团队成员是否有劳动权利限制等。在创业初期，创业者应该了解相关的法律法规，以确保合法经营，避免违法，保障自己应有的合法权益。创业者需要了解的法律法规包括《中华人民共和国公司法》《中华人民共和国个人独资企业法》《中华人民共和国合伙企业法》《城乡个体工商户管理暂行条例》《中华人民共和国合同法》《中华人民共和国劳动法》《中华人民共和国企业劳动争议处理条例》《中华人民共和国反不正当竞争法》《中华人民共和国消费者权益保护法》等。

三、公益责任

创业团队在关注自身利益的同时，还应努力使自己的企业运营活动、产品及服务对社会产生积极影响。创业团队应关心当前的社会环境，本着回报社会的思想，尽量为弱势群体和社会公益奉献自己的一份力量。

本章小结

创业者是指某个人发现某种信息、资源、机会或掌握某种技术，利用或借用相应的平台或载体，将其发现的信息、资源、机会或掌握的技术，以一定的方式，转化、创造成更多的财富、价值，并实现某种追求或目标的过程的人。

创业的类型可按照创业动机和创业者情况来进行分类。

创业基本素质包括创业意识、创业者心理品质、创业能力和创业知识结构 4 大要素，在这 4 个要素中，任何一个要素发生变化或残缺，都会影响其他要素的形成和发展，影响其他要素功能和作用的发挥，乃至影响创业的成功。

创业，需要组建一个相互协作、有稳定组织结构的群体，使其成为一个既有统一意志，又能分工协作，具有较强凝聚力和战斗力的团队。

创业团队中的每个人都是社会中的一员，都肩负着一定的社会责任，明确创业团队的社会责任与分工合作对创业者来说是相当重要的。

思考题

1. 根据创业者情况，可把创业者分为几类？
2. 核心创业者应具备哪些素质？
3. 大学生创业应具备哪些能力？
4. 简述创业团队应具备的社会责任。

案例分析

胡启立的创业故事

胡启立是武汉科技学院电信学院应届本科毕业生，红安农村人。4年前，他借债上大学。在大学期间，他打工、创业，不仅还清了债务，为家里盖起了两层洋楼，自己还在武汉购房买车，拥有了自己的培训学校。他创业走过了怎样一条路？学校师生对他创业又是如何看的呢？

从小收购土特产卖

胡启立1982年出生在红安县华河镇石咀村一个普通农家，父亲在当地矿上打工，母亲在田里忙活。

在胡启立3岁那年，父亲在矿上出事了，腿部严重骨折瘫痪在床，四处求医问药。3年后，父亲总算能下地走路了，可再也不能干重活累活。为给父亲看病，家里几乎一贫如洗。

胡启立的父亲不能下地干活，只得开了家小卖部，卖些日用品。胡启立小小年纪就经常跑进跑出“添乱又帮忙”，也正是因为这个原因，他从小就接触到了买和卖。

慢慢长大了，胡启立在商业方面开始显露才华。全村20多个同龄小孩，他的年龄和个头都不是最大的，但却是“领袖”，他经常带着同伴们去挨家挨户收购土特产，如蜈蚣、桔梗、鳝鱼等，卖到贩子手上，挣些零花钱。

2002年，胡启立读高中，学习成绩还不错，正在读高一的弟弟辍学外出打工，给哥哥赚学费。胡启立心里不是滋味，心中暗暗发誓，一定要考上大学，让家里人过上好日子。

胡启立说，他从那时就开始规划自己的大学生活：大一好好学习，尽量多去学点东西，从大二开始，寻找机会挣钱，力争大学毕业的时候，自己能当上老板。

高考时，他本打算报考一所商学院，却遭到家人的反对，好在他对电子也有兴趣，最后选择了武汉科技学院电子信息工程专业。

贴海报发现校园商机

2002年9月，胡启立带着对大学生活的憧憬和从姑姑那里借来的4000

元学费，到武汉科技学院报到。

进校后，胡启立感觉大学生活比高中生活轻松多了，空闲时间也多，他利用这些空闲时间逛遍了武汉所有高校，也熟悉了武汉的环境，这为他的下一步创业打下了基础。

大学时间相对充裕，稍不注意就会养成懒散的习惯，胡启立是个闲不住的人，他决定提前走入社会，大一下学期就开始了自己的创业之路，比原定计划提前了半学期。

2003 年春季一开学，胡启立开始给一所中介机构贴招生海报，这是他找到的第一份兼职工作，并且交了 10 元钱会费。

“贴一份 0.20 元，贴完了来结账。”中介递给他一沓海报和一瓶糨糊，胡启立美滋滋地开始往各大校园里跑。

“贴海报，看起来容易，其实很难做的。”胡启立没想到贴海报，还要受人管，一些学校的保安轻者驱赶一下，严重的会辱骂甚至动手。

3 天后，胡启立按规定将海报贴在了各个校园，结账获得 25 元报酬。同行的几人嫌少，都退出了，而胡启立却又领了一些海报，继续干起来。不过，他心里也开始在想别的门道了。

一次，他在中国地大附近贴海报时，看到一家更大的中介公司，就走了进去，在那里遇到一位姓王的年轻人。

王某是附近一所大学的大四学生，在学校网络中心搞勤工俭学。几个学生商量，能不能利用网络中心的电脑和师资，面向大学生搞电脑培训。网络中心同意了，但要求学生们自己去招生。

“只要你能招到生，我们就把整个网络中心的招生代理权交给你。”王某慷慨地说。胡启立想，发动自己在武汉的同学帮忙，招几个人应该是没问题，就满口应承下来。

做招生宣传要活动经费，胡启立没有经验，找几个要好的同学商量，结果大家都不知道要多少钱。有的说要 5000 元，有的说要 2000 元，最后胡启立向王某提出要 1800 元活动经费，没想到王某二话没说，就把钱给了他。

胡启立印海报，买糨糊，邀请几个同学去各个高校张贴，结果只花了 600 元钱，净落 1200 元。这是他挣到的第一笔钱。

尽管只花了 600 元钱，但招生效果还不错，一下子就招到了几十个人。然而，这些学生去学计算机时却遇到了麻烦，因为动静搞大了，学校知道了这个事情，叫停了网络中心的这个计算机培训班。胡启立几次跑到网络中心，都没办法解决这个事情。他无意间发现网络中心楼下有个培训班，也是搞计算机培训的，能不能把这些学生送到那去呢？

对方一听说有几十个学生要来学计算机，高兴坏了，提出给胡启立按人头提成，每人200元。非常意外地，胡启立一下子拿到了数千元钱。

办培训学校，圆了老板梦

2005年，“胡启立会招生”的传闻开始在关山一带业内传开了。一家大型电脑培训机构的负责人找胡启立商谈后，当即将整个招生权交给他。

随着这家培训机构一步步壮大，胡启立被吸纳成公司股东。但胡启立并不满足，他注册成立了自己的第一家公司——一家专门做校园商务的公司。

胡启立谈起成立第一家公司的目的：“校园是一个市场，很多人盯着这个市场，但他们不知道怎么进入。成立公司，就是想做这一块的业务，我叫它校园商务。”

同时，胡启立发现很多大学生通过中介公司找兼职，上当受骗的较多，就成立了一家勤工俭学中心，为大学生会员提供实实在在的岗位。他的勤工俭学中心影响越来越大，后来发展到7家连锁店。“高峰时，每个中心能有1万元左右的纯收入。”

2005年下半年，由于业务越做越大，胡启立花20多万元买了一辆丰田花冠轿车，在校园和自己的各个勤工俭学点奔跑。去年9月，他又将丰田花冠换成30多万元的宝马320。记者问他为何换名车，他说：“谈生意，好车有时候是一种身份证明吧。”

在给一些培训学校招生的过程中，胡启立结识了一家篮球培训学校的负责人，开始萌生涉足体育培训业务的念头。经过多次考察比较，2006年年底，胡启立整体租赁汉阳一所中专校园，正式进军体育培训。当年招生100余人，今年的招生规模预计是300人。“以前都是为别人招生，这次总算是为自己招了。”

如今，胡启立已涉足其他类型办学，为自己创业先后已投入200万元左右。

师生眼里，他是个怪才

尽管现在成了校园里的创富明星，但胡启立一点也不张扬。

虽然在外面买了房子，但胡启立现在还和以前一样住在学生宿舍，吃食堂，而且他看上去和大多数同学差不多，只不过稍显得老成一些。

只是在学校很难见到他的人，用同学们的玩笑话来说："谁要想见他，都要提前一个月预约。"他和同学关系都比较好，虽然经常不在学校，但是如果有消息的话，一般不出半天就会通知到他。

"他是个怪才，我们都很佩服他。"胡启立的同学裴振说，其实，班里对胡启立的看法，分成两派：一部分人十分羡慕他，大学还没毕业就能自己赚钱买车买房；另一部分人认为他虽然创业成功了，但学习没跟上，而且他现在从事的工作和专业没什么关系，等于放弃了自己的专业，怪可惜的。

胡启立在大学期间，学校也为他创业提供了帮助，从院长到老师，都为其创业和学习付出了更多心血。由于忙于创业，耽误了一些课程，学校了解他的特殊情况后，特事特办，按规定允许他部分课程缓考。

班主任杜勇老师谈起自己的这个特殊学生，也连说："我带过很多学生，但胡启立是其中最特别的，创业取得的成绩也较大。"他认为在现在大学生就业形势整体不太好的前提下，大学生自主创业，不仅解决了自己的就业问题，做得好的话还可以为别人提供岗位。"但要是能兼顾学业就更好了。"

大学时代是一个人广泛学习各种基本技能、培养健康稳定的文化心态的黄金时期，可以利用课余时间参加社会实践、体验社会，但还是应以学业为重。向比尔·盖茨看齐，看的更应该是开创精神，而不是草率的盲从。

比尔·盖茨接受央视记者采访，在提到当年退学创业时，他说："我鼓励人们还是要完成学业，除非有一些非常紧迫的，或者是不容错过的事情。"比尔·盖茨不可能像他的计算机软件一样可以复制，让我们记住他的忠告。

思考：

通过对以上案例的阅读，对您的创业设想有什么样的启发？

CHAPTER5

第五章
创业机会识别与评价

学习目标

- 了解创业机会的概念和特点；创业机会来源和特征
- 理解迪蒙斯、刘常勇筛选评价指标框架
- 掌握创业机会筛选评价方法

关键词

创业机会；筛选创业；机会评价

引导案例

互联网时代：谷歌创立

谷歌母公司 Alphabet 发布 2015 年财报，市值达到 5550 亿美元。成功超过苹果公司，成为美国价值最高的科技公司。1997—1998 年间，谷歌联合创始人拉里·佩奇（Larry Page）和谢尔盖·布林（Sergey Brin）开始在美国加州门罗帕克的一间车库内筹备公司。成立数天后，公司注册了 Google.com 域名。这项服务背后的概念，也就是“无穷大”（googol）这个单词，显示出公司要用一种建设性的方式，组织万维网上无穷的信息，从而帮助用户寻找需要的答案。2000 年之前，谷歌尚未成为搜索行业的主流。行业领头羊的地位属于 1994 年成立的老牌搜索引擎雅虎。也正是这家公司用一笔搜索合作交易让谷歌崭露头角——雅虎放弃了 Inktomi，通过布林和佩奇的服务支持自己的原生搜索结果。

自助式的盈利搜索模式。谷歌在 2000 年推出了 AdWords 产品。这个产品的模式在当时看起来十分新奇——品牌不用再和广告机构沟通广告上的事宜，而可以自行管理，节省了时间、精力与成本。更有吸引力的是，AdWords 中有一项个性化的尝试，广告可以按照搜索查询的内容创建，而不再是随机出现。此外，谷歌还使用竞价模式，提高了收入：出价越高，顾客的文字广告的位置就越靠上。这种广告在谷歌收入中占比非常大——在 2012 年广告总营收中是 425 亿美元。谷歌是第一家把搜索带到移动设备上的公司——它的应用既有安卓版也有 iOS 版。用户还可以在安卓设备上、或通过 Chrome 应用使用 Google Now。正如谷歌高级副总裁艾米特·辛格（Amit Singhal）在早些时候所说，谷歌刚刚起步的时候，在互联网上查找答案只有一种方式，那就是找到一台台式机。这不是快速搜索电影上映时间、地图信息、背景资料的方式。人们对此期望很高，eMarketer 在 8 月份预计，谷歌全美国广告营收的近 1/5 将来自手机搜索。简言之，开展移动业务是三赢的事情：对消费者、广告主、谷歌，都有好处。

第一节　创业机会的特征与类型

成功有许多来源。你必须识别到机会，但要识别机会，机会首先就得存在——某些事物必须变化使得机会得以产生。然后，你必须识别它并知道这是一个好机会——你能够将其转变为一个成功企业的事物。运气起着明显的作用。你必须在适当时间处于适当位置，而且了解能够帮你的适当人员。在这之后，成功很大程度上就靠努力地、聚精会神地工作；如果你不愿意投入时间和放弃生活中许多其他事情，就不能成功——你不能使它实现。

创业就是创市场，创业者必须有敏锐的市场灵感，才能够占领市场。有了灵感就要善于抓住机会。机会来了，你就要抓住，而不要被动地等待机会。在全球化的今天，我们必须独具慧眼才能把握机会，赢得胜利。著名的奔驰汽车公司老板的办公桌上放着一架巨大的恐龙骨架模型，他的座右铭是：历史上充满了不会适应的庞然大物。在市场经济下，谁对市场动态、发展走向没有高度的预见能力，不认识发展机会，不把握发展机会，不以创新来开拓企业发展之路，就被市场淘汰。

一、创意与创业机会的概念分析

1．创意的界定

创意怎样理解？有人说是好主意、新点子、新灵感、新感觉；还有人说是旧有元素的重新组合；还有人说是打破传统框架的新思维。总之，任何新的思想观念及事业的开创都需要有新的创意，知识经济条件下，创意已经作为一种产业产生并发展起来。

事实上，创意的本质是思想的创造。创造是个体根据一定目的和任务，运用一切已知的条件，产生出新颖、有价值的成果的认知和行为活动。创业学认为创意是具有一定创造性的想法或概念，其是否具有商业价值存在不确定性。创业赢在创意，创业难就难在创业的创意上。有价值的创意不是拍拍脑袋就会出来的。有价值的创意具有以下几个特点：

（1）独创性。独创性体现新颖性；可以是新技术、新材料的发明创造；也可以是解决一些问题的方案；可以是管理手段、管理方式、商业模式的创新等。

（2）价值性。创意的核心是要有价值性。好的创意能够给创意者、投资者、消费者、生产经营者等利益相关者带来价值或者附加价值。创意价值的实现必须通过市场检验。

（3）实用性。创意的价值不是空想，虚无缥缈，而是具有真实的实用价值。创意通过开发可以转化成市场需要的满足消费者需求的产品或服务，促进经济社会可持续发展。

2．创业机会概念分析

创业机会实际上是一种可能的未来盈利或者价值创造的机会，这一机会需要有实体企业或者实际的商业行动的支持，通过各种资源的优化配置，具体的创业经营措施来实施，以实现预期的盈利或价值目标。例如：中国互联网存在巨大的商机，尤其“北斗星”在太空的布局与运行，给中国产业及各行业的创造者带来巨大的创业机会。目前，中国互联网信息中心发布网民规模达 6.32 亿，互联网普及率为 47%，手机网民为 5.57 亿，网商数量超过 3000 万家，学历结构方面大学本科以上 11%，大专 10.4%，高中 30.6%，初中 36.8%，小学及以下 11%。网商们认为，电子商务具有投入低、风险低、门槛低的优势。马云认为，网商存在巨大的创业潜力和空间，能够创造更大价值。

二、创业机会的特征

创业机会的主要特征可概括以下几点：

（1）创业机会孕育着盈利性。这包括两个含义：一是盈利性是创业的基本要求。盈利性是创业者创业的基本动机，即吸引创业者创业的原动力。二是创业机会的盈利是潜在的，需要通过创业活动把潜在盈利性转化为现实盈利性。

（2）创业机会具有很强的时效性，需要依托实体企业或者具体的商业行为来把握商业机会。

（3）创业机会常常表现实时性，往往转瞬即逝。如果把握不及时，时过境迁，原有的商业机会不复存在。或者其他创业者抢先一步，以快制胜，占领市场先机，原先具有的巨大商机可能沦为一条市场信息。

（4）创业机会一般在企业生命周期的早期发展阶段，在理论与实践中，称为“创业机会之窗”如图 5-1 所示；创业者在将创业机会转化为商机时，不仅取决于个人的决心，也取决于许多外部环境和内部条件，创业环境及拥有的资源状况。由于主观条件不具备，也会限制和影响创业行动的实施。因此，在创业机会的识别和开发上，创业者应该做好各方面的准备工作，一旦发现有价值的创业机会，应立即决断，抢占市场，实施创业行动。

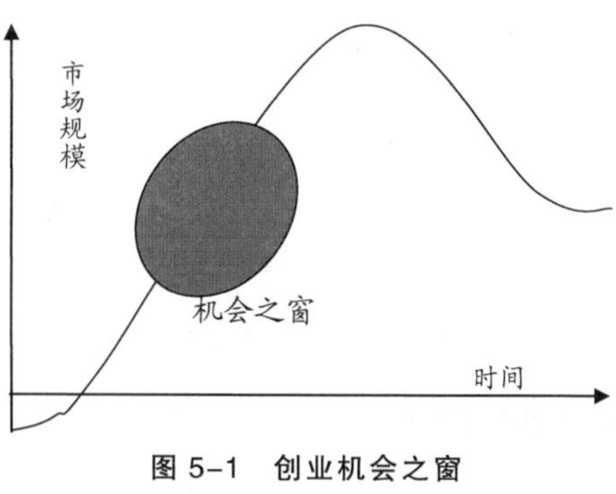

图 5-1　创业机会之窗

（5）创业机会具有潜在价值。创业机会是客观存在的，但是动态变化的创业机会其潜在商业价值依赖于创业者的开发活动。也就是说，创业者及其各类相关者积极参加机会识别，不断创新开发创业思路或点子，创业机会的盈利模式才能逐步建立起来。

三、创业机会的类型

有研究表明，机会的类型也可能影响开发的过程和创业的成败。根据 Getzels 关于创造性的理论，可以按照机会的来源和发展程度对机会加以分类，如图 5-2 所示。

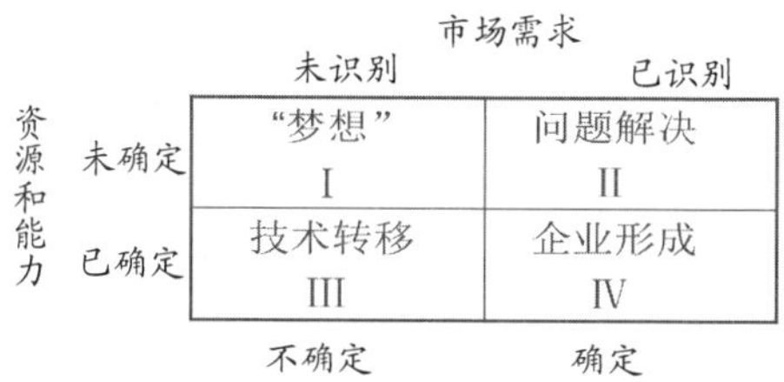

图 5-2 机会的类型

市场需求表示存在的问题，可能是可识别的或未能识别的。资源和能力表示解决问题的方法，可能是确定的或未确定的。

矩阵左上方部分（机会类型Ⅰ）——市场需求未得识别且资源和能力不确定（问题及其解决方法未知）——表现的是艺术家、梦想家、一些设计师和发明家的创造性。他们感兴趣的是将知识的发展推向一个新方向和使技术突破现有的限制。

矩阵右上方部分（机会类型Ⅱ）——市场需求已识别，但资源和能力不确定（问题已知但其解决方法仍未知）——描述了有条理的搜集信息并解决问题的情况。在这种情况下，机会开发的目标往往是设计一个具体的产品/服务以适应市场需求。

矩阵左下方部分（机会类型Ⅲ）——市场需求未得识别，但资源和能力确定（问题未知但可获得解决方法）——包括我们常说的"技术转移"的挑战，如寻找应用领域和闲置的生产能力。这里的机会开发更多强调的是寻找应用的领域而不是产品/服务的开发。

矩阵右下方部分（机会类型Ⅳ）——市场需求已识别且资源和能力已确定（问题及其解决方法都已知）——机会的开发就是将市场需求与现有的资源匹配起来，形成可以创造并传递价值的新企业。

这个矩阵描述了一个发展的过程：

从问题和解决方法都未知到问题或解决方法知其一，再到两者都已知。

从理论上来说，在问题及其解决方法有一个未知或两者都未知的情况下形成的企业，其成功的概率比两者都已知的情况下形成的企业成功的概率要小。

四、创业机会的来源

中国过去 30 多年中出现的一些创业机会：

当少数国外公司生产微型电子计算机时，中国的电子企业将面临一个机会——生产计算机，联想抓住了新产品这个机会。

当百货商场是家用电器的经销主渠道时，是否可以开连锁店，像超市一样卖电器，竞争的重要武器是低价格？国美、苏宁电器抓住了新的服务方式这个机会。

当人们开始在网络上浏览信息的时候，是否可以在网上提供新闻？新浪、搜狐做到了。

当普通中国人在买毛线织毛衣的时候，羊毛、羊绒开始成为织物原料的“新宠”。鄂尔多斯依靠羊毛衫、羊绒衫的生产，成为内蒙古的支柱企业。

研究者为创业机会的存在提供了如下解释：纽约大学的经济学家 Israel Kirzner 解释说：创业机会之所以存在，是因为人们拥有不同的信息。

哈佛大学的经济学家 Josef Schumpeter 认为：真正有价值的创业机会来源于外部变化，这些变化使人们可以做以前没有做过的事情，或使人们能够以更有价值的方式做事。他的追随者明确了三个主要的机会来源：技术变革、政治与体制变革、社会与人口变化。

1．技术变革

研究者指出，技术变革是有价值创业机会的最重要来源，这些机会使人们创建新企业成为可能。技术变革之所以是创业机会的来源，是因为它们使人们能够以新的更有效率的方式做事。例如，在发明电子邮件以前人们通过传真、信件、电话和面对面的会议进行交流。尽管电子邮件不能完全代替其他交流方式，但精明的创业者注意到在某些事情上电子邮件比其他交流方式更好。也就是说，新技术发明使人们能够开发出更有效率的交流方式——电子邮件，因而成为一个有价值的机会来源。

2．政治与体制变革

另一个重要的机会来源是政治与体制变革。这些变革使人们能够开发商业创意，从而用新的方法使用资源，这些方法或者更有效率，或者将财富从一个人重新分配给另一个人。例如，放松对电信业、银行业、运输业以及铁路系统的管制，使现存企业更难以阻止新竞争者的进入，并使创业者可以将更有效率的商业创意引入这些行业。

3．社会与人口的变化

社会与人口的变化也是创业机会的重要来源。首先，社会和人口变化改变了人们对产品和服务的需求。由于创业者通过销售顾客需要的产品和服务来赚钱，因而需求的变化就产生了生产新事物的机会。其次，社会和人口变化使人们针对顾客需求所提出的解决方案，比目前能够获得的方案更有效率。

第二节　创业机会开发与筛选

作为创业者，难能可贵的地方就在于他能发现其他人所看不到的机会，并迅速采取行动来把握创业机会并实现创业机会的价值。在很长一段时间里，人们认为一般人群不可能看到创业机会，发现机会并成为创业者的个体具有别人所没有的特殊天赋，识别创业机会难以模仿，更不可学习。但是，随着学术研究的深入，人们逐渐总结出了一些识别创业机会的规律和技巧。正如物理学教授不可能指望每个人都成为爱因斯坦一样，掌握有关识别创业机会的知识，虽然不能保证能够发现创业机会，但确实能给人们的行动提供思路和指导。在大众创新、万众创业的背景下如何找到和挖掘创业机会，本节首先专注在创业机会的挖掘步骤与方法，其次如何筛选创业机会，使之成为真正的实施运作的项目或企业。

一、影响创业机会识别的因素

对于是什么因素导致一些人更善于识别出有价值的创业机会，不少学者进行过研究，下面是取得共识的 4 类主要因素：

1．先前经验

在特定产业中的先前经验有助于创业者识别出商业机会，这被称为走廊原理。它是指创业者一旦创建企业，他就开始了一段旅程，在这段旅程中，通向创业机会的“走廊”将变得清晰可见。这个原理提供的见解是，某个人一旦投身于某产业创业，这个人将比那些从产业外观察的人，更容易看到产业内的新机会。

2．认知因素

机会识别可能是一项先天技能或一种认知过程。有些人认为，创业者有“第六感”，使他们能看到别人错过的机会。多数创业者以这种观点看待自己，认为他们比别人更“警觉”。警觉很大程度上是一种习得性的技能；拥有某个领域更多知识的人，倾向于比其他人对该领域内的机会更警觉。

3．社会关系网络

社会关系网络能带来承载创业机会的有价值信息，个人社会关系网络的深度和广度影响着机会识别。研究已经发现，社会关系网络是个体识别创业机会的主要来源。

4．创造性

创造性是产生新奇或有用创意的过程。从某种程度上讲，机会识别是一个创造过程，是不断反复的创造性思维过程。在听到更多趣闻轶事的基础上，你会很容易看到创造性包含在许多产品、服务和业务的形成过程中。对个人来说，创造过程可分为 5 个阶段：准备、孵化、洞察、评价和阐述。

二、创业机会的开发

一般而言创业者可能更喜欢独自搜索相关信息寻找创意，但是从寻找创业机会成效来看，往往利用“外脑”或几个人共同讨论研究能取得更好的效果。“三个臭皮匠抵个诸葛亮”，多人多个方面研究开发更有机会，可从更广角度给予分析评价，提出更多的创业方案，其成功率更大些，为使创业机会开发更佳，在机会创意开发中可借鉴以下方法：

1．一般头脑风暴法

头脑风暴法是打开你的思路并帮助你产生很多不同的方法。最初，你可以从一个词语或一个题目开始，将进入自己脑海中的所有想法都写下来。你可以一直写下去，能写出多少就写多少，即使某个想法看起来毫不相干或者十分奇怪。

2．结构性头脑风暴

结构性头脑风暴法不是让你从一个词组开始，而是从一个特定的产品开始，然后尽力想出所有相关的企业：与销售产品相关的企业，与制造产品相关的企业，与产品间接相关的企业（副产品），与产品服务相关的企业。

3．检核表法

检核表是设问法中的一个创造方法。爱因斯坦曾说过：“提出一个问题往往比解决一个问题更重要”。检核表法是从 9 个方向的不同角度进行设问，启发人们提出与思考问题，进行多角度创新的一种方法，见表 5-1。

表 5-1 奥斯本的检核表法

检核项目	含义
1. 能否他用	现有事物有无其他用途、保持不变能否扩大用途；稍加改变有无其他用途
2. 能否借用	能否引入其他的创造性设想；能否模仿别的东西；能否从其他领域、产品、方案中引入新的元素、材料、造型、原理、工艺、思路
3. 能否改变	现有事物能否做些改变？如：颜色、声音、味道、式样、花色、音响、品种、意义、制造方法；改变后效果如何
4. 能否扩大	现有事物可否扩大适用范围；能否增加使用功能；能否添加零部件；延长它的使用寿命，增加长度、厚度、强度、频率、速度、数量、价值
5. 能否缩小	现有事物能否体积变小、长度变短、重量变轻、厚度变薄以及拆分或省略某些部分（简单化）？能否浓缩后、省力化、方便化、短路化
6. 能否替代	现有事物能否用其他材料、元件、结构、力、设备、方法、符号、声音替代
7. 能否调整	现有事物能否变换排列顺序、位置、时间、速度、计划、型号；内部元件可否交换
8. 能否颠倒	现有事物能否从里外、上下、左右、前后、横竖、主次、正负、因果等相反角度颠倒
9. 能否组合	能否进行原理组合、材料组合、部件组合、形状组合、功能组合、目的组合

4．调查你准备创业地区的企业情况

到实地走走看看，了解这个地区有哪些类型的企业，看看你在市场中能否找到生存的空间和市场的空白，也是一个发现企业创意的好办法。分析自己所在环境中的所有资源和机构，这有益于有好的创意，考虑一下：自然资源、机构、工业、出版物、商品展销会。自然资源包括土地、森林、矿产、沙漠、水中的各种材料，如家乡有浓郁地方特色的美食或小吃，可以考虑创办美食或小吃企业。调查附近学校、医院、培训、政府机构，了解当地人有哪些不满意的地方。当地有哪些工业企业，他们也需要购买一些服务和物资。查看当地产品目录、商业期刊和杂志，从中发现一些创意。商品展销会上可以看到潮流和时兴的产品，发现机会。

5．利用各种问题

在思考怎样创办企业时，有一个很有用的办法就是体会人们为满足自己的需要或者解决各自的问题所遇到的难处。比如：你自己遇到过的问题——想一想你在当地买东西和需要的服务时，曾碰到过什么问题。工作中遇到的问题——在你为一家机构工作时，某种服务不好或材料不好会影响你完成工作任务。其他人遇到过的问题——倾听其他人的抱怨，了解他们的需求和问题。你所在社区缺少什么——调研所在社区，看看人们缺少哪些服务。

6．利用互联网

可以到 B2B、B2C 企业网站看看，这样的网站可以开阔视野。比如阿里巴巴、中国制造网、淘宝网、京东网、百度等，互联网不仅可以提供很多企业机会，而且可以为你的企业提供创业场所和销售渠道。

三、分析并筛选创业机会

到目前为止，你可能有了几个甚至很多适合自己的创业机会。下一步是努力把一览表中的创意机会缩减到 3～6 个，在下一步后只留下最适合自己的创业机会。

（1）通过回答 4 个问题来分析每个创业机会；顾客、竞争对手、资源和需求、你的技能、知识和经验，具体见表 5-2。

表 5-2　创业机会四个问题询问表

顾客	你怎么知道你所在地区对这家企业有需求
	谁将是这家企业的顾客
	顾客的数量足够多吗
	顾客有能力购买这种产品或服务吗
	顾客愿意到你的企业购买产品或服务吗
竞争对手	你要创办的企业是准备创业地区同类企业中唯一一家吗
	如果有其他类似的企业，你如何才能成功与他们竞争
资源和需求	你如何才能提供顾客需要的产品并保证服务质量
	你从哪里获得资源来创办这家企业
	你从哪里能够得到创办这家企业的建议和信息
	企业能得到需要的设备、厂房和合格的员工吗
	你能够得到满足这些要求所需要的资金吗
你的技能、知识和经验	你对这家企业的产品或服务了解多少
	你有哪些技能、知识和经验能够帮助你经营这家企业
	为什么你认为这家企业会盈利
	你能想象未来 10 年中自己一直在经营这家企业吗
	你的个性和能力如何才能适应这家企业的经营
	你对这家企业是否确实感兴趣，是否愿意投入大量时间和精力促进成功

（2）进一步缩减创业机会采用实地调研、SWOT 分析、环境影响分析；通过

与顾客、供应商、企业界人士交谈，你能够收集到一些十分有用的信息，用以了解那些影响你的创业机会的因素。SWOT 分析法是由美国旧金山的管理学教授韦里克提出的，常用于竞争环境分析，意思是优势（Strength）、劣势（Weakness）、机会（Opportunity）、威胁（Threat），当你做完 SWOT 分析后，你应该能评估你的创业机会并做出决定。评估环境影响具体说明你的企业可能造成的污染，如水污染、固体垃圾污染、空气污染、噪声污染等。

第三节　创业机会的评价

"评价"这个术语通常与一项判断联系在一起，这个判断决定了正在开发的机会是否能得到物力、财力以进入下一阶段的发展。在整个机会开发过程中，对机会进行评价的人主要是创业者及创业团队；投资人，包括天使投资人、风险投资家和股东。在开发过程的不同阶段，创业者很可能会对这一机会做出多次评价，这些评价会使创业者识别出其他的新机会或调整其最初的看法。尽管这种评价可能是非正式的甚至是不系统的。一般来说，那些决定资源分配的人（投资人）会对创业企业的商业计划进行全面评价，进行尽职调查。从某种程度来说，公司内部创业是一个革新的过程。因此，从内部创业观点的形成到创业实践活动的开展都面临着一系列新的、复杂的挑战。公司内部创业障碍重重，而这些障碍大多来自公司的内部。了解这些障碍对推动公司内部创业是十分重要的。

美国百森学院蒂蒙斯教授是国际公认的创业理论家，他提出全面创业机会筛选评价指标体系（或模型），其中设计了 7 个维度（或一级指标）53 个二级指标。几乎覆盖了其他一些理论所涉及的全部内容。具体内容如下。

一、蒂蒙斯创业机会评价指标

蒂蒙斯的创业机会评价框架，涉及行业和市场、经济因素、收获条件、竞争优势、管理团队、个人标准、理想与现实的战略差异 7 个维度的 53 项指标。

1．第一维度

第一维度行业与市场有以下几点：

（1）市场容易识别，常常带来收入；

（2）顾客可以接受产品或服务，愿意付费；

（3）产品使用者购买产品成本能在一年内偿还；

（4）产品的附加值高；

（5）产品对市场影响力大；

（6）产品生命周期长；

（7）项目所在行业是新型行业，竞争不完善；

（8）市场规模大，销售潜力可达到 1000 万元到 10 亿元；

（9）市场成长率 30%～50%以上；

（10）现有市场容量全面增长；

（11）年内占据市场主导地位，市场份额达 20%以上；

（12）拥有低成本供应商，具有成本优势。

2．第二维度

第二维度经济因素有以下几点：

（1）达到盈亏平衡点时间在 1.5～2 年以内，盈亏平衡点不会再提高；

（2）税后利润在 10%～15%以上；

（3）项目投资回报在 25%以上；

（4）项目对资金要求不是很大，可以再融资；

（5）潜在内部收益率在 25%以上；

（6）现金流量占销售额的 20%～30%以上；

（7）毛利率达到 40%以上；

（8）资产集中度较低；

（9）运营资金不多且能逐渐增加；

（10）研发工作对资金要求不高；

（11）销售额的年增长率高于 15%。

3．第三维度

第三维度收获条件有以下几点：

（1）项目带来高附加价值，具有较高的战略意义；

（2）收获期能够实现很高的市场/权益比率；

（3）存在已有的或可预期的退出方式；

（4）资本市场环境有利，可实现资本的流动。

4．第四维度

第四维度竞争优势有以下几点：

（1）固定成本和可变成本低；

（2）对成本、价格和销售控制较高拥有很高的经营杠杆；
（3）已获得或可以获得专利所有权的保护；
（4）竞争对手较弱；
（5）拥有专利或具有某种独占性；
（6）拥有良好的网络关系，容易获得合同。

5．第五维度

第五维度管理团队有以下几点：
（1）创业团队是一个优秀管理者的组合，拥有杰出关键人员和管理团队；
（2）技术能力达到了本行业的最高水平；
（3）管理团队的正直廉洁程度达到最高水准；
（4）管理团队知道缺少哪些知识；
（5）不存在致命缺陷。

6．第六维度

第六维度创业家的个人标准有以下几点：
（1）个人目标与创业目标相符；
（2）创业家可以做到在有限的风险下实现成功；
（3）创业家能接受薪酬减少等损失；
（4）创业家渴望进行创业这种生活方式，而不只是为了赚大钱；
（5）创业家可以承受适当的风险；
（6）创业家在压力下状态依然良好。

7．第七维度

第七维度理想与实现的战略差距有以下几点：
（1）理想与现实情况温和；
（2）管理团队已经是最好的；
（3）在客户管理服务方面有很好的服务理念；
（4）所创办的事业顺应时代潮流；
（5）所采用的技术具有突破性，不存在许多替代品或竞争对手；
（6）具有灵活的适应能力，能快速进行取舍；
（7）始终在寻找新的创业机会；
（8）定价与市场领先者几乎持平；
（9）能够获得销售渠道，或已经拥有现成的网络；

（10）能够允许失败。

蒂蒙斯提出创业机会评价指标比较全面，是目前进行创业及创业成长最主要的评价框架。不过从实践运用角度来说指标多、主次不清、有的难以量化，各个维度和评价指标有的交叉重叠。

二、刘常勇创业机会评价指标

我国学者刘常勇教授的创业机会评价框架比较简单，是从市场和回报 2 个维度 14 项指标进行评价的。

第一维度市场包括以下几点：

（1）是否具有市场地位，专注于具体顾客需求，能为顾客带来新的价值；

（2）依据波特五力竞争模型进行创业机会的市场结构评估；

（3）分析创业机会所面临市场的规模大小；

（4）评估创业机会的市场渗透力；

（5）预测未来的市场占有率；

（6）分析产品成本结构。

第二维度回报包括以下几点：

（1）税后利润至少高于 5%；

（2）达到盈亏平衡点的时间应少于 2 年；

（3）投资回报率要高于 25%；

（4）资本需求量较低；

（5）毛利率要高于 40%；

（6）能否创造新企业在市场上的战略价值；

（7）资本市场的活跃程度；

（8）退出和收获回报的难易程度。

除了以上评价方法外，常见还有打分法或确定选择因素判别法。

本章小结

创业机会实际上是一种可能的未来盈利或者价值创造的机会，这一机会需要有实体企业或者实际的商业行动的支持，通过各种资源的优化配置，具体的创业经营措施来实施，以实现预期的盈利或价值目标。

创业机会的主要特征可概括以下几点：（1）创业机会孕育着盈利性；（2）创业机会具有很强的时效性，需要依托实体企业或者具体的商业行为来把握商业机会；（3）创业机会常常表现实时性，往往转瞬即逝。如果把握不及时，时过境迁，原有的商业；（4）创业机会一般在企业生命周期的早期发展阶段，在理论与实践中，称为“创业机会之窗”；（5）创业机会具有潜在价值。

思考题

1. 进行创业开发需要进行哪些准备工作？
2. 创业机会具备怎样的特征和可行性？
3. 结合实例说明什么是“创业机会之窗”？
4. 简述创业机会的来源于类型？
5. 怎样运用头脑风暴等方法进行创业机会的挖掘？
6. 创业机会评价有哪些方法？

小组活动

1. 通过网络了解在 20 世纪末的互联网创业浪潮中取得成功的一些创业者，比如百度、腾讯、阿里巴巴，试分析：

（1）他们曾经面临的机会是什么？

（2）帮助他们取得创业成功的因素是什么？

（3）他们之间共性的特点多还是差异多？

2. 寻求机会：发展你的技能

我们将“机会”定义为由变化方式复杂的环境所带来的创造人们所需要的新事物（新产品或服务、新市场、新的生产过程、新的原材料、新的组织现有技术的方式等）的潜力。你将需要识别一个创业机会以创建自己的企业。相信你能够利用我们在本章所谈到的内容识别一个创业机会。为了做到这一点，请遵循下面的步骤：

步骤 1：列出在技术、人口统计（人口组成方面的变化）、生活方式和其他社会变革、市场及政府政策方面的最新变化。

步骤 2：一旦你列出了这个清单，尝试明确以下内容：（1）这些变化使其成为可能的新产品和服务；（2）它们打开的新市场；（3）它们使企业能够使用的新生产过程；（4）它们使其成为可能的新原材料；（5）它们将带来的新的组织方式。记住要明确这些变化所带来的与新产品或服务、新市场、新的生产过程、新的原材料以及新的组织方式相关的机会来源。

案例分析

梁伯强，指甲钳为王

梁伯强，中山圣雅伦有限公司董事长。他打造的“非常小器·圣雅伦”指甲钳，已成为中国第一、世界第三的指甲钳。他曾花一年时间、花上千万元走遍国内、国外所有知名指甲钳商；在数年间令小小的指甲钳“起死回生”，销售额达到 1.6 亿元；梦想着为世界剪指甲，成就中国的“百年品牌”。

30 年前，他只是小伙伴口中足智多谋的“计巢”（意思是鬼点子多）。18 岁出道，梁伯强从为香港老板加工人造首饰到自己单打独斗成立公司，先后在世界各地开设 6 家公司，行业涉及旅游纪念品、烟草、电镀，可梁伯强心里不踏实，企业虽然不再为生存发愁，当机会越来越多，选择越来越多时，企业走向哪里？他反而犹豫不决了。1998 年 5 月的一天改变了梁伯强以后的人生轨迹。在一张旧报纸上，他意外地发现了《话说指甲钳》这篇文章：1997 年 10 月 27 日，时任国务院副总理的朱镕基在会见全国轻工集体企业第五届职工代表大会代表时，为激励代表们通过调整产品结构改进产品质量来发展我国的轻工业，他特意向代表们出示了三把台湾商人送给他的指甲钳，并让他们当场传看。面对这三把造型美观、精致锋利的指甲钳，朱镕基感慨地说：“要盯住市场缺口找活路，比如指甲钳，我们生产的指甲钳，剪了两天就剪不动指甲了，使大劲也剪不断。”总理的话在梁伯强心中激起千层浪，“每天考虑国计民生的总理居然会关心小小的指甲钳，说明物小事不小，其中必有商机”。

耗资千万环球考察，梁伯强开始了人生的“二次创业”。国内指甲钳厂家原来有五大巨头，它们是天津“天”牌，北京“京”字牌，还有广州“555”牌，上海“双箭”牌，苏州“双菱”牌。此后的半年间，梁伯强不仅跑遍了五大巨头，还考察了国内 20 多家国营指甲钳企业。考察让梁伯强心情沉重。不仅五大巨头陷于倒闭，国内其他指甲钳企业也基本处于困顿。指甲钳的生产流到个体经营户手中，销售渠道也走到小商品批发市场。这样的市场还有没有机会？机会在哪里？梁伯强决定走出国门，探营国外指甲钳市场。德国、美国、墨西哥、日本、瑞士、印度……梁伯强走遍了世界 50 多个国家。在德国的来根州，他见过世界上最好的指甲钳，这是一把德国“双立人”指甲钳，但就是这样一家企业也只是把指甲钳当作一个附属产品来生产，其主业是做厨房用品。日本的绿钟、玉立等品牌，也是贴附在卡通产品上，进行代理生产。在指甲钳生产力最强的韩国，真正做指甲钳的企业也没有认识到指甲钳的品牌价值。韩国年销售额在 1 个亿以上的企业有 5 家，2 个亿以上有 2 家。这些企业的老板都很衰老，而且他们太有钱，已经没有了创业的压力和冲动。

“纵观全球，世界上没有一家企业想到要做指甲钳品牌。”梁伯强想，“我为什么不能打造全球最大的指甲钳品牌？”小商品成就大品牌，一个世界品牌的塑造计划在梁伯强心中慢慢成形。“指甲钳”虽然是小商品，但与人们生活息息相关，如果能够在一个大众消费品中做出品牌，利润同样可观。梁伯强重金挖来了国内指甲钳的制作好手，广州指甲钳厂原技术副厂长李国雄，杭州市原张小泉剪刀厂高级工程师张声寰，黑龙江的高级工程师傅维斌，原电子部一家直属研究所的计算机专家景建雄……他们夜以继日地钻研款式，对刃口进行技术创新。产品过关了，怎样入市？善动脑筋的梁伯强走出一条与常人不同的渠道：通过赠阅的方式将登载产品信息的企业内部刊物直接投递向目标中的集团客户。梁伯强说，这种方式以礼品形象走出去为他们带来了不少的潜在客户。

思考：

1. 梁伯强是怎样找到创业机会的？为什么他能成功？

2. 点评梁伯强指甲钳为王的成功之处。

CHAPTER6

第六章 商业模式

学习目标

- 商业模式概述
- 如何设计商业模式
- 新型互联网商业模式
- 创新商业模式分析

关键词

商业模式；创意；创新；创业

引导案例

铁血网的商业模式

2001 年，16 岁的蒋磊被保送进入清华大学。头脑灵活的他在计算机还没有在这个普通宿舍出现的时候，便天天去机房捣鼓他的网页。他想把自己喜欢的军事小说整合到自己的网页上，他的“虚拟军事”的网页一经发布，就吸引了大量用户，第二天就达到了上百的浏览量。蒋磊很兴奋。他把“虚拟军事”更名为“铁血军事网”。2004 年 4 月，蒋磊和另一个创始人欧阳凑了 10 多万元，注册了铁血科技公司。期间蒋磊还被保送清华硕博连读学习了一段时间。2006 年 1 月 1 日，蒋磊毅然决定辍学创业，以 CEO 的身份正式出现在铁血科技公司的办公室里。经过 12 年的努力，目前蒋磊的公司拥有员工 200 余人，他创办的网站已成为能够提供社区、电子商务、在线阅读、游戏等产品的综合平台。据透露，截至 2012 年 12 月，网站已有 1000 万注册会员，月度覆盖超 3300 万用户，正处于稳步且高速的增长中。如今，铁血军事网稳居中国十大独立军事类网站榜首，铁血军品行也成为中国最大的军品类电子商务网站，年营收破亿元，利润破千万元。

第一节　商业模式概述

一、商业模式的内涵及本质

当前，虽然各个领域都在广泛使用“商业模式”这一术语，但多数人对其内涵及本质并不了解。因此，本章节有必要首选对商业模式进行明确的界定。从本质上说，商业模式是叙述企业如何运作的。一种好的商业模式可以回答长期以来萦绕彼得·德鲁克脑际的疑问：谁是顾客？顾客看重什么？它也能回答每个管理者必定要回答的基本问题：我们如何通过商业活动来赚钱，还能够解释我们如何以合适的成本向顾客提供价值的潜在经济逻辑。商业模式与企业整个业务体系运作方式相关，如能得到正确使用，就可以促使管理人员认真对待自己的业务。

什么是商业模式？商业模式的概念引进得很早，1887 年 10 月，亚信总裁田溯宁到美国融资，美国著名的投资商罗伯森问他：“你们公司的商业模式是什么？”当时田溯宁被问得一头雾水。罗伯森举例说：“一块钱进入你们公司，绕着公司转了一圈，出来的时候变成了一块一。商业模式指的就是这多出的一毛钱是从哪里来的？”其实罗伯森对商业模式的描述，重点突出的是企业内在逻辑，偏向于企业赚钱的过程，忽视了为客户创造价值。

如今，学术界对商业模式有着更全面、更客观的定义，商业模式是指为了能实现客户价值最大化，将企业内在和外在所有要素进行整合，从而形成高效率且具有独特核心竞争力的运行系统，并且通过推出的产品和服务，达到持续盈利目标的组织设计的整体解决方案。其中，“整合”“系统”“高效率”是先决条件和基础，“核心竞争力”是方法和手段，“客户价值最大化”是主观目的，“持续盈利”才是最终的检测结果。确定企业的商业模式，不仅仅是告诉你企业的努力方向，更是指明了通往方向的道路。

对商业模式本质与定义的阐述表明，商业模式内涵正由经济、运营层次向战略层次延伸，即由初期从企业自身出发关注产品、营销、利润和流程，逐渐开始转向关注顾客关系、价值提供乃至市场细分、战略目标、价值主张等。商业模式起初强调收益模式，但是对企业收益来源的追溯导致组成要素的扩展。实际上，对收益来源的追溯使商业模式指向了创业者创业的实质，即抓住市场机会为顾客创造更多的价值。只有满足消费者尚未得到满足的需求或解决了市场上有待解决的问题以后，才能创造真正的价值。当然，企业创造市场价值，必须依靠自身拥有的资源、能力及其组合方式，因此企业内部资源与外部市场机会的结合是商业模式研究的起点。同时，模式组成要素的扩展也使商业模式的特点更加突出。

首先，商业模式注重描述企业的整体性和系统性。模式远大于它的各部分之和，它能体现企业系统如何聚焦的实质。商业模式对企业整体的重视，表现为对企业要素组合的关注。而各种要素的创造性组合正是具有企业家精神的创业者发挥作用的结果，这也是必须一再强调的创业行动原则。熊彼特提出的五种创新组合更是明确了不同要素组合在企业创新和创业中的地位。另外，商业模式对系统性的强调，也使得模式的战略性逐渐增强，成为潜在经济逻辑的战略性展开。

其次，商业模式包含价值创造与价值获取两种机制。商业模式是一个综合性概念，它并非指单纯的盈利模式，但也没有抛弃价值获取的内容，而是将价值来源（即价值创造）与价值获取有机地结合起来，形成价值发生和获取两种机制在企业内部的平衡。这两种机制也合理地说明了企业内部资源和能力与外部竞争优势的内在逻辑关系。价值创造与价值获取在企业中同时发生和并存。电子化企业的价值创造由四个驱动因素产生，即新奇、锁定、互补与效率。实际上锁定、新奇这两个因素也是价值获取的重要途径。我国学者在商业模式研究中也将价值创造与获取结合在一起。

从创业研究来看，创业者被认为是关注机会、追求创新的人，注重获取经济效益而非效率，也就是说创业者凭借创造性地满足消费者的需求来获得回报，并不太注意机会开发过程中的运作效率。从某种意义上来讲，存在重视价值创造而忽视价值获取的倾向。但是，目前的一些创业研究对机会利用效率的重视程度已悄然上升，创业者更加关注在开发利用机会的过程中力争做到益效和效率的平衡。对商业模式的研究则经历了类似的过程，由注重获得收益（获取价值）转向寻求价值创造与获取的平衡。因此，在寻求价值创造与获取平衡的机会开发过程中，商业模式可以为创业活动提供指导，并成为初创企业要实现的理想目标，也将成为创业理论研究的重要工具。

二、商业模式的理论基础

商业模式来自企业界的实践，其理论基础仍是一个有待开发的研究领域。商业模式涉及对企业整体系统的基本认识，也是商业创意的实现形式，其包含的要素内容涵盖极其广泛。鉴于此，学者们一致采取了综合的观点，对战略、创业、经济学、社会学等理论进行融合使用，其中创业理论和战略理论是主要支撑。

Amit 和 Zott（2001）认为，“没有单一的理论能够充分解释企业的价值创造潜力”。他们利用虚拟市场、价值链分析、熊彼特创新、企业资源观、战略网络、交易成本等理论对价值创造的来源与作用进行了分析。

Michael Morris 等（2003）也采用了商业模式理论的综合观点，并指出商业模式常基于企业战略及相关理论的核心思想，比如价值链、战略定位等；商业模式对企业创立竞争优势产生作用，因此也涉及到企业内部的能力和资源；有效的商业模式还包括导致优异价值创造性的独特组合，对初创企业的经济性作用明显，因此符合熊彼特的创新理论。

创业者建立独特商业模式的过程，是战略实施过程，更是个人或企业的创业活动过程。因此，有关创业过程的理论模型将成为商业模式研究的理论基础之一。目前比较完善的创业过程模型有：（1）Gartner（1985）模型：包括创业者个人、组织、环境和创业过程 4 个维度，共 51 个要素；（2）Holt（1992）与 Olive（2001）等人结合企业生命周期理论，以时间发展脉络构建的具有动态性的创业过程理论模型；（3）Timmons（1999）的创业过程理论框架：包括创业机会、创业团队、创业过程所用的资源三个要素。此外，Busenitz 等（2003）、Christian（2000）以及 Shane 和 Ven-Kataraman（2000）等人也相继提出了一些颇有价值的创业过程模型。

商业模式的理论基础来源较多，这是由于商业模式本身就是一个综合概念而造成的。商业模式要描述企业创造价值和获取价值的诸多方面，要阐明企业各部分间的独特组合。它的理论基础常根据自身组成要素而定，偏重于企业内部结构和关系的商业模式更重视价值链分析、资源观、系统论等理论，而关注企业与外部利益相关者关系的商业模式则涉及价值网络、定位以及竞争优势等理论观点。商业模式的创新则涉及创意如何演化为成熟模式，并在环境条件影响下如何变革的问题，这就需要创业理论来支持。

三、商业模式的组成要素

由于学者们所界定的商业模式定义存在差异，商业模式的组成要素及其结构也因此表现出多样性，进而由组成要素差异导致学者们对相关理论的运用也存在明显的差别。目前，主要的商业模式研究是在电子商务领域。早期研究关注网络企业如何获取收益的问题，随后的研究开始区别基于产品提供、价值创造过程、企业构架以及其他变量的模式类型。关于模式组成要素的研究因此也相对丰富起来，但对关键组成要素仍没有形成一致意见。

当前普遍认为，商业模式至少应该包含以下 9 个要素：

（1）价值主张。即公司通过其产品和服务能向消费者提供何种价值。表现为：标准化/个性化的产品/服务/解决方案、宽/窄的产品范围。

（2）客户细分。即公司经过市场划分后所瞄准的消费者群体。表现为：本地区/全国/国际、政府/企业/个体消费者、一般大众/多部门/细分市场。

（3）分销渠道。描绘公司用来接触、将价值传递为目标客户的各种途径。表现为：直接/间接，单一/多渠道。

（4）客户关系。阐明公司与其客户之间所建立的联系，主要是信息沟通反馈。表现为：交易型/关系型、直接关系/间接关系。

（5）收入来源（或收益方式）。描述公司通过各种收入流来创造财务的途径。表现为：固定/灵活的价格、高/中/低利润率、高/中/低销售量、单一/多个/灵活渠道。

（6）核心资源及能力。概述公司实施其商业模式所需要的资源和能力。表现为：技术/专利、品牌/成本/质量优势。

（7）关键业务（或企业内部价值链）。描述业务流程的安排和资源的配置。表现为：标准化/柔性生产系统、强/弱的研发部门、高/低效供应链管理。

（8）重要伙伴。即公司同其他公司为有效提供价值而形成的合作关系网络。表现为：上下游伙伴、竞争/互补关系、联盟/非联盟。

（9）成本结构。即运用某一商业模式的货币描述。表现为：固定/流动成本比例、高/低经营杠杆。

第二节　如何设计商业模式

一个有效的商业模式，不是上述 9 种要素的简单罗列，它们之间存在着有机联系。各要素之间的逻辑关系，如图 6-1 所示。

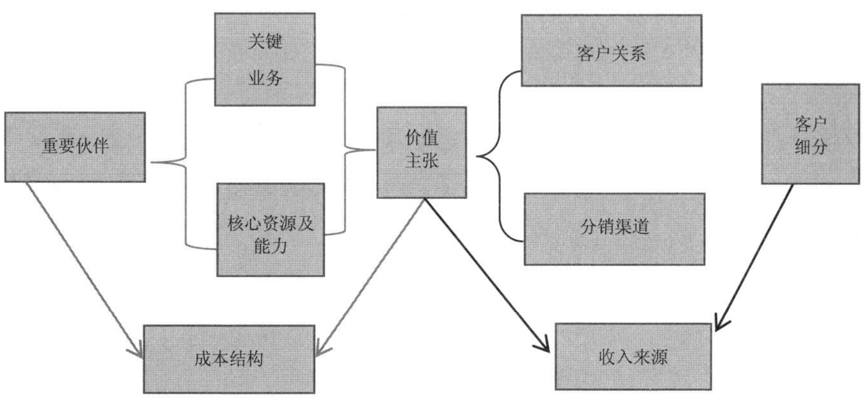

图 6–1　商业模式组成要素逻辑图

根据 9 大要素间的逻辑关系，商业模式的设计可以分以下 4 步进行：

（1）价值创造收入：提出价值主张，寻找客户细分，打通渠道通路，建立客户关系。

（2）价值创造需要基础设施：衡量核心资源及能力，设计关键业务，寻找重要伙伴。

（3）基础设施引发成本：确定成本结构。

（4）差额即利润：根据成本结构，调整收益方式。

值得注意的是，因为客户关系决定于价值主张和渠道特性，核心能力和成本往往是关键业务确定后的结果，所以，9 大要素中的客户关系、核心资源及能力、成本结构 3 个要素难以形成商业模式创新。

第三节　新型互联网商业模式

互联网的出现，激发了人们的创新热情，互联网领域也成了创业者的沃土。经过二十多年来的摸索，互联网创业基本上形成了以下几种常见的商业模式。

一、实物商品的商业模式

如果你的产品，是某种实体物品，用户可以直接持有和使用这个物品，也就是通常意义上的商品或货物，那么你的商业模式就很简单，基本上就是四种：

（1）自己生产、自己销售：自己直接生产、直接销售给用户。

（2）外包生产、自己销售：把生产环节外包出去，自己负责直接销售给用户。

（3）只生产、不销售：自己负责生产，交给分销商销售。

（4）只销售、不生产：自己作为分销商，或者提供销售商品的交易市场。

亚马逊、京东等电子商务网站，就是其中的第 4 种商业模式。

二、广告

如果你的产品不是某种物品，用户们不能直接持有和使用，那么你怎么赚钱呢？下面看看互联网思维下的商业模式。

自从谷歌开始在搜索结果旁边放广告以来，广告已经成了互联网行业默认的首选变现方式。实际上，广告本来是平面媒体的主要商业模式，现在互联网行业已经彻底抢走了广告领域的风头，主要包括以下模式。

1．展示广告

展示广告一般形式是文字、banner 图片、通栏横幅、文本链接、弹窗等，通常是按展示的位置和时间收费，也就是我们所说的包月广告或包天、包周广告。这是目标最常见的模式。

2．广告联盟

广告联盟相对于是互联网形式的广告代理商，广告主在广告联盟上发布广告，广告联盟再把广告推送到各个网站或 APP 里去。百度联盟、Google AdSense 是最大的两个广告联盟。基本上网站流量还没有到一定程度时，都会选择跟广告联盟合作，只有做到一定流量后，才会跟确定的广告主直接建立合作关系。广告联盟一般是按广告的点击次数收费。

3．电商广告

最常见的就是阿里巴巴，京东、亚马逊、当当都有自己的电商广告，凡客当年也是靠这个突然窜红的。这些广告一般是按销售额提成付费。很多导购网站，就是完全靠这种收入的，特别是海淘导购网站，会接入各个海外购物网站的广告，佣金还挺不错。

4．软文

软文是指把广告内容和文章内容完美结合在一起，让用户在阅读文章时，既得到了他想需要的内容，也了解了广告的内容。很多媒体网站或者微博、微信大号，都是靠软文赚钱的。

5．虚拟产品换广告效果

你还可以为用户提供虚拟产品，但是代价是用户必须接受一定的广告，比如看完广告、注册某个网站的用户、下载某个 App。

6．用户行为分析

通过分析用户在你的网站或 App 上操作方式，可以分析用户的习惯和心理，从而有利于在产品设计和商业规划上做出正确的决策。很多企业都需要这样的用户使用习惯的数据，所以可以卖这样的数据。淘宝数据魔法就提供这样的服务，比如告诉你什么地方、什么商品、什么风格、什么尺码最受用户欢迎。

三、交易平台模式

1．实物交易平台

用户在你的平台上进行商品交易，通过你的平台支付，你从中收取佣金。天猫就是最大的实物交易平台，天猫的佣金是其主要的收入来源。

2．服务交易平台

用户在你的平台上提供和接受服务，通过你的平台支付，你从中收取佣金。威客平台猪八戒就是这样收取佣金的。Uber 的盈利模式也是收取司机车费的佣金。

3．沉淀资金模式

用户在你的平台上留存有资金，你可以用这些沉淀的资金赚取投资收益回报。传统零售业用账期压供应商的货款，就是为了用沉淀资金赚钱。很多互联网金融企业、O2O 企业，也是寄希望于这个模式。

四、直接向用户收费

除了广告，另外一大类商业模式就是直接向用户收费。当然。如果前期就收费，很可能会吓跑用户。所以，需要借助一些巧妙的做法。

1．定期付费模式

定期付费模式类似于手机话费的月套餐，定期付钱获得一定期限内的服务。相对于一次性付费直接买软件，定期付费的单笔付费金额比较小，所以用户付费的门槛相对较低。比如 QQ 会员，就是按月/按年付费的模式，现在的价格差不多是每个月 10 个 Q 币。

2．按需付费模式

按需付费模式是用户实际购买服务时，才需要支付相应的费用。比如，在爱奇艺里看到想看的某一部电影，花 5 元钱，只看这一部，这是按需付费。如果买了爱奇艺的 VIP 用户，在一段时间内所有会员免费的电影都可以看，这就是定期付费模式。再比如，在道客巴巴找到一个最需要的文档，用微信支付 5 元钱后就可以下载这个文件了。

3．打印机模式

打印机的商业模式是指，先以很便宜的价格卖给消费者一个基础性设备，比如打印机，用户要使用这个设备，就必须以相对较高的价格继续购买其他配件，比如耗材。剃须刀也是采用类似的商业模式，刀架的价格近乎于白送，然后通过卖刀片赚钱。再比如，家用游戏机也是，索尼和任天堂以低于成本的价格卖游戏机，然后用很高的价格卖游戏光盘。因为日本打印机公司爱普生首先采用这种商业模式，所以常把这种模式叫做打印机模式。

五、免费增值模式

免费增值商业模式就是让一部分用户免费使用产品，而另外一部分用户购买增值服务，通过付费增资服务赚回成本和利润。不过通常一般采取免费增值模式的产品，可能只有 0.5%～1%的免费用户会转化为付费用户。

（1）限定次数免费使用：这种模式是在一定次数之内，用户可以免费使用，超出这个次数的就需要付费了。

（2）限定人数免费使用：这种模式是指用户数量在一定人数之内，就是免费的，如果用户数量超出这个限定额，就要收费了。比如很多企业邮箱服务，如果你的公司注册了某个域名，打算用这个域名做你的企业邮箱。企业邮箱服务商可以要求，5 个以内邮箱地址免费，超过 5 个邮箱地址就要购买它们的服务。

（3）限定免费用户可使用的功能：免费用户只能使用少数几种功能，如果想使用所有的功能，就得付费。比如 Evernote，升级之后，每个月可以上传更大的附件，也可以给自己的笔记加上密码。

（4）应用内购买：应用的下载和按照使用是免费的，但是在使用的过程中，可以为特定的功能付费。最常见的就是游戏了，购买虚拟装备或者道具之类的。再比如在微信内购买付费的标签。

（5）试用期免费：让用户在最初一定的期限内可以免费使用，超过试用期之后就要付费了。比如 Office，免费版试用期到期了，就要进行激活。激活就是要买正版的激活码了。

（6）核心功能免费，其他功能收费：App Store 里的 APP，有不少都是这种模式，一个产品分为免费版和收费版。免费版里基本功能都有了，但是要获得更多的功能，就要收费。比如照片处理应用，免费版有几个基本的滤镜效果，差不多够用，但是如果要更炫更酷的滤镜，就要下载付费版。

（7）核心功能免费，同时导流到其他付费服务：比如微信，微信聊天是免费的，但是微信内置了很多其他服务，游戏、支付、京东、滴滴打车，这些服务都有可能是收费的。

（8）组织活动：通过免费服务聚齐人气，然后组织各种下线活动，这些活动可以获得广告或赞助，或者在活动中销售商品或服务。比如，很多媒体，通过组织线下行业峰会赚钱。还有的地方社区会组织线下展销会、推荐会，比如装修展销会、婚纱摄影秀等，销售商品或服务。

所以，既然互联网有这么多商业模式可以选择，创业者完全不用太关注这个问题。努力做好产品，努力黏住更多的用户，用户数量达到一定程度了，选择一个合适的商业模式，就可以赚钱。

第四节　创新商业模式分析——以“好邦客”为例

对于普通的工薪阶层而言，提前拥有一辆属于自己的汽车，将有极大的吸引力。正是基于这样的初衷，“好邦客”出现了。“好邦客”的商业模式展现了一种值得借鉴的创新商业模式。

一、“好邦客”是什么

“好邦客”是从英文“CarBank”演绎而来的，它是将国外的汽车银行俱乐部与中国民间的互助会两种形式杂交后形成的一种新型的商业模式。这种商业模式以信用为保证，以互助为纽带，实现了生产厂家、汽车经销商、客户、银行四者的互利互惠，整个模式融合了生产、消费、投资、销售、租赁、服务、二手车交易、金融等汽车产业发展的多个链条。

二、“好邦客”模式特点

（1）手续简便。提出申请、签订有关合同、提交一定的资信证明，即可成为“好邦客”的会员。

（2）综合了租与售的长处。“好邦客”是一种租售结合的模式，它既吸收了两者的优势，又与两者有着本质的区别：它比租车更便宜、方便，还能获得汽车产权，比一次性购车和分期付款购车更灵活。客户用较少的前期资金，根据自身的实力与需要在可长可短的时期内拥有一辆轿车，并将客户和汽车经销商的投资经营风险降至最低限度，将汽车的所有权始终置于一种可控的流动状态之中。

（3）消费者同时又是储户。“好邦客”实行车辆使用累计积分制，客户每使用一次车，可得到一定的积分，既得到了车辆的使用权，又获得了逐步积累的产权。既是消费行为，又具有储蓄功能。

（4）消费者同时又是经营者。客户除了租车自用外，“好邦客”还可以在汽车经销商和特许范围内代亲戚、朋友、单位租车，既方便了亲戚、朋友、单位，又不断地为自己积累了积分。“好邦客”可以容纳大量这类既是消费者，又是经营者的具有双重身份的经纪人。

（5）客户享有充分的消费自主权。客户在享受服务的同时，可以自由选择所使用的车型、数量和用车时间。在不同积分段，客户可以自主选择是否购买。如果购车，购买何种类别、档次的车型，加入“好邦客”的客户等于自己拥有一个车行。客户还可享受异地使用车辆的服务，其使用费同样可以计入累计积分中。

三、“好邦客”模式如何搭建

1．与银行合作

“好邦客”的成功在于首先是与商业银行合作。当它们仅仅有 20 万元钱的时候，就开始了与银行的谈判，“好邦客”给银行开出的诱惑条件是：

第一，“好邦客”将 20 万元作为风险保证金，合作期内永远放在银行，不动用。

第二，“好邦客”的会员开户时，每个会员交纳 15000 元开户保证金并存入银行，一直不动用。

第三，“好邦客”的每个会员都在银行办一张储蓄卡，由银行在“好邦客”服务中心安装柜员机，委派两名工作人员在“好邦客”监督刷卡。“好邦客”会员租车消费后，会员的消费款刷卡转入“好邦客”的账户之后，由银行监控，未经银行同意，“好邦客”无权动用，该笔资金原则上用来偿还到期的银行开出的承兑汇票。

“好邦客”只有一个条件：银行定期向“好邦客”的汽车供应商（即汽车工厂）开具半年至一年的银行承兑汇票。此模式能化解银行的风险，一切商业活动和资金流向均在银行的掌控之中，而且银行有两大收获：一是增加了银行的存款余额；二是开具承兑汇票有一定的手续费和利息收入。于是，银行成了“好邦客”模式的积极推动者。

银行的加入是“好邦客”成功的关键，因为银行为这个模式提供了信誉上的保障。汽车经销商通过银行信用作保证，把消费者和汽车生产厂家联结成一个链条，四者通过链条的转动达到互助、互惠、互利，同时又将四者的投资风险控制在最低限度，形成了相互依赖、相互制约的生产、经营、金融、消费链条。

2．与汽车生产厂合作

“好邦客”开始了与上海大众、广州本田等汽车生产工厂的谈判：我们没有现钱，但是我可以让银行开具 6 个月至 1 年的银行承兑汇票。汽车生产厂现在的生意也不好做，于是提出：银行承兑到期前的正常贷款利息由“好邦客”支付。“好邦客”认为合情合理，也就爽快地答应了。工厂一算，也没吃亏，如果急需要钱周转的话，可以提前到银行贴现，反正利息已经由“好邦客”承担了。

3．打动消费者

就凭“比租车更便宜，比买车更方便”的理念，打动消费者就相对来说要容易得多。没有大张旗鼓的宣传，“好邦客”在《长沙晚报》做了一个开业的广告，开业第一天就来了几千人，办了 500 多个入会手续。

4．完善内部

“好邦客”完善自己就是要制定从入会、租车、送车、验车、刷卡转账、过户手续办理等一整套的规章制度和服务手册，并在实践中加强流程控制。为此，“好邦客”实施了“二部四中心”的管理框架。

（1）市场管理部：负责市场推广、品牌培育、业务开拓、销售团队建设、分支机构设置与管理等。

（2）车辆管理部：负责车辆的日常保养、送车验车、车辆修理、办理车辆年检、保险、达到积分标准的会员的车辆过户等手续。

（3）服务中心：为会员办理入会、租车、还车手续，处理会员建议与投诉。

（4）结算中心：办理与会员、银行、厂家的结算手续。

（5）采购中心：负责采购各式车辆。

（6）行政中心：负责人力资源、后期等事务。

四、“好邦客”盈利模式

“好邦客”究竟是如何盈利的？

首先，“好邦客”模式的核心是资源的有效整合。“好邦客”用少量的钱撬动了以资本为龙头的汽车生产、销售、投资、消费融合在一起的金融、销售、投资、租赁、二手车交易、消费联动的市场。最关键的一步是较好地利用了银行的信誉。

其次，“好邦客”模式将汽车的整车销售以拆零的方式实现了租与售有机的结合，既符合了中国人的消费心理，又符合了中国人的消费能力。“好邦客”将自己要实现的利润巧妙地折算在租车的租金和服务费之中了，积少成多，消费者不知不觉将钱送进了“好邦客”。

最后，“好邦客”模式以储蓄的形式吸纳了大量二手车。“好邦客”从二手车的交易中赚取了不少利润，成功地不用投资就将二手车作为“好邦客”的车辆蓄水池。

长沙市“好邦客”汽车销售有限公司仅用了20万元起家，一年时间就启动了长沙、湘潭、株洲等地的市场，实现净利润3000多万元，会员数和利润均以50%的速度在递增。

简言之，“好邦客”模式的实质是：通过互助合作的形式充分整合社会资源，充分考虑各参与方的利益，同时又能将各参与方的成本和风险降至最低的一种崭新的汽车经营商业模式。更为重要的是，这种模式可以移植到其他许多行业。

思考题

1. 商业模式的设计过程中，哪些要素是必不可少的？
2. 创业企业初期，最应该把握商业模式的哪些方面？

小组活动

请各小组按照本章第四节讲述的商业模式分析方法，分析一则你比较熟悉的创业案例。

案例分析

铜锣湾的 MALL 模式

截至 2015 年，国内各地上马的 MALL 多达百余家，但运营商们往往都局限于一隅。被手头的几个项目“深度套牢”。而唯有铜锣湾“快马轻刀”，在以旋风般的速度进行着全国性布局。铜锣湾的奥秘在于它独特的商业模式选择。

MALL 是一个专业而复杂的系统。除了房产开发，还涉及定位、招商、功能区规划、系统管理、业主品位筛选等各方面的整体融合，涉足 36 个行业，其运营比单纯的物业或纯粹的百货商店要复杂得多。国外运营商运作 MALL，总是一板一眼，先从买地开始，设计、规划、施工、招商，一个项目少说也要 5 年。最近几年，随着商业地产概念的炙手可热，国内许多实力雄厚的房地产开发商也纷纷涉足 MALL，基本上就是照搬了国外的模式。

这种标准模式看起来理所当然。但弱点是致命的：一是投资太大，一个 MALL 动辄投资十几亿元甚至几十亿元；二是周期太长，实现盈亏平衡至少要 5 年，要收回全部投资就得十几年甚至几十年。

要让 MALL 在全国连锁，没有比尔·盖茨的钱袋和愚公移山的耐心，谁都投不起，谁也等不及。铜锣湾总裁陈智决定给这个行业换种玩法——每个城市都不缺在建和建好的商业地产，而合理规划、快速招商，最终为 MALL 带来人气和客流的专业能力才最稀缺。

很快开发商们发现，坐在谈判桌对面的陈智尽管资本实力不如自己，却比自己还牛。商业地产要求独立一栋或度身定做，首层必须高过 5.8 米，给人以通透感；层高不要超过 3 层，逛起来方便；而且要有足够共享空间、景点，否则免谈合作。

同时，他们也发现陈智是如此不可拒绝。把 MALL 交给铜锣湾规划和招商，5 个月就可以搞定，而自己做却要足足 2 年，光是时间成本就价值几个亿，还不要说铜锣湾带来的人气效应对房价地价的提升。因此对陈智提出的在强弱电设备、装修、品牌推广和租金方面给予优惠和支持的要求，开发商往往把算盘简单一拨便爽快答应下来。

就这样，陈智找到了一种轻资产经营、低成本扩张的模式，这也几乎是 MALL 在中国实现快速扩张唯一可行的路径。

在这种模式下，投资额大大降低，同行运作一个 MALL 的资金，陈智运作 5 个都不止，原本需要 10 多年的投资回收期现在被缩短到了平均 18 个月，而铜锣湾在华侨城和广东阳江的投资，更是不足 1 年就全部收回。

找准了方向，铜锣湾越走越快，越走越顺，公司对 MALL 的规划、设计、创新能力越来越强，供应商资源越来越丰富，遍布全国各地；根据市场需求变化调整货品种类所需要的时间越来越短，信息化软件进行着精准的商业数据采集，决策信息越来越丰富、可靠。

资料来源：屈腾龙、雷辉：《铜锣湾超限战》，《商界：中国商业评论》，2015 年第 5 期 1.

思考：

1. 请根据以上材料，分析铜锣湾集团的主营业务、价值主张、模式核心、盈利点等内容。

2. 请进一步分析铜锣湾集团给你的启示。

CHAPTER7

第七章 创业计划书

学习目标

- 理解创业计划的含义
- 掌握创业计划书的基本内容
- 熟悉创业计划书的撰写要求

关键词

创业计划书；商业模式

引导案例

马云创业语录

马云说，很多人创业的目的不同，他创业的目的就是为了让自己的生活有所改变。当年我的领导对我说："马云，好好儿干。再过一年你就有煤气瓶可以发了，再过两三年你就可能有房子了，再过五年你就能评副教授了。"于是我在他身上看见了我以后的样子——每天骑着自行车，去拿牛奶，买菜。我当然不是说这种生活不好，只是希望换一种方式。

等到在创业的路上越走越远的时候，我发现自己的梦想越来越大，也越来越现实。每个人都有梦想，梦想未必要很大，但一定要真实。

"很多创业者或者做企业的人，上来就把自己放在一个很高的高度，张嘴就谈什么文化啊民族啊，说自己不是为了赚钱而创业。其实大家别把钱看得太轻，如果没有钱你创什么业，创业不为了赚钱你干什么？"马云认为，创业者要实事求是，摆正创业的目的和钱的位置。他认为创业不是为了赚钱，而是创业的结果让创业者得到了很多钱。钱是资源，赚钱的目的不是为了自己的生活更好，是为了帮助更多的客户，服务别人，帮助别人。马云的经历说明，创业既要有远大的理想，也需要有脚踏实地的计划，即知行结合。

第一节　创业计划书的含义和作用

美国国际 CEO 俱乐部总裁，企业管理中心主席约瑟夫·R. 曼库索认为：没有创业计划你不能筹资到资金，就本身而言，一份创业计划就是一项艺术性的工作，他是表达企业和赋予企业人性化的证明。每个企业如同一片雪花，个个不同，而每个都是一件独立的艺术品，每个都是企业家个性的反映。就像不能复制别人浪漫的方式，你也需要寻求你的计划与众不同之处。

因此，创业不仅仅是凭热情和梦想就能建立起来的，在创业前期制定一份完整的、可执行的创业计划书是创业成功的必要环节，也是获得资金和资源的重要工具。通过前期的调查和资料分析，通过现实、有效的市场调查，要规划出项目的经营模式以及实现盈利的所需条件，并制订出实现创业目标，进而分解出各阶段的分目标，并制订详细的工作步骤。

一、创业计划书的含义

在管理学中，计划具有两重含义，其一是计划工作，是指根据对组织外部环境与内部条件的分析，提出在未来一定时期内要达到的组织目标以及实现目标的方案途径。其二是计划形式，是指用文字和指标等形式所表述的组织以及组织内不同部门和不同成员，在未来一定时期内关于行动方向、内容和方式安排的管理事件。创业计划书也是执行创业的计划，是全方位描述与创建新企业有关的内部，外部环境要素和条件的书面文件，内容涵盖了新创企业的产品研发、筹融资、生产管理、人力资源管理、风险识别及规避等企业价值链的各个环节执行计划，是创业者创建新企业的“指南针”企业价值链协同如图 7-1 所示。

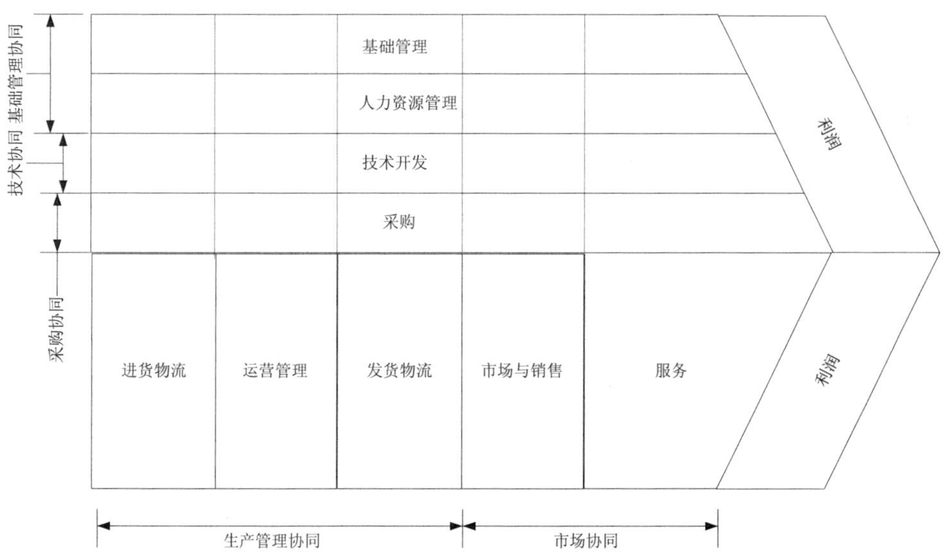

图 7-1 企业价值链协同

根据服务对象的不同，创业计划书有不同的内容重点和撰写方式：第一种是为了吸引投资者注意的简版摘要计划书，主要作用是为创业企业筹措资金；第二种是满足投资评估要求的评价创业计划书；第三种是创业者事业发展规划的自我参考书，即经营管理计划书。创业计划书的服务对象如图 7-2 所示。

二、创业计划书的作用

创业计划书是创业前的准备，是创业的重要起点，可以有效节约创业者的时间和资金，降低创业失败的风险。创业计划书首先可以向外部投资者寻求资金，是筹集资金的敲门砖；其次是为创业企业后期的发展打好基础。从实际操作来看，创业是一项高风险行为，创业者除了要有良好的产品或服务构想外，还要考虑实现该种产品或服务的运作模式，因此，创业计划书可以看成是一份详细的事业执行计划书，但是，由于环境的可变性，创业计划书所涵盖的内容在实际执行的过程中会根据需要进行调整。总之，从创业者和投资人的角度看，创业计划书的具体作用如表 7-1 所示。

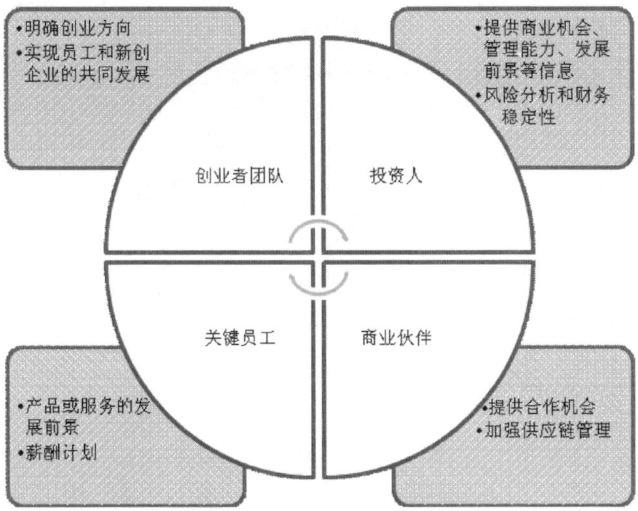

图 7–2　创业计划书的服务对象

表 7-1　创业计划书的作用

对创业者	对投资人
• 通过市场调查和财务分析，对新创企业进行客观评价，并采取相对的应对措施 • 提供可以衡量的目标，为新创企业提供评价标准 • 向外界推荐新创企业商业机会的最佳媒体	• 提供市场潜力和市场占有率信息 • 通过经营业绩综述和盈亏平衡分析，提供企业偿债能力或股权回报等信息，为投资人提供参考 • 通过风险识别、风险评价和风险规避，以及组织结构和团队成员的描述，提高新创企业的可信度

第二节　创业计划书的总体框架和撰写步骤

创业计划书是一份全方位的商业计划，其主要用途是递交给投资商，以便于他们能对企业或项目做出评判，从而使企业获得融资。因此，撰写一份高质量的创业计划，是创业者的在创业前期的中心工作之一。

一、创业计划书的要求

对于一份创业计划书来说，愿景构建和方案的可行性都是最基本的要求，同时，基于其他利益相关者的实际需要，创业计划书应力求做到简明扼要、条理清楚、内容完整、文字通畅、表达准确。即遵循以下具体原则。

1. 对产品（服务）属性的描述要简单、准确

在创业计划书中，应提供所有与产品或服务相关的细节，包含前期实施的所有调查，应尽量用简单、准确的词汇描绘产品或服务的属性，同时利用详实的数据阐述产品或服务的发展前景和潜力。

2. 突出创业企业的竞争优势和经营能力

首先要通过数据证明企业拥有极强的竞争优势；其次，在创业计划书中要展示创业团队的事业经营能力、专业技术知识、实习或工作经验等关键要素。最后是搭建组织构架，并根据人岗匹配的原则，描述整个管理团队及其在组织中承担的职责。

3. 准确描述目标市场

创业企业的利润来自市场的需求。因此，要对目标市场现状和未来发展做详细描述，并且明确指出创业企业的市场机会和竞争威胁，并用具体资料进行佐证，如市场分析所依据的调查方法、二手资料的来源等。

4. 客观、实际，避免言过其实

创业计划书中，所有的数据都要客观实际。高估市场潜力和销售收入，低估经营成本和风险会降低其可信度。国外数据显示，风险投资者认为“成功的新创企业通常只能达到其计划财务目标的大约 50%”。因此，创业计划书中要将最佳的、最有可能的、最差的方案都体现出来，不能主观臆断。

5. 突出关键风险要素

创业计划书中所列举的风险要素是投资人最关心的内容。在创业计划书中，要明晰创业企业发展过程中可能存在的风险要素并提出可能的解决方案，充分体现创业团队驾驭、控制和管理风险的能力。

6. 简洁清晰、逻辑合理、内容完整

创业计划书包含企业名称、产品或服务的介绍、市场分析、融资措施、风险分析等内容，形式上要按照统一格式进行排版，装订整洁美观。同时，基本假设和预估要前后一致。

表 7-2 是创业计划书中的常见缺陷和解决办法。

表 7-2　创业计划书中的常见缺陷和解决办法

常见缺陷	具体表现	解决办法
无实际发展目标	■ 缺乏可达到的目标 ■ 缺乏完成的时间表 ■ 缺乏优先权 ■ 缺乏具体的行动步骤	■ 编制明确的时间表
没有预计风险因素	■ 没有清醒的识别将来的问题 ■ 没有重视计划中可能的瑕疵 ■ 没有应急计划	■ 列出可能遇到的风险 ■ 列出规避风险的措施
无投入或贡献	■ 关键事件过分拖延 ■ 没有投入个人资金的意愿 ■ 不及时聘任关键职位人员	■ 快速行动 ■ 保证关键岗位人员配备 ■ 准备并愿意投入启动资金
无初期商业经验	■ 缺乏商业经营经验 ■ 无专业领域经验 ■ 缺乏对所涉足行业的了解 ■ 忽视企业描述	■ 列出针对企业的个人经历和背景证明 ■ 积极寻求关键人才
无明确目标市场	■ 不能证明产品或服务有市场需求 ■ 主观推断消费者的购买能力	可以根据以下要素进行市场细分根据 ■ 地理细分：地形、气候、交通、城乡、行政区等 ■ 人口细分：年龄、性别、家庭人口、收入、教育程度、社会阶层、宗教信仰或种族等 ■ 心理细分：个性或生活方式 ■ 行为细分：对消费者行为的评估，然后进行细分 ■ 社会文化细分：按社会文化特征细分市场 ■ 使用者行为细分：是按个人特征细分市场，如职业、购买习惯等

资料来源：库拉特克，霍杰茨，《创业学，理论，流程与实践》，270～271 页，有改动。

二、创业计划书的内容

一般而言，一份完整的创业计划书包含产品（服务）的介绍、市场预测和分析、营销策略、生产制作计划、行业分析、人员和组织结构、财务规划、风险分析等 10 个部分。但是，创业计划书的形式和内容随行业性质和创业者偏好不同而不同。一份完整的创业计划书的基本结构如表 7-3 所示。

表 7-3 完整的创业计划书撰写提纲

目录	主要内容	核心要点
1. 实施概要		
1.1 产品或服务 1.2 创业企业描述 1.3 竞争优势 1.4 目标市场和预测 1.5 创业者团队 1.6 盈利性和收益潜力 1.7 企业需求描述	1. 产品或服务的概念、性能和特性，市场竞争力，研究和开发过程，市场前景预测，品牌和专利等 2. 创业企业的基本理念和战略目标 3. 创业企业相对于竞争对手的业务相似程度和优势 4. 市场结构，细分市场的容量和增长率，预测销售的数量、容量和市场份额，产品性价比等要素 5. 团队成员的相关知识、经验、专长和技能 6. 创业企业的毛利和经营利润，期望盈利率和盈利的持续时间 7. 简要说明企业所需债务融资规模	1. 需要解决的问题或待满足的需求 2. 企业如何满足该种需求 3. 盈利模式介绍
2 企业描述		
2.1 企业的一般描述 2.2 产业背景 2.3 商业目标和潜力 2.4 现状和潜力	1. 企业简介和背景，使命和目标 2. 产品（服务）的描述，如何塑造持续竞争优势 3. 企业现状描述	1. 产品的所有特性以及产品的获利能力 2. 有客观的调查数据支持
3 创业者团队		
3.1 组织 3.2 关键管理人员 3.3 管理层薪酬和股权分配 3.4 其他投资者 3.5 董事会 3.6 顾问及服务机构	1. 企业关键管理岗位人员和组织结构图 2. 描述每个关键人员的职责、从业经历、教育背景和主要成就等，特别是专门技术，技能和成就 3. 管理层股权结构和协议 4. 其他投资者所占的股份 5. 董事会人数和构成情况 6. 合作伙伴的名册和所属公司，以及在创业企业中所承担的角色，如供应商、销售商、第三方物流等	1. 经验、能力、专长 2. 薪酬、工作协议

续表

目录	主要内容	核心要点
4 行业分析		
4.1 产业趋势和前景 4.2 行业结构 4.3 行业规模 4.4 市场参与者性质	1. 介绍新创企业所在行业的现状和发展前景、市场发展动态等 2. 行业结构分析 3. 市场的大小以及影响行业发展的内外部因素，行业的平均投资回报率 4. 行业的关键成功要素 5. 进入和退出行业的障碍，行业的竞争程度和集中度等	1. 行业的关键成功要素 2. 竞争的本质是什么，新创企业采取的战略
5 市场分析		
5.1 目标市场及客户 5.2 市场容量和趋势 5.3 竞争和竞争优势 5.4 市场潜力预测	1. 细分市场的主要购买者是谁；客户是否愿意接受企业的产品或服务，客户购买决策的依据（如价格、质量、培训、售后服务等，以及所有对产品感兴趣的潜在用户和不感兴趣的潜在客户） 2. 针对细分市场，以数量、金额和潜在盈利率说明未来 3～5 年内所提供的市场总规模和份额，3 年的潜在市场增长率，分析影响市场增长的主要因素（如行业趋势、社会经济趋势、政府政策、人口因素等） 3. 基于客户利益的角度，从市场份额、质量、价格、表现、交货、时机、服务等方面与竞争者和替代品进行比较，比较竞争双方产品创造的增值空间 4. 识别所有愿意做出或已经做出购买承诺的主要客户，并分析在未来哪些能够成为实际客户，预测新创企业的销售增长率	1. 描述目标市场的选择 2. 市场定位分析 3. 估计年销售量和市场份额
6 营销计划		
6.1 总体营销战略 6.2 定价战略 6.3 销售策略 6.4 促销和广告 6.5 分销渠道	1. 描述新创企业的营销理念和战略 2. 确立产品的定价原则，分析产品价格、市场份额和利润之间的关系，同时对比竞争品或替代品的价格差距 3. 说明销售产品或服务的方法，如自建销售队伍、网络营销、分销商、零售商等，编制销售预算等 4. 新创企业使用何种方法使产品吸引准顾客的注意力，说明采用的广告策略，并编制预算 5. 销售渠道的设置方式 6. 顾客服务体系的构想和顾客关系管理的运作方式等	1. 定价原则 2. 销售策略 3. 广告推广计划 4. 分销商

续表

<table>
<tr><th>目录</th><th>主要内容</th><th>核心要点</th></tr>
<tr><td colspan="3">7 生产和运营计划</td></tr>
<tr><td>7.1 运营周期
7.2 地址选择
7.3 设施和改善
7.4 战略和计划</td><td>1. 说明新创企业产品或服务的交付/延迟时间，并对季节性生产任务进行处理
2. 根据劳动力资源、客户或供应商距离、运输条件、水电等公共设施论证选址的区位优势和劣势
3. 新创如何获得生产所需的设施设备，是租赁还是购买
4. 物料需求结构，原料，零部件来源和成本管理，外包商的选择和评价
5. 列出生产计划，包含可用原料、劳动力、零部件、日常性开支、制造流程、生产方法、质量管理、库存控制等内容，并明确自制率、良品率、开工率等指标</td><td>生产计划</td></tr>
<tr><td colspan="3">8 财务计划</td></tr>
<tr><td>8.1 资金需求量
8.2 预编利润表
8.3 预编资产负债表
8.4 预计现金流分析
8.5 盈亏平衡分析
8.6 成本控制
8.7 重点突出部分</td><td>1. 未来 3～5 年资金需求，来源和使用
2. 利用销售预测数据和生产运营成本编制 3 年的利润表，并分析坏账、销售折扣、价格等指标对利润的敏感程度
3. 预编资产负债表，估算初步的投资利润率
4. 预编第一年每月的现金流和之后至少两年的每季现金流，详细说明预期现金流的进出金额和时间，预测必需的额外融资的数量、融资时间、融资方式、获得的条件和偿还方法。分析现金流对企业各种因素假设的敏感程度
5. 计算盈亏平衡点和经营安全率
6. 如何处理预算超支问题
7. 阐述如何获得所需的最大现金量，统计需要的债券融资额和股权融资额，以及债务偿还时间</td><td>1. 未来 3～5 年的资金需求、来源和使用介绍
2. 财务预测的计算过程</td></tr>
<tr><td colspan="3">9 关键风险</td></tr>
<tr><td>9.1 管理风险
9.2 营销风险
9.3 经营风险
9.4 财务风险
9.5 知识产权风险
9.6 其他风险</td><td>分析以下风险因素的影响及应对措施
1. 获得订单前已经用完了现金
2. 竞争者降低价格
3. 潜在的行业不利因素，如国家政策限制
4. 设计、开发和制造成本超出预算
5. 未达到预期的销售额
6. 零部件或原料采购困难或订货周期超出假定
7. 订单大量涌现后现金不足</td><td>1. 风险因素对企业利润的影响
2. 应对措施</td></tr>
</table>

续表

目录	主要内容	核心要点
10 附录		
10.1 支持性文件 10.2 企业相关人员简历 10.3 产品原型图片 10.4 其他文件	1. 证实前面各项计划的原始数据资料 2. 详细的制造流程和技术数据 3. 知识产权信息 4. 创业者详细的经历和自传 5. 其他各种具有公信力的佐证材料	

资料来源：布鲁斯·R. 巴格林、R. 杜安·爱尔兰：《创业管理：成功创建新企业》，203～205 页；杰弗里·迪蒙斯、小斯蒂芬·斯皮内利：《创业学》，263 页，编者根据上述资料进行改动。

三、创业计划书的编写步骤

1．初步构想，逐渐细化

创业团队首先对业务发展有明确的界定，构想阶段的重点是关注与产品或服务有关的细节，例如产品处于什么样的发展阶段？它的独特性何在？销售产品的途径？消费者群有哪些？生产成本和售价如何确定？企业发展新的现代化产品的计划是什么？如何把出资者拉到企业的产品或服务中来？上述因素都是在创业计划书撰写之前应该详细考虑的，成熟的创业者应该有完整的创业构想。

2．市场调查，知己知彼

“没有调查就没有发言权”，创业者要细致分析经济、地理、职业以及心理等因素对消费者选择产品和服务时的影响。具体到进行市场调研的时候，调研者要同潜在顾客展开接触，搜集顾客购买此类产品的时间周期、谁在决定是否购买、如何防范别人模仿你的产品或服务、新创企业的产品或服务凭什么吸引目标市场中的消费者，以便制定销售策略。

市场调查还包括对竞争对手的调查，例如竞争对手都是谁？他们的产品与本企业的产品相比，有哪些相同点和不同点？竞争对手所采用的营销策略是什么？在调查阶段，创业者还必须做好财务分析和筹资分析，即要量化本公司的收入目标和公司战略，详细而精确地考虑实现目标所需的资金。

市场调查可以分为实地调查与收集二手资料两种方法。实地调查可以得到创业所需的一手真实资料，但时间及费用耗费较大；收集二手资料较易，但可靠性较差。创业者可根据需要灵活采用资料调查方法。

3．方案起草，通盘统筹

依据创业执行纲要，对创业企业的市场竞争及销售、组织与管理、技术与工艺、财务计划、融资方案以及风险分析等内容进行全面编写，初步形成较为完整的创业计划方案。在撰写的过程中，还必须通盘统筹，要思考一下关键问题：创业计划书是否显示创业团队具有管理公司的经验？你是否显示新创企业有能力偿还借款？是否显示已进行过完整的市场分析？是否容易被投资者所领会？是否在短时间内激发阅读者的兴趣？

4．检查修改

创业计划书所反映的内容要完整、科学、合理。各个部分要合理编排，整洁美观，简明扼要，条理清楚，逻辑严谨。可以采用交叉审核的办法，重点查看文字描述，语言措辞，数据计算等是否准确；表格图形，资料引用，模型格式，数据处理是否正确等。内容检查要从投资者角度出发。

本章小结

创业计划书是一份全方位的商业计划，其主要用途是递交给投资商，以便于他们能对企业或项目做出评判，从而使企业获得融资。创业计划书中，愿景构建和方案的可行性分析都是最基本的要求。一般情况下，一份完整的创业计划书应包含产品（服务）的介绍、市场预测和分析、营销策略、生产制作计划、行业分析、人员和组织结构、财务规划、风险分析等内容。

思考题

1. 什么是创业计划书？新创企业撰写创业计划书有什么好处？
2. 一份完整的创业计划书包含哪些部分？重点是什么？
3. 简要描述创业计划书中的三个预计财务报表。

小组活动

下面给出了一些新闻标题，请通过小组讨论的方式，回答其可能带来的创业机会，并分析其潜在的市场机会、风险和不确定性，并完成创业计划书的“实施概要部分”。

1. 中国慧聪家电城由慧聪网历时3年在广东顺德打造而成，集线上、线下采购批发平台为一体，是集中国最大的家电网、家电展、家电城、家电交易平台于一体的中国家电产业+互联网交易+互联网金融的示范创新平台，也是国内首个家电产业O2O生态圈。

2. 农民种地瓜辛辛苦苦大半年，秋天把地瓜从地里挖出来，挑出大的，装进筐和兜里，再用肩挑到山下，然后卖给收货的人，0.2元钱500克，还要负责装车、码好；就在同一天，同一个时间点，在北京社区的菜市场，同样的地瓜却卖到了3元500克。调查显示，造成这种现象的原因是农业流通环节太多，链条太长，导致农民收入低。

3. 3D打印技术是通过在计算机上设计一个完整的三维立体模型，也称为计算机辅助性设计。设计的技术完成一系列数字切片，并将这些切片的信息传送到3D打印机上，后者采用分层加工、迭加成形，即将连续的薄型层面堆叠起来，直到一个固态物体成型。其工作原理与普通打印机基本相同，与计算机连接后，通过计算机控制把“打印材料”一层层叠加起来，最终把计算机上的蓝图变成实物。

4. “零首付”“零利息”“最快3分钟到账”……在信用卡告别校园7年后，更为凶猛的“野兽”杀入：以P2P为主的网络贷款，借助“网络+代理”模式，正在大学生群体中飞速蔓延。

5. 大数据时代，医疗信用体系建设呼之欲出。

6. OTA之战从平台向线下延伸，继机票、酒店之后，景区成为各家OTA瞄准的新目标。《中国经营报》记者从相关人士处获悉，近期阿里旅行将与长隆集团达成“未来景区”合作。此前，阿里旅行已经与桂林进行城市级别签约，“未来景区”入驻桂林，版图扩张加速。

7. 广东农村金融服务长期存在“基础金融服务供给与农民的金融服务需求不适应、信贷政策要求与‘三农’抵押担保能力不适应、金融资源投入与农村经济的发展需求不适应”三大短板，农民的金融服务需求长期得不到满足。随着“广东互联网+行动计划”的持续推进，一直困扰农村的金融问题或迎来新的破解之道，“互联网+农村金融”或是解决农民融资难，打通农村金融服务“最后一公里”的新路径。

案例分析

猪八戒网估值超 110 亿元的秘方

10 年前，猪八戒网创始人朱明跃还是《重庆晚报》首席记者。10 年里，从 6 个人的“草台班子”到中国领先的众包服务平台，估值超 110 亿元、占同行业 80%市场份额、2400 多名员工，“猪八戒”这只“猪”在互联网的风口上真实上演了“飞起来”的创业史。去年 6 月 15 日，猪八戒网宣布完成 C 轮融资 26 亿元。

2004 年，受博客中国的影响，新媒体的发展趋势吸引了朱明跃，“能不能将创意点子这种虚拟的东西拿到网上去卖？互联网+服务业有没有未来？”

不过，他对网站设计一窍不通，抱着“试一试”的想法，在网上发了一个帖子，悬赏 500 元找人做一个网站。很快一个程序员接了单，几天后，猪八戒网诞生了。与淘宝、京东不同的是，在这个平台上卖的是创意，是无形的服务。

2006 年 10 月，朱明跃辞去《重庆晚报》的工作，在重庆上清寺一间简陋的平房里创立了猪八戒网，当时创业团队只有 6 人。

“‘猪八戒’选择的路径看上去很美，可是，事情没有想象的那么简单。”朱明跃很快发现，真正的创业和规划完全不一样。如今如日中天的猪八戒网，历经了与“西天取经”一样的苦难。

首先，服务是非标准的，每个创意各不相同，交易起来不像空调等标准化的产品那么简单；其次，消费者的消费是低频次的，一个企业只需要一个标识；最后，买家和卖家的对话存在难度，要让非专业的人掏腰包购买专业人士的服务。

“创办猪八戒网是一个媒体人创业的无知无畏，创业的过程无比艰辛。”朱明跃说，“我又不甘心走回头路，只有坚持做下去。”

可是资金的匮乏，让他几近崩溃。最困难的时期，整个团队吃饭都成了问题，团队的主要目标是“每天一万解决吃饭”。

当时的朱明跃能够想到的盈利方式就是抽佣，这也是当时同类网站的主流模式。买家悬赏设计 LOGO，卖家做出方案，交易成功了，猪八戒网站抽取其中 20%的佣金。

从纸面上看，这是一个能发挥互联网优势的好模式，但是朱明跃很快发现抽佣存在着严重的瓶颈。抽佣意味着网站要分别人的“蛋糕”，买卖双方都希望“跳单”，频频发生的“私奔”让线下交易远远高于线上，这不仅影响了佣金收入，更大的危机在于降低了交易规模。致命的是，交易规模是其整个商业模式的逻辑起点。雁过拔毛的佣金让买卖双方“绕开收费站”，规模上不去，企业发展受到限制。

推行佣金制的时刻，正是猪八戒网最为艰难的时刻。幸运的是，就在猪八戒网开始运营的第二年，有人看好其前途，进行了 500 万元的天使投资。

凭借这 500 万元，公司苦苦支撑了 4 年。

在此期间，猪八戒网的对手也因为走着同样的路而面临同样的困惑，但对手退出行业，猪八戒网“剩者为王”。猪八戒网站终于在 2011 年 4 月，得到了 IDG 资本为其进行的 A 轮投资。

实际上，IDG 在 2007 年左右就注意到了猪八戒网，但当时并不看好其商业模式，直到 2011 年，IDG 投资人到重庆考察其他项目，意外发现猪八戒网竟然还活着，考察后，最终决定投资猪八戒网。

坚持不放弃，是猪八戒网“守得云开见月明”的重要原因。在朱明跃看来，青年创业者更应重视“坚守”的价值，因为创业过程中，总会遇见各种各样的难题，“不要轻易放弃”。

任何行业都会经历竞争中的洗牌。在朱明跃看来，和一批完全和自己的商业模式或运营模式一模一样的公司竞争，“最重要的是要确保自己能够活下来，这是根本。否则，在第一阶段完全同质化的竞争中就败下阵来。”

但是，“坚持”并不是猪八戒网“灰姑娘”故事中唯一的“水晶鞋”，更重要的那一只“鞋子”是：创新。这是一次异常彻底的创新，经过深思熟虑后，猪八戒网决定彻底免掉佣金，然后去寻找新的替代性的收入来源。

10 年里，猪八戒网经过了 7 次“腾云行动”，不断掀起新一轮的创新。

“什么叫“腾云行动”？它是公司内部项目的行动代号，只要这四个字一出，就意味着我们的整个产品运营体系、组织架构推倒重来。”朱明跃说，因为猪八戒网从事的是一个严重低频、非标准、非专业买家做复杂购买的交易平台，“没有可以学习借鉴的榜样，完全靠自己摸着石头过河”。

这 7 次“腾云行动”，目的地只有一个：寻找一个可以把这个复杂的服务交易规模化的平台。

每“腾云”一次，解决一个问题，就上了一个台阶，猪八戒网不断和自己较劲。经过一次次的产品创新，终于做出了一个买家和卖家都认为比较“好用”的产品平台。

除了产品方面的创新，猪八戒网坚持做商业模式的创新，以走出“佣金”模式的沼泽。

“当时佣金在 8000 万元左右，几乎是 90%的收入。可我只能砍掉这‘有毒’的佣金，尽管这可能意味着生存压力，财务报表也无法向投资人交代。”朱明跃说，2015 年 6 月 15 日，猪八戒网平台正式宣布免除佣金。

很多互联网公司的商业模式创新表现为行业并购“近亲结婚”，猪八戒网更加专注向企业服务领域纵深挖掘。挖掘“免佣金”所带来的海量用户形成的大数据中隐匿着的巨大商业价值。

猪八戒网将其总结为“数据海洋+钻井平台”模式，其“钻井”，从某个角度看，就是对海量用户的延伸需求提供进一步的服务。

在 10 年的“苦熬”生涯中，猪八戒网并未赚到真金白银，却留下了大量的用户和数据，这构成了他“在数据的海洋中钻井”的基础。

朱明跃说，“过去，买家会悬赏征集各种标识等，接下来会做什么？我们发现，几乎百分之百的都会做商标。这就是新的商机，我们为他做商标。”

2015年下半年，猪八戒网以4000万元战略投资知识产权社区思博网，与猪八戒网原有的金牌业务“猪标局”成立“八戒知识产权”。成立不到一年的时间里，达到月均接单 11000 件，发展为国内首屈一指的商标代理机构，这就是大数据的力量。

随后，猪八戒网不断往各服务领域纵深。比如，买家设计完毕后，名片、包装、海报，都需要印刷。猪八戒网与纳斯达克上市印刷企业浙江胜达集团、佛山彩印通三强联手“八戒印刷”。

买家们成立了公司，需要做账，猪八戒网出资 1.5 亿元，投资财务服务平台“慧算账”，就有了“八戒财税”。

去掉佣金后，猪八戒网反而找到了更广阔的商业机会。“创新商业模式，就是猪八戒估值超过 110 亿元的原因所在。”朱明跃说，“不变戏法，就是死路一条。”

前不久，猪八戒网又以 5500 万元投资青团社，意在专注、持续深挖更多的企业服务领域。眼下，猪八戒网着力于“八戒城市—百城双创”项目。

朱明跃说，猪八戒网是一个天然的企业孵化器。随着双创四众（众创、众包、众扶、众筹）的兴起，猪八戒网提出百城双创的战略，打造“八戒城市”项目，从线上走到线下，在各个城市打造一个 O2O 服务综合体。

“猪八戒网的发展历程，见证了创新的结果，创新是创业者‘最管用的药方’。”朱明跃说，创新不仅仅驱动一家企业的发展，还驱动创业者转型升级，拓展自己的事业，为全国乃至全球的企业提供创意活动。

资料来源：http://www.kab.org.cn 2016-05-17 21:19，编者对部分资料进行了整理

思考：

1. 案例中的企业的商业模式有何特点？创业团队是如何规避风险的？

2. 你认为该模式在将来会存在哪些风险？如何规避？

3. 请对该模式的前景做一个简要分析。

CHAPTER8

第八章 创业项目财务分析

学习目标

- 了解会计要素、重要的财务报表
- 掌握现金流量分析
- 掌握财务比率分析的内容和计算方法
- 理解成本的分类，掌握盈亏平衡分析

关键词

财务报表；现金流量分析；财务比率分析；盈亏平衡

引导案例

财务报表重要吗？

盖瑞和史蒂夫合伙在新泽西州的霍肯博开了一家可以提供上网服务的咖啡馆。这里住着很多自由作家、艺术家以及他们认为会对其生意感兴趣的人。盖瑞和史蒂夫花了很多钱为咖啡馆安装了高速的光纤上网专线。他们还根据咖啡馆的空间制定了家具、金属天花板和护墙板。盖瑞和史蒂夫决定他们的咖啡馆主要提供咖啡、蛋糕和简易三明治。

因为在项目启动上的投入较大，盖瑞和史蒂夫试图通过雇佣那些愿意接受最低工资的本地青少年作为咖啡馆服务生来降低成本。但是由于这些员工无法解决一些技术性问题，所以他们的尝试很快就招来了客户的抱怨。例如，顾客在咖啡馆里如果遇到一些电脑和网络的故障，经常被告知“要等盖瑞和史蒂夫来”，这样一拖就是很长时间。

由于盖瑞和史蒂夫都没有创业经验，也不懂得会计和财务管理，不知道如何编制财务报表，他们没有有效的方法跟踪企业的资金流动。他们的咖啡馆开了不到 14 个月就不得不关门了，因为他们已经没有了后续的营运资金。如果当初盖瑞和史蒂夫能够按月编写财务报表，他们就可以及时发现咖啡馆发展中存在的问题，并采取行动解决这些问题。

第一节　了解重要的财务报表

新创企业成败的关键之一，是适宜的财务控制工作。新创企业的财务控制除具备一般企业共有的特点之外，还具有自己鲜明的特点，首先，收入高速增长但是常常伴随着负的现金流；其次，缺乏专业财务管理人员，财务信息反馈不及时；最后，财务失控是创新企业成败的主要原因之一。

财务报表是浓缩企业某一特定日期财务状况和某一时期经营成果、现金流量的报告文件，是国家实施宏观调控和企业加强内部经营管理的重要依据，也是投资人和债权人进行决策的重要参考。了解财务报表之前，我们首先了解一下会计要素。

一、会计要素

会计要素是组成会计报表的基本单位，是对会计对象进行的基本分类，是会计核算对象的具体化，我国《企业会计准则》规定会计要素包括：资产、负债、所有者权益、收入、费用、利润六个方面。资产、负债和所有者权益是反映财务状况的三个要素，是财务报表的基本内容，而收入、费用和利润这三个要素构成了利润表，它们反映了企业的财务状况。

1．资产

资产是指由过去交易或事项形成、为企业拥有或者控制的资源，该资源预期能够给企业带来经济利益。

资产的特征包括：第一，资产都是企业在过去发生的经济业务事项中获得的；第二，资产都是为企业所拥有的，或者即使不为企业所拥有，但也是企业所能控制的；第三，资产能够给企业带来经济利益。

资产按其流动性可分为流动资产和长期资产或非流动资产。流动资产是 1 年内或超过 1 年的一个营业周期内变现或耗用的资产等，主要包括现金、银行存款、短期投资、应收款项、待摊费用和存货等资产。非流动资产是指流动资产之外的资产，主要包括长期股权投资、固定资产、在建工程、无形资产等。

2．负债

负债是指企业过去交易、事项形成的现时义务，履行该义务会导致经济利益流出企业。

负债的特征包括：第一，负债是由于过去的交易、事项引起的，企业当前所承担的义务；第二，负债的清偿预期会导致经济利益流出企业。负债的偿还方式，可以是转移资产，或者提供劳务，或同时转移资产和提供劳务，还可以是将债务转为所有者权益（如债转股）。

负债按流动性可分为流动负债和长期负债。流动负债是指将在 1 年或超过 1 年的一个营业周期内偿还的债务，主要包括短期借款、应付账款、其他应付款、预收账款、应付职工薪酬、应交税费和应付利息等。长期负债是指偿还期在 1 年或超过 1 年的一个营业周期以上的债务。主要包括长期借款、应付债券等。

3．所有者权益

所有者权益是所有者在企业资产中享有的经济利益，又称之为净资产，其金额为全部资产减去全部负债后的余额。所有者权益包括实收资本、资本公积、盈余公积和未分配利润四个项目。

所有者权益特征包括：第一，所有者权益是企业可长久使用的资金来源，除非发生减资、清算，企业不需要偿还所有者权益；第二，企业在清算时，所有者权益的清偿列在负债之后；第三，所有者权益的满足由企业实现的收益程度决定，所有者凭借所有者权益参与利润的分配。

4．收入

收入是指企业在销售商品，提供劳务及让渡资产使用权等日常活动中所形成的经济利益的总流入，但不包括为第三方或客户代收的款项。收入引起资产的增加，导致负债的减少，或两者兼有。

按照企业从事日常活动的性质，可以将收入分为销售商品收入、提供劳务收入、过渡资产使用权收入、建造合同收入等。按照企业从事日常活动在企业的重要性，可将收入分为主营业务收入、其他业务收入。

收入特征有四个。第一，收入一般在日常的商业活动中形成的；第二，收入在会计中可能会引起业主权益的增加；第三，收入只包括本企业经济利益的流入，所以不应该包括为第三方或客户代收的款项；第四，收入是与所有者投入资本无关的经济利益的总流入。

5．费用

费用是指企业为销售商品、提供劳务等日常活动中所发生的经济利益的流出。费用引起资产的减少，导致负债的增加，或两者兼有。

费用的范围也有广义和狭义之分。 狭义的费用即我国《企业会计准则》中定义的费用，是指生产经营过程中发生的耗费，包括营业成本、营业税金、期间费用、所得税。期间费用包括营业费用、管理费用和财务费用。广义的费用与广义的收入相对应，广义的费用=狭义的费用+营业外支出。营业外支出是指与企业生产经营活动没有直接联系的耗费，应列入利润要素。

费用的特征主要有：第一，费用是在企业的日常活动中所产生的，而不是在偶发的交易或事项中产生的；第二，费用会导致的所有者权益的减少；第三，费用会导致企业负债的增加，或企业资产的减少，或者二者兼而有之。

6．利润

利润是指企业在一定会计期间的经营成果，也就是收入与费用配比相抵后的差额。企业利润包括营业利润、投资净收益、营业外收入、营业外支出、补贴收入、所得税等。

二、财务报表

1. 财务会计报告的概念

财务会计报告是会计主体对外提供的反映其某一特定日期财务状况和一定期间经营成果、现金流量的书面文件。企业的财务会计报告是企业会计核算的最终成果，是企业对外提供财务会计信息的主要形式。

财务报表包括资产负债表、损益表、现金流量表或所有者权益变动表、附表和附注。作为一名创业人员，主要需要了解企业的资产负债表、利润表和现金流量表。

2. 资产负债表

创业者可以通过阅读资产负债表了解企业的财务战略，可以获悉企业资产结构和资金来源的构成，了解企业的资金从哪里来，又用到哪里去，从而掌握企业的“家底”。创业者通过资产负债表，可以了解企业在生产经营活动中所控制的经济资源，以及承担的责任、义务，了解资产、负债各项目的构成比例。企业的投资者通过资产负债表，可以了解其对企业的投资是否得到了增值。

资产负债表有表头和正表组成。表头部分列示报表的名称、编制单位、编制日期和货币计量单位等内容。正表部分根据“资产=负债+所有者权益”的基本公式，按照一定的标准和次序，把企业某一时日的资产、负债、所有者权益各要素按流动性进行项目分类。资产负债表的格式有账户式、报告式等。目前一般采用“账户式”结构。

账户式资产负债表的结构特征有，资产负债表分为左右两方，左方为资产，右方为所有者权益。资产负债表左右两方项目的排列顺序，严格区分为流动性项目与非流动性项目。左方资产项目按流动性的强弱排列，右方权益项目按照权益的顺序排列，先列示需首先清偿的负债，再列示所有者权益。负债项目按流动性排列，还款期短的排列在先。所有者权益项目按永久性程度排列，程度高的排列在先。

3. 利润表

创业者可以通过利润表计算企业有没有赚到钱，获取利润产生的来龙去脉，进而揭示企业“质地”的好坏，该表是代表企业“面子”的一张报表。

利润表是反映企业一定期间经营成果的报表。利润表的意义有三个：第一，利润表提供的信息，是企业投资人、债权人等外部信息使用者进行经济决策的依据；第二，利润表提供的信息，是考核企业经营管理水平的依据。通过对不同时期财务成果数据的对比分析，可以找出工作中存在的问题，以便进一步提高企业管理水平；第三，利润表提供的信息，是税务部门征收所得税的依据。

利润表的格式一般采用报告式，具体分为多步式和单步式两种。多步式利润表是按照企业利润的构成内容，分层次、分步骤地逐步、逐项计算编制的，其项目根据经营活动与非经营活动对企业利润的贡献情况排列。目前多采用此种格式。单步式利润表是集中列示收入和费用的构成项目，根据收入总额减费用总额直接计算列示利润总额。计算利润表的基本公式如下：

主营业务利润=主营业务收入-主营业务成本-主营业务税金及附加

营业利润=主营业务利润+其他业务利润-营业费用-管理费用-财务费用

利润总额=营业利润+投资收益+营业外收入-营业外支出

净利润=利润总额-所得税

4．现金流量表

现金流量表的基本内容包括经营活动产生的现金流量、投资活动产生的现金流量、筹资活动产生的现金流量三部分，其中各类现金流量又分为现金流入与现金流出两部分。

创业者如果想知道企业过“日子”的难易程度，可以阅读现金流量表。通过现金流量表可以计算所赚的钱有没有流进企业的口袋，它反映了企业现金流动的路线，从而诊断企业的“健康状况”。

无论利润表提供什么好消息，创业者都不能仅仅依靠利润表作为企业运营的基础，创业者还需要参考现金流量表来查看企业的现金收支状况。现金流量表是以收付实现制为基础的，反映企业一定期间现金、现金等价物流入和流出动态变化的会计报表。通过现金流量表提供的信息，有助于投资人、债权人评价企业未来产生有利现金流量的能力、评价企业偿债能力、支付股利能力和对外筹资的能力，以利于其做出投资或信贷决策。

第二节　现金流量分析

现金是保持企业运转的能量，就像汽油让汽车发动一样。如果汽油耗竭，汽车无法运转，企业没有现金也会迅速倒闭。如果没有现金，创业者连最基本的款项都不能支付，即使你的利润表显示你是赚钱的。现金流量表告诉创业者，企业的月度现金流是正数还是负数。如果创业者没有足够的现金流入以支付现金流出，那么即使企业规模再大，还是有可能破产。

一、现金是企业活力的源泉

当创业者创建了一家企业之后，时常会发现即使利润表显示企业正在盈利，但是你却没有钱。在销售和实际回款之间经常有一个时间差。比如创业者完成了一笔销售，客户承诺在一周内付款。这时销售收入会立刻出现在利润表上，但是在款项没有到达企业账户之前，是不会收到任何现金的。

当利润表包括非现金费用时，利润表并不是一个精确反映现金状况的报表。折旧是一种最常见的非现金费用，因为没有实际的现金流出。会计核算时，如果为某一项资产计提折旧，那么需要从利润表中扣除资产的部分成本。但是创业者实际上没有支出这笔现金，只是在减少资产的价值。同样，因为现金流量表中也没有包括折旧，企业实际上也没有现金流出。

假设 A 创业企业，创业期初销售收入中一部分是现款现货，而另外一部分是赊销，编制利润表时，不管是不是赊销都属于收入。由于是初创企业，条件不够赊账采购，只有现金采购，采购金额和各项成本见表 8-1。

表 8-1 A 创业企业利润简表 （单位：元）

		第 1 个月	第 2 个月	第 3 个月
收入	现金销售收入	2040.00	4080.00	6120.00
	赊销收入	7200.00	7200.00	7200.00
	收入总额	9240.00	11280.00	13320.00
成本费用	现金采购	390.00	780.00	1170.00
	赊购支出	—	—	—
	工资	4000.00	4000.00	4000.00
	设计费	800.00	800.00	800.00
	营销费用	500.00	500.00	500.00
	保险费	240.00	—	—
	修理费	70.00	70.00	70.00
	电费、电话费	950.00	950.00	950.00
	租金	1000.00	1000.00	1000.00

续表

		第 1 个月	第 2 个月	第 3 个月
成本费用	附加税费	13.32	26.64	39.96
	折旧	200.00	200.00	200.00
	成本费用总额	8163.32	8326.64	8729.96
利润		1076.68	2953.36	4590.04

假设 A 企业的赊销中有 1/3 是第二个月收回，2/3 是第三个月收回，折旧额不算入现金流量表中，A 企业现金流量简表见表 8-2。

表 8-2 A 企业现金流量简表

		第 1 个月	第 2 个月	第 3 个月
现金流入	月初现金	3000.00	-3056.52	-4969.56
	现金销售收入	2040.00	4080.00	6120.00
	赊销收入	—	2400.00	4800.00
	贷款	2040.00	6480.00	10920.00
	其他现金流入	—	—	—
	可支配现金	5040.00	3423.48	5950.44
现金流出	现金采购	390.00	780.00	1170.00
	赊购支出	—	—	—
	工资	4000.00	4000.00	4000.00
	设计费	800.00	800.00	800.00
	营销费用	500.00	500.00	500.00
	保险费	240.00	—	—
	修理费	70.00	70.00	70.00
	电费、电话费	950.00	950.00	950.00
	租金	1000.00	1000.00	1000.00
	增值税	133.20	266.40	399.60
	附加税费	13.32	26.64	39.96
	现金总支出	8096.52	8393.04	8929.56
月底现金		-3056.52	-4969.56	-2979.12

由于赊销和折旧的影响，尽管 A 企业的利润为正，但是现金流量却为负。所以创业初期不能仅仅关注利润表，更要重视现金流量表，因为创业初期现金流量比利润更重要。

二、保持现金流动的原则

为了避免出现缺乏现金付账的情况，创业者应该遵守以下原则：

（1）尽可能地积累现金。只要完成销售就要尽快回收账款。

（2）按期支付账单，不要提前。不必在刚收到账单当天就支付账单，创业者应该看清楚到期日。

（3）每天检查现金状况。时刻了解手头上拥有的现金余额，可以借助现金日记账反映现金流的状况。

（4）根据实际情况租赁设备而非购买设备。租赁可以将成本在一段时间内摊销。

（5）尽量避免不必要的存货。除非对满足客户需要的竞争活动而存货，否则创业者应该尽量将存货降至最低。存货与现金密切相关，因为存货需要用现金购买，而且需要用现金保管存货。

第三节　财务比率分析

到目前为止，我们只学习了如何编制资产负债表、利润表和现金流量表，从而发现企业是否盈利以及所有者权益是增加还是减少。创业者还可以通过利用这三张报表来进行财务比率分析，有助于创业者进一步分析企业的经营状况。通过比较不同时期的企业业绩并将企业业绩与行业标准进行对比，可以了解企业的实际经营情况并采取相应的战略改善目前的状况。

一、盈利能力比率分析

企业的盈利能力反映企业赚取利润的能力。由于盈利是企业的最终财务成果，它既与各项经营活动密切相关，又与企业各种资产、负债和所有者权益相关，因此，应分别从不同角度对企业获利能力进行剖析，以揭示企业盈利的重要信息。常用的分析指标有：资产报酬率、股东权益报酬率、销售毛利率与销售净利率、成本费用净利率、每股利润与每股现金流量、每股股利与股利发放率、每股净资产、市盈率。

下面主要介绍资产报酬率、销售毛利率与销售净利率、成本费用净利率。

1．资产报酬率

$$资产报酬率=\frac{净利润}{资产平均总额}\times 100\% \qquad 资产平均总额=\frac{资产期初总额+资产期末总额}{2}$$

资产报酬率是用来衡量利用资产获取利润的能力，比率越高，说明企业资产获利能力越强。例如，一个企业的资产报酬率是 30.36%，说明该企业每 100 元的资产可以赚取 30.36 元的净利润。在市场经济比较发达、各行业间竞争比较充分的情况下，各行业的资产报酬率将趋于一致，各个企业的资产报酬率应保持相对稳定。分析资产报酬率时主要通过比较不同年度的数据，分析引起变动的原因。

2．销售毛利率与销售净利率

销售毛利率，也称毛利率，是企业的销售毛利与销售收入净额的比率。

$$销售毛利率=\frac{销售毛利}{销售收入净额}\times 100\%=\frac{销售收入净额-销售成本}{销售收入净额}\times 100\%$$

例如，企业的销售毛利率为 50.82%，说明该企业每 100 元的销售收入可以赚取 50.82 元的毛利。销售毛利率是销售毛利与销售收入的比率，反映企业经营活动的最基本盈利能力，所表达的是销售收入所创造的用于弥补费用支出和形成利润的贡献程度。销售毛利率越大，说明销售成本在销售收入中所占比重越小，企业通过销售获取利润的能力越强。对于投资者而言，销售毛利率越高越好。判断该指标高低时，可进行横向（和同行业平均水平）比较，也可进行纵向（和以前年度同指标）比较。

销售净利率是企业净利润与销售收入净额的比率，此指标反映企业通过销售赚取利润的能力。销售净利率受行业特点影响较大，应结合不同行业的具体情况进行分析。

$$销售净利率=\frac{净利润}{销售收入净额}\times 100\%$$

例如，企业销售净利率为 14.79%，说明该企业每 100 元的销售收入可以赚取 14.79 元的净利。

3．成本费用净利率

成本费用净利率是企业净利润与成本费用总额的比率，它反映了企业生产经营过程中发生的成本与获得的收益之间的关系。成本费用主要包括销售成本、销售费用、销售税金、管理费用、财务费用和营业税金及附加等。此指标既可以评

价企业获利能力的大小，也可以评价企业对成本费用的控制能力

$$成本费用净利率=\frac{净利润}{成本费用总额}\times 100\%$$

例如，创业企业的成本费用净利率为 15.43%，说明该企业每耗费 100 元，可获取 15.43 元的净利润。

成本费用净利率是反映企业成本费用获利水平的重要财务指标，它反映了企业每投入 1 元成本费用，经过生产、经营、销售几个环节后，所获得的净利润。该指标越大越好。在价格不变的情况下，成本费用的降低与利润的增加是相同的。

二、企业营运能力分析

企业的营运能力反映企业资金运作的效率，资金周转情况。资产周转速度有两种表现形式：一是资产周转次数，二是资产周转一次所需的天数。企业营运能力分析主要分析包括应收账款周转率、存货周转率、流动资产周转率、固定资产周转率和总资产周转率。分析的时候可以和企业各个时期比较，也可以和同行业比较。

1．应收账款周转率

应收账款周转率是企业一定时期赊销收入净额与应收账款平均余额的比率。应收账款周转率反映了企业在一个会计年度内应收账款的周转次数，反映了应收账款变现速度的快慢及管理效率的高低。

$$应收账款周转率=\frac{赊销收入净额}{应收款平均余额}$$

$$应收账款平均余额=\frac{期初应收账款+期末应收账款}{2}$$

应收账款周转率高，表明收账迅速，账龄期限较短，资产流动性大，短期偿债能力强，可以减少收账费用和坏账损失，从而相对地增加了企业流动资产的投资收益。

$$应收账款平均收账期=\frac{360}{应收账款周转率}$$

应收账款平均收账期反映了应收账款周转一次所需要的天数，从时间角度上反映了应收账款变现速度的快慢及管理效率的高低。比如应收账款周转率为 12.72 次，应收账款平均收账期为 28.3 天，这表明该企业的一年应收账款周转 12.72 次，平均 28.3 天周转一次。

创业者分析时应注意几个问题。第一，公式中的应收账款包括会计核算中“应收账款”与“应收票据”等全部赊销账款在内。第二，应收账款余额应扣除坏账准备后的净额，否则，误差较大。第三，如果应收账款余额的波动性较大，应尽可能使用更详尽的计算资料，如按各月份应收账款余额来计算其平均占用额。最后，还应注意分子、分母数据在时间上的对应性。另外，由于企业赊销政策是商业秘密，赊销收入数据难以取得，赊销收入可以用销售收入代替。

2．存货周转率

存货周转率是指企业一定时期的销售成本与平均存货的比率。用于测定企业存货的变现速度，反映了企业的销售效率和存货使用效率。

$$存货周转率=\frac{销售成本}{平均存货} \qquad 平均存货=\frac{期初存货余额+期末存货余额}{2}$$

存货周转率高，说明企业存货周转得快，销售能力强，但过高也可能说明企业管理方面有问题（存货水平低、经常缺货或购买次数多、数量少）；存货周转率低，说明企业存货管理不力，销售状况不好。

若不能获得销售成本数据，可用营业收入代替，不过准确性较差，因为其中含有销货毛利因素的影响。

$$存货周转天数=\frac{360}{存货周转次数}=\frac{平均存货\times 360}{销售成本}$$

存货周转天数表示存货周转一次所需要的时间，天数越短说明存货周转越快。比如存货周转率为 6.6 次，存货周转天数为 54.55 天，说明该企业的一年存货周转为 6.6 次，平均 54.55 天周转一次。

使用存货周转率的时候，创业者应注意存货的计价方法前后各期必须保持一致；当期初与期末存货的变动幅度不大时，可直接利用期末存货的余额作为计算标准。若各月份存货变动幅度较大，应以 12 个月的平均值作为评价标准。

3．流动资产周转率

流动资产周转率是指销售收入与流动资产平均余额的比率。它反映流动资产的利用效率。

$$流动资产周转率=\frac{销售收入}{流动资产平均余额}$$

$$流动资产平均余额=\frac{流动资产期初余额+流动资产期末余额}{2}$$

流动资产周转率主要用于揭示以下几个问题：流动资产实现销售的能力，即周转额的大小；流动资产投资的节约和浪费情况；流动资产周转率的快慢还对成本费用水平及短期偿债能力产生直接影响。

4. 固定资产周转率

固定资产周转率是企业销售收入与固定资产平均净值的比率。

$$固定资产周转率=\frac{销售收入}{固定资产平均净值}$$

$$固定资产平均余额=\frac{固定资产期初余额+固定资产期末余额}{2}$$

固定资产周转率主要用于说明企业是否以相对节约的固定资产投资推动尽可能多的流动资产并加快其周转速度,最终通过流动资产投资规模的扩大和周转速度的加快，为企业实现更多的收入。

5. 总资产周转率

总资产周转率是企业销售收入与资产平均总额的比值，用来衡量资产投资规模和销售水平之间的配比情况。在具体使用该指标时，要把分析期情况和企业历史情况或行业平均水平进行比较，才能判断企业资产运作效率处于一种什么状况。

$$总资产周转率=\frac{销售收入}{资产平均总额}$$

$$资产平均余额=\frac{资产期初余额+资产期末余额}{2}$$

总资产周转次数是正指标，越大越好。它反映了总资产周转速度。总资产周转次数越多，表明总资产周转速度越快，利用效果越好，企业实现的销售收入越多，企业的盈利能力和偿债能力越强。总资产周转天数是衡量企业总资产周转速度的另一重要指标，它是逆指标，越小越好。总资产周转天数越短，说明企业总资产周转速度越快，企业实现的销售收入就越多，反之，企业实现的销售收入就越少。

三、企业偿债能力分析

短期偿债能力分析也称短期债权人的分析，是指企业偿还短期债务（流动负债）的能力。由于流动资产是在一年内可以变现的资产，而流动负债是一年内需要用现金来偿还的债务，因此，可通过分析各种流动资产与流动负债之间的关系来判断企业的短期偿债能力，一个企业短期偿债能力的大小主要取决于流动数量、流动资产的数量和质量。

1．营运资金

营运资金是指企业流动资产超过流动负债的那部分资金，是企业用以维持日常经营正常运行所需要的资金。

$$营运资金=流动资产-流动负债$$

当企业营运资金表现为正数时，说明企业具有较强的举债能力；企业营运资金表现为零或负数，即没有营运资金，则表示企业无力偿还短期债务。一般理论认为，对营运资金的评价标准以占流动资产一半为好。

2．流动比率

$$流动比率=\frac{流动资产}{流动负债}$$

根据西方经验，流动比率为 2 较合适。同行比较，此比率越高，说明企业偿还流动负债的能力越强。流动比率影响的因素有营业周期、应收账款和存货周转速度。

3．速动比率

$$速动资产=流动资产-存货$$

$$速动比率=\frac{速动资产}{流动负债}$$

西方经验认为通常速动比率合适值为 1。同行比较，该比率越高，说明企业偿还流动负债的能力越强。在计算速动比率时要把存货从流动资产中剔除，其主要原因是：在流动资产中存货的变现速度最慢；由于某种原因，存货中可能含有已损失报废但还没作处理的不能变现的存货；部分存货可能已抵押给某债权人；存货估价还存在着成本与合理市价相差悬殊的问题。

4．现金比率

$$现金比率=\frac{现金+现金等价物}{流动负债}$$

现金，是指企业库存现金以及可以随时用于支付的存款。现金等价物，是指企业持有的期限短、流动性强、易于转换为已知金额现金、价值变动风险很小的投资。

现金比率反映企业直接支付能力。此比率越高，说明企业有较好的支付能力，对偿付债务是有保障的。但是现金比率也不是越高越好，现金比率越高说明企业不善于充分利用现金资源，没有把现金投入到经营中赚取更多的利润。

5. 资产负债率

$$资产负债率=\frac{负债总额}{资产总额}\times 100\%$$

资产负债率反映企业的资产总额中有多少是通过举债得到的。对于债权人来说，资产负债率越低越好，但是对于经营者来说，希望企业有适度的负债。站在股东的角度来说，当资本利润率大于负债利率时，应增多负债；当资本利润率小于负债利率时，应减少负债。若资产负债率大于 1，说明企业资产不足以抵债，债权人承担较高的风险。

【例 8-1】某公司财务报表中部分资料如下：假设该公司长期资产只有固定资产，应收账款余额为净额。

货币资金：150000 元　　固定资产：425250 元

销售收入：1500000 元　　净利润：　75000 元

速动比率：2　　　　流动比率：　3

应收账款周转天数：　40 天

要求计算：（1）应收账款平均余额；（2）流动负债；（3）流动资产；（4）总资产。

答案：

（1）由应收账款周转天数=应收账款平均余额 × 360/销售收入可得：

应收账款平均余额=40×1500000 ÷ 360 =166667（元）

（2）由速动比率=（货币资金+应收账款）/流动负债可得：

流动负债=（150000+166667）/2 =158334（元）

（3）流动资产=流动比率×流动负债 =158334×3=475002（元）

（4）总资产=流动资产+长期资产=475002+425250 =900252（元）

（5）资产净利率=净利润/总资产=75000/900252 =8.33%

第四节　盈亏平衡分析

创业者除了需要了解基本的财务报表和比率分析以外，还需要了解盈亏平衡分析。企业创立之初，一般产品价格都是不变的，创业者需要知道成本控制在多少才能够达到盈亏平衡。根据成本的属性，可以将成本分为固定成本和变动成本。

一、固定成本

固定成本是指在一定时期、一定业务量范围内，其总额保持不变的有关成本。如厂房、建筑物按直线法计提的折旧、机器设备租金、管理人员工资等。其主要特点是：第一，在一定时期、一定产量范围内，固定成本总额不受产量变动影响，固定不变；第二，在一定时期、一定产量范围内，产量的变动与单位固定成本的变动成反比。

在我国，企业制造成本中的固定成本主要包括：制造费用中不随产量变动的办公费、折旧费等；销售费用中不受产量影响的销售人员工资、广告费和折旧费等；管理费用中不受产量或销量影响的企业管理人员工资、折旧费、租赁费、财产保险费、城镇土地使用税等。

固定成本还可进一步划分为约束性固定成本和酌量性固定成本。约束性固定成本也称经营能力成本，是企业根据生产能力确定的、一定期间的固定成本总额，它一般不受管理当局短期决策的影响。酌量性固定成本也称可调整固定成本，是指受管理者短期决策行为影响，可以在不同时期改变其数额的那部分固定成本。

二、变动成本

变动成本是指在一定时期、一定业务量范围内，随着业务量的变动，其总额成正比例变动的有关成本，如直接材料成本、直接人工成本等。其主要特点是：第一，变动成本总额的变动与产量的变动成正比；第二，单位变动成本不受产量变动影响，固定不变。

我国企业通常将那些直接用于产品制造的、与产量成正比例变动的原材料费、燃料及动力费、外部加工费、外购半成品费用、按产量法计提的折旧费和计件工资形式下的生产工人工资以及与销售量成正比例的销售费用等列入变动成本。

变动成本可进一步划分为约束性变动成本和酌量性变动成本。约束性变动成本是指单位成本受客观因素决定、数额由技术因素决定的那部分变动成本。比如原材料的消耗。酌量性变动成本是指单位成本不受客观因素决定、企业管理者可以改变其数额的那部分变动成本。

三、盈亏平衡分析

盈亏临界点，是指企业收入和成本相等的经营状态，即边际贡献等于固定成本时，企业所处的既不盈利又不亏损的状态，也就是企业的利润等于零。

基本的损益方程式为：

利润=销售收入-总成本

其中：总成本=变动成本+固定成本

=单位变动成本×销售量+固定成本

销售收入=单价×销售量

假设产量和销量相同，则有：

利润=单价×销售量-单位变动成本×销售量-固定成本

1．盈亏临界点销售量

由利润=单价×销售量-单位变动成本×销售量-固定成本可得：

0=单价×盈亏临界点销售量-单位变动成本×盈亏临界点销售量-固定成本

则有：

盈亏临界点销售量=固定成本÷（单价-单位变动成本）

又因为：单价-单位变动成本=单位边际贡献

上式又可以写成：盈亏临界点销售量=固定成本÷单位边际贡献

【例 8-2】某企业生产一种产品，单价 18 元/件，单位变动成本 10 元/件，固定成本总额 10000 元，计算其盈亏临界点销售量。

$$盈亏临界点销售量=\frac{10000}{18-10}=1250（件）$$

2．盈亏临界点销售额

令利润等于零，此时的销售额为盈亏临界点销售额，即 0=盈亏临界点销售额×边际贡献率-固定成本

$$盈亏临界点销售额=\frac{固定成本}{边际贡献率}$$

3．盈亏临界点作业率

盈亏临界点作业率，是指盈亏临界点销售量占企业正常销售量的比重。

盈亏临界点作业率的计算公式：

$$盈亏临界点作业率=\frac{盈亏临界点销售额}{正常销售额}\times100\%=\frac{盈亏临界点销售量}{正常销售量}\times100\%$$

4．安全边际的确定与分析

安全边际销售量是指企业实际（预计）销售量超过盈亏临界点销售量的差额。

安全边际销售量=实际（预计）销售量-盈亏临界点销售量

【例 8-3】某企业实际销售 A 产品 2000 件，盈亏临界点销售量为 1250 件，问安全边际销售量是多少？

安全边际销售量=实际销售量-盈亏临界点销售量=2000-1250=750（件）

5．相关因素对盈亏临界点的影响

影响盈亏临界点变动的主要因素包括固定成本、单位变动成本、销售单价，下面根据图 8-1 来分析一下这些因素对盈亏临界点的影响。

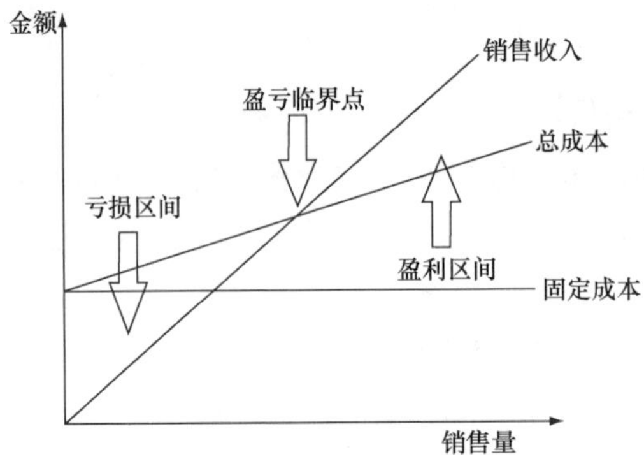

图 8-1　相关因素对盈亏临界点的影响

（1）在固定成本、单位变动成本、销售单价不变的情况下，也就是说盈亏临界点是既定的，销售量越大，实现的利润也就越多（当销售量超过盈亏临界点时），或者是亏损越少（当销售量不足盈亏临界点时）；反之则利润越少或亏损越大。

（2）在总成本既定的情况下，盈亏临界点的位置随销售单价的变动而逆向变动：销售单价越高（表现在坐标图中就是销售收入线的斜率越大），盈亏临界点就越低；反之，盈亏临界点就越高。

（3）在销售单价、单位变动成本既定的情况下，盈亏临界点的位置随固定成本总额的变动而同向变动：固定成本越大（表现在坐标图中就是总成本线与纵轴的交点越高），盈亏临界点就越高；反之，盈亏临界点就越低。

（4）在销售单价和固定成本总额既定的情况下，盈亏临界点的位置随单位变动成本的变动而同向变动：单位变动成本越高（表现在坐标图中就是总成本线的斜率越大），盈亏临界点就越高；反之，盈亏临界点就越低。

本章小结

通过资产负债表、利润表和现金流量表了解企业的财务状况、经营成果和现金流量。

创业者还可以通过利用这三张报表来进行财务比率分析，有助于创业者进一步分析企业的经营状况。通过比较不同时期的企业业绩并将企业业绩与行业标准进行对比，了解企业的实际经营情况并采取相应的战略改善目前的状况。

创业初期现金流量分析重于利润的分析。

通过盈亏平衡分析确定盈亏临界点的销售额、销售量，计算盈亏临界点作业率和安全边际的销售量；并了解固定成本、单位变动成本、销售单价对盈亏临界点的影响。

思考题

1. 财务报表都包括哪些？
2. 财务比率分析主要包括哪些方面？
3. 什么原因会引起现金流量净值和利润不相等？
4. 什么是盈亏临界点？

小组活动

通过网络收集 2～3 个你打算创业行业或你关心行业的企业近 3 年的

财务报告，通过财务比率分析找出所选企业的优势和劣势。写出财务分析报告并制作 PPT，汇报各小组的研究成果并相互点评，最后，老师对整个活动进行点评。

案例分析

极致创业教育有限责任公司

迈克尔和希娜于 2005 年毕业于纽约大学，是极致创业之旅（Extreme Entrepreneurship Tour）（以下简称 EET）的创建者。

迈克尔是学管理和营销学专业的，希娜是学传播专业的，他们在 2003 年成立了极致创业教育有限责任公司。他们计划成立一家出版社，但是经过深思熟虑之后，他们把焦点关注在“极致创业循环赛”上了。经过 8 个月的精心准备，他们成立了自己的公司，在编制了大量的融资计划和全面分析目标市场后，希娜建议：如果你想在没有足够投资的情况下创业，那么你要先从小做起，这样你就可以在降低风险的同时运营你的企业。因此，他们缩小了项目规模，认识到只有细分市场创业才是最可行的。

EET 是第一个全国大学生创业循环赛。这个循环赛欢迎任何学科领域的学生参赛，而活动赞助者会因为学生参与和媒体的报道而获益。每一场循环赛都包括：青年创业者主题演讲，研讨会，建立社会网络，与当地的企业家进入小组讨论，最后进入下个阶段。

EET 需要投入大量的资金。例如，专门用于接送演讲者和循环赛项目经理的房车、创业循环赛横幅、技术设备、登记注册费等。每一场循环赛至少需要三位演讲者，其中必须有两位非 EET 的工作人员。公司需要为每位演讲者支付相关费用，包括差旅费。EET 对活动组织方提供包括电话会议和赛事问答等赛前的支持。活动组织方可以通过访问 EET 的网站找到宣传海报、传单、参与者参赛感悟及活动注册信息等。学校负责宣传、举办场地和活动茶点等。EET 每个学期都会编写和印刷包括演讲者简历在内的循环项目活动手册。EET 的总部在纽约，公司可以得到创业教育国家基金会的帮助和支持。公司除了迈克尔和希娜外，其他的员工主要采取的是合同聘用制。公司的主要收入来源是赞助机构和活动支持者的赞助费。

迈克尔和希娜定期对公司的关键绩效指标进行评估。每周重点评价的是预算和实际绩效。活动评价的内容主要是参与学生的数量、学生和赞助者对活动的评价、预算执行情况等。每个学期的关键指标是重复参加的学生比率、推荐率、活动数量和收入水平。希娜说过，他们评估的是那些对他们成长有意义而且能够在他们的时间和财务能力范围内所能衡量的指标。

思考：

1. 迈克尔和希娜是如何判断创立极致创业教育有限责任公司是可行的？

2. 极致创业教育有限责任公司的竞争优势是什么？

3. 公司的变动成本有哪些，固定成本有哪些？

CHAPTER9

第九章 创业融资

学习目标

- 了解创业融资的相关理论
- 掌握创业所需资金的测算
- 掌握融资的主要渠道及差异
- 了解创业融资的一般过程

关键词

创业融资；融资渠道；融资方式；资金预测

引导案例

天使投资助力蒙牛起步

牛根生在伊利期间，因为订制包装制品时与谢秋旭成为好友，当牛根生自立门户之时，谢秋旭作为一个印刷商人，慷慨地掏出现金注入初创期的蒙牛，并将其中的大部分的股份以“谢氏信托”的方式“无偿”赠与蒙牛的管理层、雇员及其他受益人，而不参与蒙牛的任何管理和发展安排。最终谢秋旭也收获不菲，380万元的投入如今已变成10亿元。

专家点评：

对刚刚起步的创业者来说，既吃不到银行贷款的“大米饭”，又沾不上风险投资“维生素”的光，在这种情况下，只能靠朋友、亲戚或商业伙伴的投资才能茁壮成长。

第一节　创业融资分析

对于创业者而言，创业初期能否获得资金直接决定了企业的存续。创业者如何在最短的时间内获得所需资本，把握市场机会，迅速将好的创意转化为产品和服务，这是绝大多数投资者所面临的难题，也就是所谓的创业融资。融资带给创业者的不仅仅是财务上的支持，更重要的是，它是一家新创企业走向成熟的重要推动力量。通过融资行为，市场上更多的利益相关者紧密地与企业联系起来，企业将承担更多的责任，而这些利益相关者也带来了更加丰富的经营管理经验，从而提高了整个企业的经营效率。绝大多数企业通过融资行为，可以优化内部组织结构，建立更加完善的公司治理体制，使企业获得更加丰富的资本运作手段。但是，值得注意的是，创业者对融资应有清醒的认识，不能为了融资而融资，要真正让融资服务于企业发展。成功的企业融资不仅仅要求企业本身过硬，有好的发展前景，更要求创业者本人有足够的魅力，展现良好的领导企业走向成功的能力。

一、创业融资的概论

创业融资是一个企业筹集资金的行为与过程。一般来说，融资是企业根据自身的生产、现有资金和未来发展状况，采用一定的方式和渠道向公司的投资者和债权人筹集资金以保证公司正常生产需要的行为。

资金作为企业的血脉，企业经济活动的推动力，必不可少。融资问题对于新创企业来说尤为重要。它如同润滑剂，资金不足或欠缺最终都会导致企业破产。有调查显示，大学生自主创业的主要困境是资金不足；同时也有调查显示，一半以上的民营企业认为融资难是企业发展的制约因素。其实，大多数企业都遭遇过企业资金瓶颈，尤其是中小企业，90%以上的初始资金都是由创业者、创业团队成员及其亲朋好友提供的，银行贷款和其他金融机构或非金融机构的贷款所起的作用很小。例如，意大利和巴西的小企业的初创资金主要是亲戚朋友的借款，政府也对此持支持态度；美国和英国的小企业则主要靠自己的积蓄；法国政府资助则较大一些，一方面政府对个人新建的自主性小企业给予较大的税收减免，另一方面还对其雇用的员工给予直接的就业补贴；而捷克有大约 2/3 的企业在创业时接受过银行的贷款。总的来说，资金对任何类型的企业的生存和发展都至关重要。关键是资金从何而来，这就是创业融资需要解决的问题。

二、创业融资难的表现及原因

1．创业融资难的具体表现

相对于既有企业，创业企业在融资过程中的劣势体现在以下几个方面。

第一，创业企业缺少可以抵押的资产。创业企业规模较小，在寻求银行贷款资金时可用作抵押的资产少，这使得其难以获得银行等其他机构的资金支持。调查显示，创业者在创业前两年的收入在 3 万元以下的占到 27%，3 万～5 万元的占到 15.4%，这使得企业启动资金极为有限。

第二，创业企业经营情况尚未体现出来。对于成熟的企业而言，即使身无分文，过去辉煌的业绩也会使得其很容易筹集到资金，就像可口可乐公司的前总裁说的那样，可口可乐公司即使在一夜之间遭遇火灾，也有可能在一夜之间重建，因为银行会争着向可口可乐公司贷款。而新创企业既缺少可抵押资产，又没有以往的业绩作为支撑，所能提供的资料不过是一份商业计划书，其未来经营情况的不确定增加了其融资的难度。

第三，创业企业融资规模相对较小。由于创业企业在向银行等机构申请贷款时，其金额往往比成熟的大企业的要小，而银行办理一次业务的成本相差不大，这使得创业企业的单位融资成本远远高于大的企业。据调查，从贷款规模比较中看，对中小企业贷款的管理成本平均为大型企业的五倍左右。在这种情况下，银行理所当然地愿意向大型企业而不是创业企业贷款。

2．创业融资难的原因

为什么创业企业融资难？从理论上来讲，一方面是因为创业企业是建立在具有不确定性的新的市场机会基础之上的，即创业企业的不确定性；另一方面是信息不对称；最后是投资者的投资风险。

（1）不确定性

大多数的新创企业是建立在具有不确定性的新的市场机会基础之上的，使得创业活动本身面临非常大的不确定性。相对于成熟企业，新创企业尚未发展出以组织形式显现的组织竞争能力，缺少应对环境不确定性的经验。有关统计资料证明，我国创业者的创业能力低于全球创业观察项目的平均水平，创业者普遍缺乏创办新企业的经验，进行创业管理的知识和经验，以及在商机把握和资源组织方面能力不强等。这些原因都导致我国创业者把握不好创业机会，不能及时对市场变化做出反应，创业容易失败，进而加强了企业创业的不确定性。

（2）信息不对称

在创业过程中，投资者对创业者的素质能力判断存在信息不对称。一般而言，创业者比投资者对自身能力、经验、企业的产品、市场动态等了解得更为深入，处于信息优势地位，而投资者则处于相对信息劣势的地位。投资者一般对所获取的信息凭自身感知判断，这就容易造成那些素质不高、经营管理不善、技术上有缺陷的创业企业可能因为将各项数据和资料做得漂亮而获得投资，而真正发展潜力好的企业可能由于没做好这方面的工作而失去获得投资的机会。这就是投资前信息不对称造成的逆向选择。另外，投资后的信息不对称则与道德风险有关，被投资企业的创业者往往既是大股东又是经营管理者，双重身份的创业者可能侵害其他投资者的利益，如给自己订立过高的报酬、改变资金用途等，而投资者对创业者的行为则很难监控。

（3）投资风险

创业企业一般在初创时进行的融资规模较大，而其本身成立时间短、规模较小，经营活动的透明度较差，财务信息具有非公开性，潜在的投资者很难了解和把握创业者及创业企业的相关信息。而且我国创业环境和相关产业不成熟，没有培育出较为成熟的投资群体，这种投资风险也进一步加大了创业融资的难度。

第二节　创业所需资金的测算

创业企业需要多少资金？何时需要？这些资金能撑多久？从何处、向谁筹集资金？这个过程应该怎样编排？这些问题对公司的任一发展阶段，对任何一个创业者来说，都是至关重要的。确定资本的需求量是每一个创业者在融资前都需要明确的关键问题，可以分为以下几个步骤进行。

一、估算启动资金

启动资金主要用于购买企业运营所需的资产及支付日常开支，是创业的初始必备资金。对启动资金进行估算，需要创业者充分了解市场行情。一方面要保证启动资金足够企业运营；另一方面，也要想方设法节省开支，以减少启动资金的花费，如在满足经营要求的情况下，可以采取租赁厂房、采购二手设备等方法节约资金。

二、测算营业收入、营业成本和利润

对营业收入的测算是制定财务计划和财务报表的第一步。可立足于市场研究、行业营业状况及试销经验，利用购买动机调查、推销人员意见综合、专家咨询、时间序列分析等多种预测技巧，估计每年的营业收入。之后，要对每年的营业成本、营业费用及一般费用和管理费用等进行估计。但是，一般新创企业在最初几年的市场成本相当大，营业收入与其成本不可能成比例，因此，对于第一年的全部经营费用都要按月估计，每一笔支出都不可遗漏。在预估第二、第三年的营业成本时，首先应该关注那些保持稳定的支出，如果对第二、第三年的销售量的预估比较明确，则可以根据营业百分比法，即根据预估净营业量按固定百分比计算折旧、库存、租金、保险费、利息等项目的数值。

在完成上述项目的预估后，就可以按月估算出税前利润、税后利润、净利润以及第一年利润表的内容，之后就进入预估财务报表的阶段。

三、预估财务报表

新创企业一般可以采用营业百分比法预估财务报表。这一方法的优点是能够比较便捷的预测出相关项目在营业额中所占的比率，预测出相关项目的资本需求量，但是，由于相关项目在营业额中所占的比率往往会随着市场状况、行业管理等因素发生变化，因此，必须根据实际情况及时调整有关比率，否则会对企业经营造成负面影响。

预估财务报表包括预计资产负债表和预计利润表。通过预计资产负债表，可以预测资产、负债及留用利润有关项目的数额，进而评估企业需要的外部融资的数额。通过预计利润表，可预测留用利润这种内用筹资的数额，同时还可为预计资产负债表预测外部筹资额提供依据。

四、预计现金流量表

现金流量是新创企业面临的主要问题之一,逐月估计现金流对新创企业来说非常重要，且如何精确的算出现金流量表中的项目是一个难题。为此，在预计财务报表时需要根据创业时的时间点设各种情境，如最乐观的估计、最悲观的估计以及现实情况估计。这种预测有利于潜在的投资者更好地了解创业者如何应对不同的环境，使创业者能更熟悉经营的各种因素。

五、结合企业发展规划预测融资需求量

创业者应当具备一定的财务知识，了解相关的财务指标，大致掌握预估融资需求量的方法。融资需求量的确定不是一个简单的财务预算问题，它是将现实与未来综合考虑的决策过程。创业者在基本的财务数据的基础上，应当综合考虑企业所处的经营环境、市场状况、内外部资源条件以及创业计划等因素。

第三节　创业融资的渠道

当前，大学生想要自主创业的意识越来越明显，他们不再依赖家长、学校，而是主动发现、寻找机遇。但是作为创业，俗话说“兵马未动，粮草先行”。在创业前期，钱是创业的资本，怎样在创业前期搞好融资，得到第一桶资金对创业者来说是很重要的，也是对于每一个创业初期企业的最大挑战，而对于大学生创业面临的是社会经验的不足，社会关系的缺乏，融资更是难上加难。浙江大学做了一项调查，当问及“现阶段没有创业打算的最主要原因是什么？”时，回答“资金不足，没有好的融资方案”的为 50.12%。这表明，资金是困扰大学生创业的主要原因之一。

要突破资金障碍，首先要了解融资渠道和融资方式。融资即融通资金，是筹集资金的行为与过程，也就是创业者根据自身的生产经营状况、资金拥有的状况以及未来经营发展的需要，采用一定的方式，从一定的渠道去筹集资金，组织资金供应的行为。

对于创业者而言，所有可以获得资金的途径都成为创业资金的来源，创业者需要开动脑筋，广泛搜集信息，挖掘一切可能的融资渠道。

创业融资按照融资对象可以分为私人资本融资、机构融资和政府项目融资。

一、私人资本融资

1. 个人资金

创业者创业资金的第一来源永远是个人资金。个人资金具有使用成本低、可用时间长等优势，通常是创业项目的大部分启动资金。创业者投入尽可能多的自有资金，一方面在于这可以使创业者在新创企业中持有较多的股份，在创业成功后获得较高的创业回报；另一方面，还在于其他资金提供者在提供资金的时候也会考虑创业者个人资金的投入情况。创业者个人资金的投入本身就是一种信号，它告诉其他投资者创业者个人对商机的信心，以及谨慎使用企业资金的承诺。

2. 亲戚朋友借款或投资

当创业者自身资金不足时，亲朋好友是其创业融资的重要来源。亲戚朋友的资金和个人资金有着很大的相似之处，一方面由于亲情，创业者更容易以低成本获得和使用资金；另一方面，亲戚朋友对于创业者本人和他的创业项目比较熟悉，双方都比较透明，一般风险投资中的信息不对称的情况在这里得到了克服。特别是在企业初创时期，亲戚朋友是重要的资金来源。这种融资通常是非正式的，创业者承诺在他们有能力的时候还钱。但是，为了避免不必要的纠纷，创业者应当将有利和不利方面事先告知。特别是创业者用非个人投资者融资的商务方式来对待亲戚朋友融资时，对每一笔债权性资金都要讲明其利息率和还本付息计划，对股权性资金不能承诺未来支付红利的时间。

3. 天使投资

天使投资是自有投资者或非正式机构对有创意的创业项目或小型初创企业进行的一次性的前期投资，是一种非组织化的创业投资形式。天使投资有三个方面的特征：一是直接向企业进行权益投资；二是不仅提供现金还提供专业知识和社会资源方面的支持；三是投资程序简单，短期内资金就可以到位。典型的天使投资者是以前的创业者，美国天使投资者对每个企业的投资一般在 1 万～20 万美元，这些企业所在的地域与他们工作和生活的地点很近，他们也非常熟悉企业所处的行业。由于天使投资者较少受财务利益的驱动，所以他们要求的回报往往少于风险投资家。

二、机构融资

1. 风险资本

风险资本是指由职业的创业投资者管理的专门进行创业投资的资本，可分为专业风险投资公司、风险投资家和大企业附属的风险投资公司三种。专业风险投资公司是通过承担高风险获取高收益的专门从事创业投资的机构，一般在企业中以入股的形式投入资金，最后以上市或转让的形式退出创业企业，套取现金。风险投资家是从大型机构投资者筹集资金并将这些资金投资到新企业的组织工作的人。风险投资企业一般采用有限合伙制的结构，在某一固定时期内建立起一种基金，一般是十年。

2. 商业银行贷款

向银行贷款是我国企业最常见的一种融资方式。就创业者而言，目前我国商业银行推出的个人经营类贷款为其提供了便利。个人经营类贷款包括个人生产经营贷款、个人创业贷款、个人助业贷款、个人小型设备贷款、个人周转性流动资金贷款、个人临时贷款等类型。但由于创业企业的经营风险较高，价值评估困难，银行一般不太愿意冒太大的风险向创业企业提供贷款。这类贷款发放时往往要求创业者提供担保，包括抵押、质押及第三人担保。

3. 中小企业间的互助机构贷款

中小企业间的互助机构贷款是指中小企业在向银行融资的过程中，根据合同约定，由依法设立的担保机构以保证的方式为债务人提供担保，在债务人不能依约履行债务时，由担保机构承担合同约定的偿还责任，从而保障银行债权实现的一种金融支持制度。从 1999 年试点到现在，我国已经形成了以中小企业信用担保为主体的担保业和多层次中小企业信用担保体系。经过近几年的探索和规范，特别是在国家优惠等政策的推动下，各类担保机构资金稳步增加。

三、政府扶持

创业者还要善于利用政府扶持政策，从政府方面获得融资支持。近年来，各级政府为了增强自己的竞争力，不断采取各种方式扶持科技含量高的产业或者优势产业，相继设立了一些基金和专项基金，如专门针对科技型企业的科技型中小企业技术创新基金、专门为中小企业“走出去”准备的中小企业国际市场开拓资金、国家科技部的“863”计划、火炬计划、各高校设立的大学生创业基金等。

1．科技型中小企业技术创新基金

科技型中小企业技术创新基金是经国务院批准设立、用于支持科技型中小企业技术创新的政府专项基金，通过拨款资助、贷款贴息和资本金投入等方式，扶持和引导科技型中小企业的技术创新活动。根据中小企业项目的不同特点，创新基金支持方式主要如下：

（1）贷款贴息。政府对已具有一定水平、规模和效益的创新项目，原则上采取贴息方式支持其使用银行贷款，以使其扩大生产规模。一般按贷款额年利息的50%～100%给予补贴，贴息总额不超过 100 万元，个别重大项目不可超过 200 万元。

（2）无偿资助。主要用于中小企业技术创新中产品的研究、开发及尝试阶段的必要补助，科研人员携带科技成果创办企业进行成果转化的补助，资助额一般不超过 100 万元。

（3）资本金投入。对少数起点高，具有较广创新内涵、较广创新水平并有后续创新潜力，预计投产后会有较大市场，有望形成新兴产业的项目，可采取成本投入方式。

2．再就业小额担保贷款

为帮助下岗失业人员自谋职业、自主创业和组织起来就业，对于诚实守信、有劳动能力和就业愿望的下岗失业人员，针对他们在创业过程中缺乏启动资金和信用担保、难以获得银行贷款的实际困难，由政府设立再担保基金。下岗失业通过再就业担保机构承诺担保，可向银行申请专项再就业小额贷款。该政策从 2003 年年初起陆续在全国推行。其适用对象有：国有企业下岗职工；国有企业失业职工；国有企业关闭破产需安置的人员；受最低生活保障并失业一年以上的城镇其他失业人员。该类贷款额度一般为 2 万元。

此外，各地方政府还颁布了多种地方性优惠政策，如早在 1997 年杭州市创办高科技企业孵化基地时，就规定对通过资格审查进驻基地的企业将提供免 3 年租费的办公场所，并给予一定的创业扶持资金，全国各地许多地方，如上海的张江高科技园区、北京的中关村高科技园区等都有类似的创业优惠和鼓励政策。巧妙地利用这些政策和政府扶持，可以达到事半功倍的效果。

第四节 创业融资的选择策略

一、创业融资的基本原则

为了有效地筹集资本，企业需要以较低的融资成本付出和较小的融资风险，获取较多的资本，因此需要遵循以下原则。

1．合法性原则

由于企业融资活动影响社会资本及资源的流量，涉及相关主体的经济权益，因此，企业必须遵循国家有关法律法规，依法履行约定的责任，维护相关主体的权益，避免非法融资的行为。

2．合理性原则

企业对资金的需求是不断变化的，为此创业者应该根据创业计划，结合企业发展阶段，运用相应的财务手段合理预测资金需求量。另外，不同来源的资本，对企业的收益和成本有着不同的影响，因此，创业者应该确定合理的资本结构。

3．效益性原则

企业融资与企业投资在效益上要相互权衡。企业投资是决定企业是否融资的重要因素，可将投资收益与资本成本相比较，决定是否要追加筹资，而一旦采纳某项投资项目，其投资数量就决定了融资数量。因此，企业融资时需要在充分考虑投资效益的前提下，综合研究各种筹资方式，寻求最优的融资成本，以降低资本成本。

4．及时性原则

企业融资必须根据企业资金投放时间予以划拨，及时地取得资金，使融资与筹资在时间上相协调，避免因资金筹集不足而影响生产经营的正常进行，防止因资金筹集过多，资金闲置而造成资金使用成本的上升。

二、影响企业融资方式选择的关键因素

创业者创业过程中通过不同渠道取得的资金之间的有机构成及其比重关系就是融资结构，即创业者的资金有多少是来源于债权融资，有多少是来源于股权融资。不同性质的资金对企业的经营活动有不同的影响，创业者应该合理安排债券融资与股权融资之间的比例，而多种因素影响创业者融资的方式和结构。

1．创业企业的特征

创业企业所涉足的行业、初始的资源禀赋、面临的风险、预期收益都有较大的差异，不同行业面临不同的竞争环境、行业集中度及经营战略，因而创业企业对资本的需求结构是不同的，不同的资本结构产生了不同的融资要求。例如，从事高科技产业的新创企业，由于经营风险较大，预期收益较高，创业者有良好的相关背景，可考虑采用股权融资的方式；从事传统类产业的创业企业，由于经营风险较小和收益较易预测，可考虑主要采用债权融资方式。表 9-1 归纳了创业企业特征与融资类型的匹配。

表 9-1　新创企业特征与融资类型的匹配

创业企业类型	创业企业特征	适当融资类型
高风险、预期收益不确定	现金流量小 负债率高 低、中等成长 未经证明的管理层	个人资金 向亲朋好友借款
低风险、预期收益易预测	现金流量强 负债率高 管理层优秀 良好的资产负债表 一般是传统产业	债权融资
高风险、预期收益较高	独特的商业创意 高成长 利基市场 得到证明的管理层	股权融资

资料来源：[美]布鲁斯・R. 巴林格，R. 杜安・爱尔兰. 创业管理：成功创建新企业[M]. 杨俊，薛红志，等，译. 北京：机械工业出版社，2010.

2．创业所处阶段

创业融资具有阶段性，创业不同阶段的资金需求量和风险程度存在差异，不同的融资渠道所能提供的资金数量和要求的风险程度不同，创业者只有将不同阶段的融资需求与渠道进行匹配，才能有效地开展融资工作，获得创业活动所需的资金。表 9-2 归纳了创业不同阶段适用的融资类型。

表 9-2　创业不同阶段与融资类型匹配

创业阶段	阶段特征	适当的融资类型
启动期	高度不确定	个人资金 向亲朋好友融资 外部获取“天使资本”
成长期前期	发展潜力逐渐显现 资金需求量增大 获得债务融资的难度较大	股权融资
成长期后期	较好的成长性 具有一定的资产规模	银行贷款 商业信用等债权融资
成熟退出期	资本市场可为提供丰富的资金来源	公开上市 管理层收购 其他股权转让方式

3．融资成本

企业融资需要成本，融资成本主要包括利息和股息。债务融资的成本主要体现在创业者使用债务资金的使用成本即利息，通常支付周期较短、金额固定；股权融资的成本体现在股息，是创业者通过转让企业部分产权获得的资金。投资者拥有企业部分产权，可以选择将企业利润留在企业之中作为其发展的资金，也可以选择分配部分利润，这就是股息。过高的融资成本对于企业创业来说是一个沉重的负担，而且会抵消创业企业的成长效应。因此，即使初期的资金很难获得，创业企业仍需要寻求一个资金成本较低的融资组合，在投资收益率和资金成本权衡中做出选择。

4．创业者个人对企业控制权的态度

创业者对控制权的态度也会直接影响融资渠道的选择。内部融资、借款和使用商业信用不会影响企业所有者对企业的控制，而股权投资人通常有资格在一定程度上控制企业的运营。一些创业者不愿意将自己辛苦创立的企业与其他投资者共同分享，希望能够完全拥有企业的控制权，因此更多地选择债权融资。而另外，一些创业者则更看重企业是否能迅速扩大，为此他们愿意引来外来投资，甚至让他人管理企业。

三、创业融资的前期准备

1．培养信用意识

现代市场经济也是信用经济，信用对资金需求强烈的创业者而言尤为重要。

创业者因为具有创业精神、创业意识，可能在思维方式和行为方式上显示出异质型人才资本的投资。但信用是一种市场规则，违背信用在信息传达高度畅通的当今社会无疑会使创业者的创业融资举步艰难。因此，创业者应当高度重视自身的道德修养，培养良好的信用意识。

2．积累社会资本

诸多研究表明，创业者的人脉关系对创业融资和创业绩效有直接的促进作用。人脉关系是企业的一项社会资本，但这种人脉关系不等同于简单意义上的“拉关系”“走关系”等行为，而是基于创业者或创业团队正常的社会经历建立的诸如师生、同学、朋友、同事等人际关系，这些关系在创业过程中会带来有用的信息和资源。创业者应当在平时注重建立良好的人际关系网络，勤于参加社团活动和社会实践，创造和积累各种社会资本，为创富人生、实现自我奠定良好基础。

3．编写创业计划书

相关证据表明，有详尽创业计划书的企业比没有创业计划书的企业表现得更好。创业计划书是对企业内外部环境及企业战略做出详细描述的书面文件，能够帮助企业创业者调整好企业的长期目标和短期目标的关系，为创业活动提供清晰的经营指导。当代青年创业家如搜狐的张朝阳、百度的李彦宏等，提供一份有说服力、体现创业前景的创业计划书都曾是他们及其团队的重要工作。

4．确定融资的来源

明确融资所需的资金量，接着就是确定融资的渠道和融资的对象。首先，创业者应对自身所拥有的人脉资源进行总体梳理，初步确定能够成为资金来源的各种关系；接着，广泛搜集各方面的信息，以获得包括银行、政府、担保机构行业协会、旧货市场、拍卖行等能够提供的各种资金支持。特别是目前政府出台了很多有利于创业的政策，创业者若不了解则很可能失去获得相关支持的机会。同时，企业股权和债权的比例安排也是创业者应当重点考虑的问题。

5．融资谈判

创业计划书能否发挥其真正的效用，很大程度上取决于创业者在与资金提供者谈判时的表现。创业者应当事先做好充分准备，表现出强烈的信心和激情，对可能出现的问题有较为清晰的认识，陈述时抓住重点并条理清晰，始终把握住资金提供者所关注的重点，即投资对他们而言能获得的好处。

四、债权融资与股权融资的选择

不管是现有企业还是新创企业，其融资按结构都分为债权融资和股权融资两种基本类型。

1．债权融资与股权融资的比较

债权融资是创业者通过支付利息获得资金，如银行贷款、亲朋好友借贷款等的使用权的融资方式，创业者到期归还全部的本金，且按照确定的利率支付利息，利息实际上就是融资的成本。债权融资有时还附有资金的使用条件或使用的限制。

股权融资是创业者通过出让部分或全部企业产权获得资金的融资方式。创业风险投资和二板市场，大部分属于股权融资。股权融资与债权融资最明显的区别就是不要求有担保品，但是需要向投资者提供特定形式的企业产权。

2．融资成本的计算

（1）个别融资成本计算

在财务管理中，资金成本一般用相对数表示，包括权益资金成本与债务资金成本。

资金成本=每年的用资费用/（筹资总额-筹资费用）×100%

① 普通股筹资成本。

普通股筹资成本与每年固定股利的关系为：

普通股筹资成本=每年固定股利/[普通股筹资金额×（1-普通股筹资费率）]×100%

【例 9-1】某公司拟发行一批普通股，发行价格 12 元，每股发行费用 2 元，预定每年分派现金股利每股 1.2 元。则该普通股筹资成本测算是多少？

普通股筹资成本=1.2/（12-2）×100%

普通股筹资成本与每年固定股利增长率的关系为：

普通股筹资成本=第一年预期股利/[普通股筹资金额×（1-普通股筹资费率）]×100%

【例 9-2】某公司准备增发普通股，每股发行价为 15 元，发行费用 3 元，预定第一年分派现金股利每股 1.5 元，以后每年股利增长 5%。则该普通股筹资成本测算是多少？

普通股筹资成本=1.5/（15-3）×100%+5%=17.5%

普通股股东可以把公司的预期收益（必要报酬率）要求看作普通股筹集的资金成本。

用资本资产定价模型测算：

普通股筹资成本$=K_c=R_f+\beta_i（R_m-R_f）$

式中：K_c为普通股投资必要报酬率，即普通股的成本；R_f为无风险报酬率；R_m为市场平均报酬率；β_i为第i种股票的贝塔系数。

【例 9-3】某公司普通股无风险收益率为 7%，市场平均股票收益率为 11%，股票收益率相对于市场投资组合期望收益率的变动幅度为 1.6，则普通股成本为多少？

普通股成本为 7%+（11%−7%）×1.6=13.4%

② 优先股筹资成本。

优先股收益不受公司经营业绩的影响。优先股享有固定收益，优先获得公司剩余财产的清偿，无表决权。优先股是相对于普通股而言的，主要是其在利润分配及剩余财产分配的权利方面，优先于普通股，其收益通常为固定股利。

优先股成本的计算公式为：

$$K_p=D_p/[P_p（1-F_p）]$$

式中：K_p为优先股的资金成本；D_p为优先股的年股利；P_p为优先股的融资额；F_p为优先股融资的费用率。

在优先股的成本计算中，融资额按照优先股的发行价格确定。

③ 长期借款筹资成本。

长期借款筹资成本的计算公式为：

长期借款筹资成本=年利息×（1−所得税税率）/长期借款筹资总额×（1−长期借款筹资率）×100%

【例 9-4】某公司欲从银行借款 1000 万元，手续费率 0.1%，年利率 5%，期限 3 年，每年结息一次，到期一次还本，公司所得税税率为 25%，则该笔长期借款筹资成本是多少？

长期借款筹资成本=1000×5%×（1−25%）/1000×（1−0.1%）=3.75%

④ 债券筹资成本。

发行债券的成本主要是债券利息和筹资费用。发行债券的融资费用，包括发行债券的手续费、注册费、印刷费、上市费等。

债券融资成本的计算公式为：

$$K_b=I_b（1-T）/B（1-F_b）$$

式中：K_b为债券融资成本，I_b为债券年利息；T为所得税税率；B为债券筹资额；F_b为债券筹资费用率。

【例 9-5】某企业等价发行面值 1000 元、期限 5 年、票面利率 8%的债券 4000 张，每年结息一次，发行费率为 5%，所得税税率为 25%。则该批债券筹资成本是多少？

债券筹资成本=1000×8%×（1-25%）/1000×（1-5%）=6.31%

若债券溢价 100 元发行：

债券筹资成本=1000×8%×（1-25%）/1100×（1-5%）=5.74%

若债券折价 50 元发行：

债券筹资成本=1000×8%×（1-25%）/950×（1-5%）=6.65%

（2）综合融资成本计算

综合融资成本的计算公式为：

$$K_W=\sum K_i W_i$$

式中：K_W表示综合资金成本，K_i表示第 i 种个别资金成本，W_i表示第 i 种个别资金占全部资金的比重。

权重的确定一般有账面价值权重法和市场价值权重法。账面价值权重法用会计价值来计算融资结构中每一资本类型的比例，市场价值权重法则用市场价值融资结构中每一资本类型的比例。

【例 9-6】某企业现有长期资金共有 500 万元，其中长期借款 100 万元、应付长期债券 50 万元、普通股 250 万元、保留盈余 100 万元，其资金成本分别为 6.7%、9.17%、11.26%、11%，则该企业的综合资本成本是多少？

综合资本成本=6.7%+100/500+9.17%×50/500+11.26%×250/500+11%×100/500=10.09%

五、创业者创业融资易产生的问题

就创业者自身来说，其在创业开始阶段进行融资时极易产生以下问题，必须加以注意。

1．在融资需求上显得急功近利

创业者在创业初期往往热情较高，但由于受资金短缺的困扰，急于得到企业启动或周转资金，即使手中有关键技术或新颖创意，也很有可能接受“得小钱而转让大股份”的条件，贱卖资金的技术或创意。有很多创业者在公司运营进入正轨后，对当初签订的协议深感不满而提出毁约，这样极易导致失去商业信誉。因此，在进行创业融资前，创业者应当对自己现有的创业资源进行总体把握，准确评估自身有形和无形资产的价值，切勿妄自菲薄、低估自己的价值。

2．在融资心态上显得不成熟

这主要表现在创业者对投资者、股东、员工等缺乏责任感，在对所融入资金的使用上存在盲目性，随意使用。事实上，每一轮融资中的投资者都将影响创业企业后续融资的可行性和价值评估。能为投资者和股东创造更多价值的创业者才能得到更多的融资机会和成长机会，创业者不仅要加强自身的技术能力，还应具备企业家的道德风范。

3．在融资对象的选择上存在盲目性

创业融资难是每一个创业者在创业时面临的最大难题之一，在创业早期想要找到能提供资金的合适的融资对象并不是一件很容易的事。于是，一旦有投资者出现，创业者极易失去理性，不管其业务或能力能否为投资项目提供渠道或指导，也不管其是否能支持企业的长期生存，即便投资者不能提供增值型服务和指导，或者与创业者理念不统一，都盲目接受。出现这种问题的主要原因是信息不对称，因此创业者一定要加强对金融市场信息的搜集与整理，在掌握大量信息的前提下做出最优的选择。

4．在融资方式的利用上存在狭窄性

成功的创业者应当具备各方面的知识和能力，而很多创业者往往是基于自身拥有的关键技术或新颖创意而开始创业活动。但由于受经验、融资知识等各方面条件的限制，目前国内创业者的融资方式较为单一，内源融资主要局限于向亲朋好友借钱，外源融资主要局限于向银行贷款。其实，创业融资应当开拓思路，进行多渠道融资，除了自筹资金、民间借贷、银行贷款等传统途径外，还可以充分利用风险投资、天使投资、创业基金等融资渠道，这样才能多多益善。

本章小结

创业融资是创业管理的关键内容，在企业成长的不同阶段具有不同的侧重点和要求。

不确定性、信息不对称、投资风险是创业融资难的影响因素。

正确测算创业所需资金有利于确定筹资数额，降低资金成本。

创业融资的主要渠道包括私人资本融资、机构融资和政府扶持等。

创业融资不只是一个技术问题，还是一个社会问题，应从建立个人信用、积累社会资本、编写创业计划书、确定融资来源等方面做好准备。

思考题

1. 创业融资难的表现及原因？
2. 确定资本需求量的步骤？
3. 常见的私人资本融资、机构融资和政府扶持有哪些具体的方式？
4. 创业融资前需要做好哪些准备？

小组活动

讨论并编写一份资本需求量的步骤。

案例分析

马化腾的创业融资

QQ 教父马化腾是中国互联网的领袖人物，也是中国年轻创业者心目中的偶像。马化腾 1993 年毕业于深圳大学计算机系，上学时就已经表现出了在计算机以及互联网方面的天赋。毕业后马化腾像很多大学生一样求职工作，1998 年创建了腾讯公司。创业资金的来源多种多样，创业者有多种不同的选择，然而，对于马化腾而言，其创业的最初资金来源于一条非常大众化的渠道。

1. 创业灵感

一次偶然的机会，专注于寻呼软件开发并且一直做到开发部主管的马化腾接触到了ICQ——一款以色列人开发的即时聊天工具。马化腾觉得ICQ这个东西很好，认为它可以做PC之间的传呼机，能够在计算机上提供即时信息功能，可它最大的缺点就是没有中文版本，用起来很不方便。于是，马化腾就想开发一个中文版的ICQ，而且想到了就开始动手实施。就这样，腾讯公司的雏形在马化腾和他几个朋友的共同努力下诞生了。作为中国第一代网民，马化腾清楚地知道，这不过是 ICQ 的模仿之作，还不能成气候，他决定要做属于自己的OICQ。马化腾的企鹅宝贝生逢其时。1999 年，互联网在中国全面铺开，OICQ 独特的离线消息功能和服务器终端信息保存功能，在实用性上击败了只有本地保存功能的ICQ。1999 年年底，OICQ 的注册用户达到了 130 万人。马化腾对 QQ 项目的专注最终成就了他的“企鹅帝国”。

2. 创业的第一桶金

马化腾的第一桶金来自大学的毕业设计。1993 年毕业前夕，马化腾设计了一个股票分析系统。不久有个公司看中了这个软件，就问他多少钱才肯卖，但当时马化腾和家人都不知道这款软件值多少钱，就让对方出价。后来，对方给了马化腾 5 万元，马化腾很快便接受了这笔生意。尝到甜头的马化腾从此一发不可收拾，随后他与同学合作开发了股票接收系统。他负责设计软件，另外一个人负责硬件。由于使用这个系统，用户可以利用电视实时查看股票行情。所以这个系统的市场销路十分好，最高的时候一个卖到 2000 多元，这又让马化腾赚了几万元。直到后来与马化腾合作的同学出国，他们才停止制售股票接收系统。

1994 年，马化腾将开发软件赚的 10 万元投入到股市中，并在深发展每股只有 6 元多的时候买进。随着股价大涨，马化腾的 10 万元变成了 70 万元，这使他很快拥有百万元资金，为独立创业打下了基础。

3. 困难与机遇下的外部筹资

QQ 项目虽有很大的发展潜力和空间，但马化腾最初创业也面临着多重困难。跟其他刚开始创业的互联网公司一样，资金和技术是腾讯最大的障碍。最初公司的全部资本就是几个小伙子的全部积蓄，而整个公司仅三个全职员工。QQ注册用户的不断增加要求不断扩充服务器，而那时一两千元的服务器托管费公司难以承受。为了能赚钱，马化腾他们什么业务都做，接网页，做系统集成，做程序设计……简直就像是个杂货铺。据说，当时在深圳，像腾讯这样的公司有上百家，马化腾他们最大的期望就是能挺住。

2000年，网络泡沫席卷了整个中国互联网，腾讯也未能幸免。马化腾有将QQ出售的念头，但是内容提供商要求独家买断QQ，这让原本想靠QQ软件多卖几家公司赚钱的马化腾非常犹豫。当时深圳电信局愿意出60万元，马化腾坚持要卖100万元，100万元在当时对腾讯而言就已经是天文数字了。由于价位上的差别，QQ最终没能成功出售。这时，腾讯明白了，QQ未来的发展要靠自己。

虽然明确了发展靠自己的思想，但是更为现实的问题摆在腾讯的面前，他们根本不知道自己的盈利点在哪里，虽然注册资源是很多，但是有什么用呢？难道腾讯只能靠收取用户QQ号码的可怜注册费用来度日吗？随着用户的增长，运营QQ所需的投入越来越大，马化腾只好四处筹钱。他们想到找银行贷款，可是缺少可抵押的资产，而且银行根本不可能凭借“注册用户数量”来办理抵押贷款。找到国内的投资商，可投资商关心的大多是腾讯有多少台计算机和其他固定资产。就在马化腾一筹莫展之时，他受到昔日老友网易总裁丁磊海外融资的启发，马化腾拿着改了6个版本、20多页的商业计划书开始寻找国外风险投资，最后IDG和盈科给了马化腾220万美元的投资，分别占公司20%的股份。腾讯用这笔资金买了20万兆的IBM服务器，直到注册用户数达到2000万时，这笔资金还没用完。这不仅缓解了腾讯公司的燃眉之急，也向人们传达了这样的一个信号，即风险融资和创业投资这些运营模式已经在中国市场上悄然兴起。

4. 股票的发行再次吸引人们的眼球

腾讯公司的商业盈利模式显示出巨大的潜力，这也需要它在融资模式上有所突破。2000年4月，腾讯公司首次获得风险投资，并对外进行了公布。其他投资方又陆续进行几次融资追加，IDG和盈科也增持了部分股份。2001年6月，MIH收购了全部盈科和部分IDG持有的腾讯股份，并追加了对腾讯公司的投资，持股比例达到46.5%。2001年第三季度，腾讯公司增发了管理层和员工股票期权，对股本结构也做了相应调整，投资方的股份相应被稀释。2004 年 6 月 16 日，在风险投资者的帮助下，腾讯在香港联交所上市。腾讯在创业初期是没有现金资本的，但是从上市开始，腾讯进入了一个全新的资本时代，一个马化腾做梦都在想的时代。同时马化腾的个人身家也在迅速飙升，高达 17 亿港元。

5. 马化腾的“企鹅帝国”

马化腾仿佛在不经意间打造了一个庞大的“企鹅帝国”，并且改变了中国人的沟通方式。手机、电话、E-mail 以及 QQ 已经成了大部分中国人必备的交流工具，而那个胖胖的企鹅甚至已经成了一个时尚的符号，QQ 上的用语也已经融入了人们的日常生活。腾讯融资的成功运作也会给其未来的发展带来日新月异的变化，同时给予了那些希望通过自己的创业而实现梦想的中国人很大的借鉴。

思考：

1. 马化腾在创业不同阶段融资的动因有哪些？

2. 马化腾是如何审时度势进行创业投资的？他依靠的融资渠道主要有哪些？

3. 分析风险投资在腾讯公司创业初期所起的重要作用。

4. 结合案例，说明创业企业进行股权融资的特点。

CHAPTER10

第十章
创办企业

学习目标

- 掌握新创办企业的程序、原则和应注意的问题
- 了解新办企业的法律形态及注册的程序
- 掌握企业选址时应该注意的问题及方式方法

关键词

新创企业的思维；企业的形态；企业选址

引导案例

盯住女人与嘴巴的生意就不会亏

商业界有句谚言："盯住女人与嘴巴的生意就不会亏"。

的确，如果你不做女士们的生意，那么你的市场空间就很狭小了。寻找挣钱之道，就必须想办法赚到女士们的钱。在现代社会，女性消费市场的范围日益广阔，女性已成为家庭日常消费品购买的主要决策者和购买者。至于女性专用商品，则基本由妇女自己决策购买的。因此，研究女性这一消费群体的消费心理、消费习惯和消费需求，开发女性消费品和服务市场，前景广阔。

儿童是又一重要的消费群体，独生子女在家庭中处于一种特殊的地位，据调查，现在很多已婚青年夫妇收入一半以上是用于子女消费的。我国目前 14 岁以下的儿童约有 3.5 亿，相当于美国与日本的人口总和，儿童消费品和服务市场是一个十分广阔的天地。

第一节　创办企业概述

任何成功的企业都是开始于正确的理念，好的企业构思，是避免损失和失败的第一道防线。有人说，创业者若能抱着无比的信心，就可以缔造一个美好的将来。还有人说，贫穷不是注定的，而是你没有改变贫穷的想法和行动。如果你的创业欲望很强，不妨明确一下自己对创业的理解，并创建一个好的企业构思，即寻找市场机会，并找到利用这一机会的技能和资源，否则，光有创业意识而没有创业构思，一切皆为枉然。所以，对于一个创业者首先要明白无论投资大小，风险是肯定有的，而且要知道对于前期是拿自己的积蓄去冒险，没有所谓的工作与休息时间，更没有所谓的假日，可能也没有一个稳定的工资收入，没有太多时间和家人、朋友在一起。他们大部分时间都是在艰苦奋斗。

一、创办企业的指导思想

如何创办企业，应该有一个先导性的理念和思考。通常，有两个要素是必须认真加以分析的：一是自己的技术专长；二是外在的市场需求。在思考创办什么样的企业的问题时，先检验一下自己是否已经做好了充分的准备，可以问问自己以下的问题，这样可以为你创办企业带来正确的指导思想。

（1）创业做什么？即你的企业将制造、销售什么产品或服务？

（2）谁是你的目标客户？即你的企业将向谁销售产品或服务？

（3）以什么价格、渠道来销售？即你的企业将如何销售产品或服务？

（4）客户的真实需求为何？即你的企业将满足顾客哪些需要？

二、创办企业的原则

在企业创建之前，创业者必须选择好要进入的行业，因为行业的不同决定着新创企业今后的获利情况、稳定情况和发展情况。创业者往往面临不知该选择哪种行业的困境，所以，必须慎重选择行业，具体考虑的原则有以下几点。

1．考虑自己熟悉的行业

新创企业的运行涉及内外环境的各方面问题，创业的成功需要协调很多种内外环境因素。对于新创企业来讲，面临的风险要高于同行业的原有企业，越是熟悉的行业，这种风险就会越低，因为在自己熟悉的行业中，对涉及的技术、市场、资源、关系以及有关规定均比较了解，可以有效降低风险，起到事半功倍的作用。做生意的人常说一句话，叫做："不熟不做"。意思就是说，如果有十个人做同样生意，如果只有一个人挣钱的话，一定是那个最熟悉行业的人。

2．选择与自己专长及兴趣吻合的行业

选择行业一定要符合创业者的兴趣，越有兴趣，创业者越有干劲。如果选择没有兴趣的行业，不仅难以激发创业者的热情，使创业者全身心投入到新创事业之中，更难以使创业者在面对困难的时候顽强坚持下去。兴趣和特长是选择行业的重要因素，即便创业者对某个行业不熟悉，但只要有兴趣和特长，经过一定时间的研究和学习，通过市场调查与分析，就能很快地熟悉这个行业，掌握这个行业的运行方式。孔子说："学之者不如好之者，好之者不如乐之者。"做你喜欢的事，你会废寝忘食、不知疲倦、乐在其中。

3．选择朝阳行业

朝阳行业指新兴行业，是具有强大生命力的产业，是技术的突破创新带动企业发展的产业，代表着未来发展的趋势，并在一定条件下可演变为主导产业甚至是支柱产业。朝阳行业常常具有良好的市场前景，有利于企业的稳定与长远发展，常常有较大的利润空间。另外，由于在新行业内，大家几乎均处于同一起点，没有人拥有特别的经验和技术，竞争者机会相对均等，谁更努力谁就更有机会成功。孔子说："君子应趋吉避凶"，"识时务者为俊杰"。顺势而为，才是明智的选择。

4．不要盲目闯入热门行业

行业选择绝对不能盲目跟风，看到什么挣钱了、火热了也马上跟进，这样在创业之始就预示着创业者很可能将以失败而惨淡收场。热门行业往往目前利润率高，高利润率就会引诱人拼命往里钻，结果是千军万马走独木桥，很容易翻到河里去。一般而言，热门行业如果其进入门槛低，往往市场会很快趋于饱合，就算还有一点空间，利润率也会急剧下降。反而一些不太热门的行业，前景广阔，竞争者少，创业者可以从容不迫地去打开市场。

三、选择合适企业模式的创业技巧

在进行企业构思时必须强调两点：一是必须有市场机会；二是必须有利用这个机会的技能和资源。如何把握商机，寻找创业机会呢？我们可以从以下几个方面进行市场研究。

1．研究大家都在做什么，做什么最挣钱

创业者如果既缺乏本钱，又没有什么经商的经验，不妨研究一下现有的企业家们都在做什么，先随大流，也不失为一种切实可行的选择。看看市面上什么东西最畅销，什么生意最好做，你就迅速加入到这个行业中去。当然，别人做挣钱，并不见得你去做也挣钱，关键是掌握入门的要领。为此，不妨先向做得好的人虚心学习，学习他们经营的长处，摸清一些做生意的门道，积累必要的经验与资金。学习此行业的知识和技能，体会他们经营的不足之处，在你做的时候力争加以改进。比如，有的下岗职工在开饭店前先到别人开的饭店去打工，虽然苦点累点，一两个月下来便掌握了开饭店的基本要领；有的下岗职工在开美容院前先去别人开的美容院打工学手艺，为自己开业积累知识和经验。

2．研究自己家庭生活经常需要什么商品和服务

研究大众需求，先从你自己的家庭需要开始。首先研究你家里每天什么东西消费的最多，在你居住小区购买方便吗？其次研究你家里经常需要哪些服务，例如，家用设施维修、孩子上学路远、中午吃饭问题、子女学习辅导、理发、洗澡、量体裁衣等。最后，研究一下周围的居民小区及新建小区大众需求的方方面面。中国人口众多，就算一人买一瓶醋，就是十多亿瓶醋，一人用一块肥皂，就有十多亿块肥皂。普通老百姓衣食住行的日常需要是你稳定而广阔的市场。

3．研究当前及今后一段时间的社会热点，公众话题

社会在发展，热点会层出不穷，只要你留心观察，就会发现在你的周围都有

大大小小的热点和公众的话题。例如，奥运会热、亚运会热、足球热、股票热、房地产热等。你所生活的城市和社区也会有局部的热点，例如，举办鲜花节、啤酒节、旅游节、经贸洽谈会、申办卫生城市等。对政治家来说，热点是政绩和社会繁荣的象征。对普通市民来说，热点是景象，是热闹，是茶余饭后的话题。而对精明的商人来说，热点就是商机，是挣钱的项目和题材。抓住热点，掌握题材，独居匠心就能挣钱。同时，也要注意潜在热点的预测和发现，在热点没有完全热起来之前，就有所发现，有所准备，在别人没有发现商机时，你能发现商机，就更胜一筹。

4．研究社会难点，关注社会焦点

20 世纪 80 年代初期，外出办公，经商的人普遍感到住宿难、行路难、吃饭难，如今这三难已基本解决。解决这三难的过程，同时也是商家赚钱的过程。如今，各类个体饭馆满街都是，解决了吃饭难的问题；出租车、小公共、大巴士到处跑，高速公路相继投入运营，飞机航班不断增加，火车提速，解决了行路难的问题；各类高中低档酒店、宾馆、旅馆如雨春笋的涌现，解决了住宿难的问题。旧的社会难点问题解决了，新的社会难点还会不断出现。例如，不少农村出现的卖粮难、城市国有企业困难、下岗职工就业难、居民住房难等难点问题。围绕着上述难点问题，构思解决方案，同样充满了各种商机，关键是你能不能发现和把握。

5．研究市场的地区性差异

不同的地区需要不同的产品和市场，地理因素的限制会带来不同地区之间的市场差异。例如，外地有些好的产品和服务项目，本地还没有销售或开展业务。本地一些好的产品和服务项目在外地还没有推广，这就是商机。在城市里过时的商品在农村不一定过时，也许刚刚开始形成市场；在发达地区过时的商品，也许在内地或边远地区依然畅销；在农村卖不出去的土特产品，也许在城市有广阔的市场。由此可见，市场的地区性差异是永远存在的，关键在于你能不能发现，发现差异并做缩小差异的工作，就是在满足市场需求，就是挣钱之道。

6．研究生活节奏变化而产生的市场需求

现代生活节奏越来越快，越来越多的人接受了“时间就是生命”“时间就是金钱”的价值观念。快节奏的生活方式必然会产生新的市场需求，用金钱购买时间，是现代都市人时髦的选择。精明的生意人就会看到这一点，做起了各种各样适应人们快节奏生活需求的生意。例如，在吃的方面，中国人口众多，随着人们生活水平的提高和生活节奏的加快，必然要求快餐食品品种更多，数量更大，服务质量更好，这方面的市场拓展大有文章可做；在穿的方面，由于生活节奏加快，人们偏爱随意、自然、舒适、简洁的服装；在行的方面，拥有私家车对先富起来的人来说已成为现实，出租业已由城市向乡村发展，围绕着交通和汽车用品市场开展生意，前景也十分广阔；通信业迅速崛起，各类通信工具不断更新，这方面的商品及服务需求也会不断增加。另外，还可以围绕着适应生活快节奏开展一些服务项目，例如，家务钟点工、维修工、物业管理服务、快递、送货服务、上门收垃圾、电话订货购物、预约上门美容理发、看病治疗等都是可做的项目。

7．研究人们生活方式，生活观念的变化而产生的市场需求

人们的温饱问题解决后，更多地想到的是享受生活，追求个性完美，围绕着人们生活方式，生活观念的改变就会产生更多新的市场需求。

爱美之心，人皆有之。首先追求自身的美，希望能青春永驻、潇洒美丽，这以收入较高的城市中青年女性最为突出。她们需要各种各样的美容商品和美容服务。除了女性，男性也爱美，男人用美容商品，进美容院也不是新鲜事了。不仅年青人爱美，老年人也爱美。人们不仅追求自身的美，也关注与自身有关的美，如自己穿的衣服，用的东西，住的房间等都会不断追求美。围绕着人们对美的追求做文章，你会发现市场潜力巨大。

人们不仅追求美，身体健康长寿是每个人良好的愿望，围绕着人们追求健康长寿的心理也可以大有作为，例如，现在都市兴起的各种健身房、健美俱乐部、乒乓球馆、保龄球馆等。随着人们生活水平的提高，这方面的需求还会增加。

高雅的精神文化产品和相关服务也正形成一种新的产业。节假日的增多，人们闲暇时间增多，走出家门，走出国门到外面世界走走看看的人越来越多，与此相关的旅游业务和产品发展前景也十分广阔。

8．研究不同消费群体不同的需求特点

消费者群体多种多样，例如，青年消费群体、老年消费群体、女性消费群体、男性消费群体等以人的生理特点来划分，也有按照年龄划分的不同消费群体，还有一些特殊消费群体。他们的消费心理、购买行为、消费习惯、消费需求各有不同。企业创办者可以根据这些特点，开发不同群体的消费品和服务市场，满足不同消费群体的市场需求，实行专业化生产经营和专业化服务项目。

第二节　企业法定组织形式

我国法律对不同类别企业的具体需求，如设立的条件、设立的程序、内部组织机构等来组建企业，都有明确的规定。创业者新创办的企业一般都是小型企业，从工商部门的统计数据来看，个体工商户、个人独资企业、合伙企业、有限责任公司四种法律形式是我国当前创办企业最常见的企业法律形式。对于大学生创业，登记注册的企业法律形式基本上也是以下四种。

一、个体工商户

公民在法律允许的范围内，依法经核准登记，从事工商业活动的为个体工商户。

个体工商户的字号名称在申请登记管辖机关范围内同一行业中不得重名。个体工商户的字号名称一般应体现所属行业，字号名称前冠以区县地点，直接冠市名的须经市级工商行政管理部门核准后方可使用。

个体工商户可以个人经营，也可以家庭经营。个人经营的，以个人全部财产承担民事责任；家庭经营的，以家庭全部财产承担民事责任。除以上形式外，个体工商户也可以个人合伙形式经营，即由两个以上公民自愿组成，共同出资，共同劳动经营，但从业人数不得超过 8 人。

二、个人独资企业

个人独资企业是指依照《个人独资企业法》，在中国境内设立，由一个自然人投资，财产为投资人个人所有，投资人以其个人财产对企业债务承担无限责任的经营实体。

1．个人独资企业设立的条件

（1）投资人为一个自然人，而且只能是中国公民；

（2）有合法的企业名称。个人独资企业不能使用“有限”、“有限责任”或“公司”字样。个人独资企业的名称可以是厂、店、部、中心、工作室等；

（3）有投资人申报的出资。设立个人独资企业，投资人可以用货币出资，也可以用实物、土地使用权、知识产权或其他财产权利出资。以家庭共同财产作为个人出资的，投资人应当在设立登记申请书予以说明；

（4）有固定的生产经营场所和必要的生产经营条件；

（5）有必要的从业人员。

2．个人独资企业的法律特征

（1）在组织结构形式上，个人独资企业是由个人创办的独资企业，其投资者是一个自然人。国家机关、国家授权投资机构或国家授权的部门、企业、事业单位等都不能作为个人独资企业的设立人；

（2）在责任形态上，投资者个人以其个人财产对企业债务承担无限责任。投资人若以家庭共同财产作为个人投资的，以家庭共有财产对企业债务承担无限责任。这是个人独资企业区别于有限责任公司和股份有限公司等企业形式的基本特征；

（3）从性质上看，个人独资企业是非法人企业。个人独资企业没有独立的资产，企业的财产就是投资人的财产，企业的责任就是投资人的责任。因此，个人独资企业无独立承担民事责任的能力。个人独资企业虽然不具备法人资格，但是即是独立民事的主体，能够以自己的名义从事民事活动。

3．个人独资企业的经营方式

个人独资企业是指经登记机关核准登记的个人独资企业经营活动所采用的方式或方法。一般有自产自销、代购代销、来料加工、来样加工、来件装配、零售、批发、批零兼营、客运服务、货运服务、代客储运、装卸、修理服务、咨询服务等。代理销售、连锁经营是新产生的经营方式。国家允许个体工商户和私营企业采取的经营方式，个人独资企业均可以采用。

4．个人独资企业可以从事的业务行业

个人独资企业是私营企业，凡是个体工商户和私营企业可以从事的行业，个人独资企业均可从事；凡是国家禁止个体工商户和私营企业从事的行业、经营的商品，个人独资企业也不得从事和经营。个体工商户和私营可以从事的行业有工业、商业、交通运输业、建筑业、饮食服务业、修理业、科技咨询以及文化娱乐业等，个人独资企业也可以从事这些行业。国家有关法律、行政法规规定，个体工商户和私营企业不得从事下列行业：军工业、邮电通信业、铁路运输业、金融保险业等，个人独资企业也不可以从事这些行业。

5．企业独资企业对投资人的限制

根据《个人独资企业法》规定，法官、检察官、警察、公务员、现役军人不能作为个人独资企业投资人。

6．个人独资企业对投资人出资的规定

个人独资企业是无限责任形式的企业，企业投资人不仅要以其出资对企业承担责任，还要以个人的其他财产承担无限责任。《个人独资企业法》规定，设立个人独资企业应当有投资人申报的出资即可。个人独资企业的出资额由投资人自愿申报，投资人不必向登记机关出具验资证明，登记机关也不审核投资人的出资是否实际缴付。个人独资企业投资人应当在申请设立时明确是以个人财产出资还是以其家庭财产作为个人出资。

三、合伙企业

合伙企业是指依照《中华人民共和国合伙企业法》在中国境内设立的，由各合伙人订立合伙协议，共同出资、合伙经营、共享收益、共担风险，并对合伙企业债务承担无限连带责任的营利性组织。

合伙企业是一种古老而富有生命力的共同经营方式，它以自身的特点和优势大量存在于世界许多国家的诸多行业之中，有许多国际知名的大企业在创业阶段甚至已经成长为大规模企业后都采用了合伙企业的组织形式。

1．合伙企业的主要特征

（1）合伙企业以合伙协议为成立的法律基础。合伙协议是调整合伙关系、规范合伙人相互权利义务、处理合伙纠纷的基本法律依据，对全体合伙人具有约束力，是合伙得以成立的法律基础；

（2）合伙企业须由全体合伙人共同出资，合伙经营。出资是合伙人的基本义务，也是其取得合伙人资格的前提条件。合伙人必须合伙参与经营活动，从事具有经济利益的营业行为；

（3）合伙人共负盈亏，共担风险，对外承担无限连带责任。合伙人既可以按其对合伙企业的出资比例分享合伙盈利，也可按合伙人其他办法来分配合伙盈利。当合伙企业财产不足以清偿合伙债务时，合伙人还需要以其他个人财产清偿债务，即承担无限责任，而且任何一个合伙人都有义务清偿全部合伙债务，即承担连带责任；

（4）合伙制企业的数量不如个人独资企业和公司制企业多，一般在广告、商标、咨询、会计师事务所、法律事务所、股票经纪人、零售商业等行业较为常见。

2．合伙企业的设立条件

（1）有两个以上的合伙人，并且都是依法承担无限责任者。人数上限没有限定。合伙人只能是自然人，不能是法人；

（2）有书面合伙协议。合伙协议应当载明的事项有：合伙企业的名称和主要经营场所的地点；合伙目的及合伙企业的经营范围；合伙人的姓名及其住所；合伙人出资的方式、数额和缴付出资的期限；合伙企业的解散与清算；违约责任；

（3）有各合伙人实际缴付的出资。可以是货币、实物、土地使用权、知识产权或其他财产权利出资，甚至可以用劳务出资。对出资的评估作价可以由合伙人协商确定，无需验资；

（4）有合伙企业名称。合伙企业在其名称中不得使用“有限”或者“有限责任”字样；

（5）有经营场所和从事合伙经营的必要条件。

四、有限责任公司

有限责任公司是指股东以其出资额为限对公司承担责任，公司以其全部资产对公司的债务承担责任的法人企业。有限责任公司内部的法律关系界定得比较清楚，规范起来也相对容易，企业以注册资本对外承担责任，投资者不负连带责任。因此，有限责任公司是绝大多数创业者所乐于采用的组织形式。

股份有限公司由于注册资本要求较高，且需经省级政府部门的批准，不为一般的创业者所采用。合伙或个人独资公司因创业者须承担无限责任，选择这两种企业形式的也较少。

1．有限责任公司的组织机构要素

（1）股东会

有限责任公司股东会由全体股东组成，股东会是公司的权力机构。

股东会行使下列职权：决定公司的经营方针和投资计划；选举和更换董事、决定有关董事的报酬事项；选举和更换由股东代表出任的监事，决定有关监事的报酬事项；审议批准董事会的报告；审议批准监事会或监事的报告；审议批准公司的年度财务预算方案、决算方案；审议批准公司的利润分配方案和弥补亏损方案；对公司增加或减少注册资本做出决议；对发行公司债券做出决议；对公司向股东以外的人转让出资做出决议；对公司合并、分立、变更公司形式、解散和清算等事项做出决议；修改公司章程。

（2）董事会

有限责任公司设立董事会。董事会是股东会的执行机构，由 3～13 名董事组成。董事会设董事长 1 人，可以设副董事长 1～2 人，董事长为公司的法定代表人。股东人数较少和公司规模较小的有限责任公司可以只设一名执行董事，不设董事会。

股东会会议由董事会召集，董事长主持，董事长因特殊原因不能履行职务时，由董事长指定的副董事长或其他董事主持。

董事会对股东会负责，行使下列职权：负责召集股东会，并向股东会报告工作；执行股东会的决议；决定公司的经营计划和投资方案；制订公司的年度财务预算方案、决算方案；制订公司的利润分配方案和弥补亏损方案；制订公司增加或减少注册资本的方案；拟订公司合并、分立、变更公司形式、解散的方案；决定公司内部管理机构的设置；聘任或解聘公司经理（总经理）；根据经理的提名，聘任或解聘公司的副经理、财务负责人，决定其报酬事项；制定公司的基本管理制度。

（3）监事会

有限责任公司经营规模较大的，可以设立监事会，其成员不得少于 3 人。监事会应在其组成人员中推选 1 名召集人。

监事会由股东代表和适当比例的公司职工代表组成，具体比例由公司章程规定。监事会中的职工代表由公司职工民主选举产生。有限责任公司股东人数较少和规模较小的，可以设 1～2 名监事。

董事、经理及财务负责人不得兼任监事。

监事会或监事行使下列职权：检查公司财务；对董事、经理执行公司职务时违反法律、法规或公司章程的行为进行监督；当董事和经理的行为损害公司的利益时，要求董事和经理予以纠正；提议召开临时股东会；公司章程规定的其他职权。

（4）经理

有限责任公司设经理，由董事会聘任或解聘。

经理对董事会负责，行使下列职权：主持公司的生产经营管理工作，组织实施董事会决议；组织实施公司年度经营计划和投资方案；拟订公司内部管理机构设置方案；拟订公司的基本管理制度；制定公司的具体规章；提请聘任或解聘公司副经理、财务负责人；聘任或解聘除应由董事会聘任或解聘以外的管理人员；公司章程和董事会授予的其他职权；经理列席董事会会议。四类企业类型的分类区别如表 10-1 所示。

表 10-1 我国对企业的法定分类

企业类型	业主数量和注册资本	成立条件	经营特征	利润分配和债务责任
个体工商户（非法人企业）	业主是一个人或家庭；无资本数量限制	要有相应的经营资金；要有经营场所；有企字号	资产属于私人所有；业主既是所有者，又是劳动者和管理者	利润归个人或家庭所有；由个人经营的，以其个人资产对企业债务承担无限责任；由家庭经营的，以家庭财产承担无限责任
个人独资企业（非法人企业）	业主是一个人；无资本数量限制	投资是一个自然人；有合法的企业名称；有申报的出资；有必要从业人员；有固定的生产经营场所	财产为投资人个人所有；业主既是投资者，又是经营管理者	利润归个人所有；投资人以其个人资产对企业债务承担无限责任
合伙企业（非法人企业）	业主两个人以上；无资本数量限制	有两个以上的合伙人，并且都依法承担无限责任；有书面合伙协议和实际出资；有合伙企业的名称；有经营场所	依照合伙协议，共同出资，合伙经营，共享收益，共担风险	按照合伙协议分配利润，并共同对企业债务承担无限连带责任
有限责任公司（法人企业）	由 50 个以下的股东共同出资设立；以经营或商品批发为主的 50 万元以商业零售为主的 30 万元；科技开发、咨询、服务性公司为 10 万元；以 1 人注册的为 3 万元	股东符合法定人数；股东出资达到法定资本最低限额；股东共同制定公司章程有公司的名称并建立相应的组织机构；有固定的生产经营场所和必要的生产经营条件	设立股东会、董事会和监事会；由董事会聘请职业经理管理公司经营业务	股东按出资比例分配利润；以出资额为限承担有限责任

第三节　创建新企业的主要流程及实务

明确了企业基本法律组织形式的后，就到企业登记机关办理登记手续，取得营业执照；刻制企业印章，申办企业组织代码证；办理税务登记，领取税务发票；按就近原则选择一家商业银行，办理企业基本账户及一般账户。

一、企业名称的预先核准

1．企业名称构成要素

一般而言，企业名称是由"行政区划+商号+行业+法律组织形式"依次构成的，应使用符合国家规范的汉字，不得使用汉语拼音字母、阿拉伯数字。例如，广州乐天信息技术有限公司，"广州"为行政区划，即确定在中国的哪个省、市、县创建一个新企业；"乐天"为商号，主要解决创建的新企业区别于其他企业的标识问题；"信息技术"主要传递企业经济活动性质；"有限公司"为法律组织形式，主要传递企业投资人法律责任的信息。

2．企业名称预先核准方法

明确了企业名称的构成要素后，创业者需进行名称的预先核准。按照《企业名称登记管理实施方法》的规定，按照企业名称预先核准提交材料的规范要求，拟把自己起好的企业名字予以核准，可按以下方法进行：

（1）准备好全体投资人签署的《企业名称预先核准申请书》；

（2）准备好全体投资人签署的《指定代表或者共同委托代理人的证明》及指定代表或者共同委托代理人的身份证复印件（本人签字），并标明具体委托事项、被委托人的权限、委托期限；

（3）直接到工商行政管理机关办理企业名称预先核准的，工商行政管理机关一般当场就可以对申请预先核准的企业名称，做出核准或者驳回的决定。予以核准的，发给《企业名称预先核准通知书》；予以驳回的，发给《企业名称驳回通知书》。通过邮寄、传真、电子数据交换等方式申请企业名称预先核准的，按照《企业登记程序规定》执行。

二、企业注册验资报告的获取

验资是指注册会计师依法接受委托，对被审验单位注册资本的实收情况或注册资本及实收资本的变更情况进行审验，并出具验资报告。企业（个人独资企业、合伙企业等工商登记机关不要求提交验资报告）在申请开业或变更注册资本前，必须委托注册会计师对其注册资本的实收或变更情况进行审验。当企业选择好与一家会计师事务所签订验资业务委托书后，该会计师事务所依次验明以下资料的原件（留存复印件）后，一个工作日后就可以获取会计师事务所发出的验资报告。具体验资流程如下：

（1）验明公司名称核准通知书；

（2）验明由各股东签字（章）确认的公司章程；

（3）验明股东身份证明，即个人股东提供身份证原件及复印件，法人（公司）股东提供营业执照原件及复印件；

（4）查阅验资临时账户（凭企业名称核准通知书到商业银行开设）的资金情况，即验明股东投资款缴存银行的进账单（支票头）或现金缴款单。各股东全部以现金出资的，应根据公司名称核准通知书及公司章程规定的投资比例及投资金额，分别将投资款缴存公司临时账户，缴存投资款可采用银行转账或直接缴存现金两种方式；

（5）协助会计师事务所到公司开户银行询证股东投资款实际到账情况。

三、营业执照的申办程序

1. 企业登记材料的准备

创办者要创办一家有限公司，需按有限责任公司设立登记提交材料规范的要求，认真备齐以下材料，然后到所在地的工商行政管理局企业登记注册处正式提交申请。具体材料如下：

（1）公司法定代表人签署的《公司设立登记申请书》；

（2）全体股东签署的《指定代表或者共同委托代理人的证明》及指定代表或委托代理人的身份证复印件；标明指定代表或者共同委托代理人的办理事项、权限、授权期限；

（3）全体股东签署的公司章程；

（4）股东的主体资格证明或者自然人身份证件复印件；

（5）委托验资的会计师事务所出具的验资报告；

（6）股东首次出资是非货币财产的，须提交已办理财产权转移手续的证明文件；

（7）董事、监事和经理的任职文件及身份证件复印件；法定代表人任职文件及身份证件复印件；

（8）住所使用证明；

（9）《企业名称预先核准通知书》；

（10）公司申请登记的经营范围中有法律、行政法规和国务院决定规定必须在登记前报经批准的项目，提交有关的前置审批文件或许可证书复印件。

2．登记机关的审查、受理和决定

审查时注册审批工作的关键环节，主要由工商行政管理机关来完成。在审查过程中，申请材料不齐全或者不符合法定形式的，企业登记机关会当场或者在 5 日内一次告知申请人需要补正的全部内容。如果企业登记机关做出不予登记决定，会出具《登记驳回通知书》，注明不予登记的理由。一般而言，申请人或者其委托的代理人到企业登记机关提交申请予以受理的，会当场做出准予登记的决定，并出具《准予设立登记通知书》，告知申请人自决定之日起 7 日内，领取营业执照。

3．营业执照的颁发

营业执照是企业法人营业执照的简称，是企业或组织合法经营权的凭证。营业执照的登记事项是：注册号、名称、住所、法定代表人姓名、注册资本、实收资本、公司类型、经营范围、成立日期、经营期限等十项内容。营业执照分正本和副本，二者具有同等法律效力。正本应当置于公司住所或营业场所的醒目位置，营业执照不得伪造、涂改、出租、出借、转让。

四、企业印章刻制的有关规定

企业印章又称企业公章，是指刻有企业规范名称的印章，主要包括企业规范名称章以及冠以规范名称的合同、财务、税务、发票等专用章。企业印章非常重要，它盖在文件、合同、票据等书面材料上就代表着企业的意志，具有法律效力。国家对公司公章的权威性也给予保护，企业没有按照国家有关规定刻制、使用和保管印章，给他人造成损害的，应承担相应的法律责任。因此，企业印章必须依法刻制、妥善保管和正确使用。

1．新创企业的印章刻制规定

新创企业刻制印章，须凭工商部门的《刻制公章通知书》和营业执照副本、公章样式等材料到公安机关制定的刻字社（部、门市）刻制公章。企业规范名称章只能刻制一枚，若有必要，可再刻制一枚规范名称的钢印；合同专用章、财务专用章、发票专用章可以刻多枚，但每一枚须用阿拉伯数字予以区分。企业印章刻好后以及每年年检期间，还须将公章、财务专用章、合同专用章印鉴连同《年检报告书》报送工商行政管理机关备案。

2．企业重新刻制印章规定

因变更名称或印章损坏等原因，需要重新刻制公章和其他业务专用章的，拿营业执照副本和企业公函到公安机关办理准刻手续。企业应将旧印章送公安机关指定的刻字社销毁后，方可启用新的印章。

五、组织机构代码证的申办

组织机构代码是对中华人民共和国内依法注册、依法登记的机关、企、事业单位、社会团体，以及其他组织机构颁发一个在全国范围内唯一的、始终不变的代码标识。国家质检总局负责组织机构代码的管理工作。如同居民的身份证一样，组织机构代码证是组织机构在社会经济活动中统一赋予的单位身份证。组织机构代码系统覆盖范围广泛，对申领代码单位的资质审核也有数字档案（档案数字化）作为凭证，可以动态追溯每一个组织机构的历史发展变化。办理组织机构代码证。企业法人代码登记办事机构为质量技术监督局，时限为受理后的4个工作日，提供材料有：

（1）营业执照副本原件及复印件；

（2）单位公章；

（3）法人代表身份证原件及复印件（非法人单位提交负责人身份证原件及复印件）；

（4）集体、全民所有制单位和非法人单位提交上级主管部门代码证书复印件；

（5）单位邮编、电话、正式职工人数；

（6）经办人身份证原件及复印件。

六、税务登记申报的一般程序

税务登记又称纳税登记，是指税务机关根据税法规定，对纳税人的生产、经营活动进行登记管理的一项法定制度，也是纳税人依法履行纳税义务的法定手续。新创企业须在领取营业执照之日起30日内申办税务登记，取得税务登记证。纳税人应把税务登记证悬挂在营业场所，亮证经营。

1．税务登记材料的准备

我国税务登记实行属地管理。新创企业应当到生产、经营所在地或者纳税义务发生地的主管税务机关申报办理税务登记，如实填写税务登记表，并按照税务机关的要求提供有关证件、资料。申报税务登记须准备一下资料，“个体经济”可不报送以下的（2）、（4）、（5）项材料：

（1）营业执照副本原件及复印件；

（2）企业法人组织机构代码证书原件及复印件；

（3）法人代表身份证原件及复印件；

（4）财务人员身份证复印件；

（5）公司或企业章程原件及复印件；

（6）房产证明或租赁协议复印件；

（7）印章；

（8）从外区转入的企业，必须提供原登记机关完税证明（纳税清算表）；

（9）税务机关要求提供的其他有关材料。

2．税务机关的核查

主管税务机关对纳税人的申请登记报告、税务登记表、营业执照及有关证件审核后，即可准予登记，并发给税务登记证。新创企业在领取税务登记证件后，就可以向主管税务机关申请领购发票。

七、银行账户开设的基本程序

企业银行账户是企业为办理存贷款业务和进行资金收付活动在银行开设的户头。根据国家现行有关制度的规定，每个独立核算的经济单位之间的资金往来，除了按照规定可以使用现金的之外，均须通过银行办理转账结算。

新创企业一般都要开立银行结算账户。银行结算账户是指银行为存款人开立的办理资金收付结算的人民币活期存款账户，按用途分为基本账户、一般账户临时账户和专用账户。其中，基本账户是企业办理日常转账结算资金收付和现金收付的账户，企业工资、奖金等现金的支取，只能通过此账户办理。企业只能在银行开立一个基本账户，其他银行只能开立基本账户以外的银行借款、转存业务。当然，新创企业也可以根据经营发展需要，开通网上银行。

第四节　企业的选址

企业选址是关系到企业经营成败的重要因素。也是创业初期涉及的关键问题之一。一个好的地理位置不仅仅是可以使一个普通的企业生存下去，还可以获得良好的发展。但一个糟糕的地理位置却可以使一个优秀企业失败。企业所处的位置，往往决定消费者是否易于接触企业。因此，企业不同的位置往往给客户以不同的印象。

企业位置对零售业与服务业尤为重要。对于企业选址，存在着两个基本问题：首先选择一个独特的地区；其次在该地区内选择一个独特的地点。

例如：零售服务业理想的店址要求是：（1）商业活动频度高的地区；（2）客流量较多的街道；（3）人口密度高的地区；（4）接近人们聚集的场所；（5）交通便利的地区。

一、企业选址因素

企业选址必须考虑土地、厂房、地价、房价是否合理等重要条件。另外还有一个很重要的前提，就是厂址所在地的投资环境，这包括硬环境和软环境。硬环境主要指交通运输是否方便，用电需求是否有保障，供水、水源、排污是否能满足要求。软环境主要指政府是否重视，是否提供宽松的环境。如税收有无优惠，行政性收费是否取消或减轻，有无乱收费、乱摊派，政府机关办事效率高低，当然还包括当地民风、治安状况等。除上述的因素外，企业选址还包括以下内容。

1．发展规划

店址的选择要搞清楚城市建设的规划，既包括短期规划，又包括长期规划。首先，随着车流量的不断增大，紧邻大马路或主干道而带来的噪声、废气污染，与绿色、生态、环保、健康的流行居住趋势背道而驰。这是路边店的最大致命伤。其次，路边店由于受市政规划不确定因素的影响，遭受拆迁等风险要大得多。政府对城市改造、规划的不断深入，越来越多的道路会面临着拓建、改造的可能。在这种情况下，最容易受影响的无疑就是紧贴在马路边的路边店了。有的地点从当前分析是最佳位置，但随着市场的改造和发展将会出现新的变化而不适合开店；反之，有些地点从当前来看不理想，但从规划前景看会成为有发展前途的新的商业中心区。因此，经营者必须从长考虑，在了解地区内的交通、街道、市政、绿化、公共设施、住宅及其他建设或改造项目的规划的前提下，做出最佳地点的选择。

2．人口因素

人口因素包括在拟选址附近社区、家庭数量及规模，一个由两口之家组成的年轻人家庭，购物追求时尚化、个性化、少量化；而一个三口之家的家庭（有一个独生子女），其消费需求则几乎是以孩子为核心的。另外拟选址附近消费者数量、年龄、职业人口密度及人口稳定性，一个地区的人口密度，可以用每平方公里的人数或户数来确定。人口密度越高，则选址商店的规模可相应扩大。

3．竞争因素

竞争因素包括直接竞争者的位置与数量，间接竞争者的位置与数量以及潜在竞争者竞争情况，竞争对手的存在也许并不是一件坏事，可以促进交流及聚集人气。古语有云“同行密集生意好，同行密集客自来”，这是经商古训。在商业经营中，在某一些街道或地点，集中经营同一类商品，以其商品品种齐、服务配套完善为特色，可吸引大量慕名而来的顾客。这种经营方法对生产者、消费者都有利，对商品经营者更是适应，市场需要的一种高明的竞争举措。

4．个人因素

个人因素主要创业者对某一具体位置的特殊偏好。

5．地理因素

地理因素包括对自然、地理环境有要求的地理位置。例如，拐角位置作为商铺是较理想的，因为交叉路口一般是指十字路口和三岔路口，由此形成的拐角的位置往住是很理想的。一般来说，在这种交接地，商店建筑的能见度大，可以产生拐角效应。拐角位置的优点是：可以增加橱窗陈列的面积。两条街道的往来人流汇集于此，有较多的过路行人光顾；可以通过两个以上的入口以缓和人流的拥挤。由于商店位置面临两条街，选择哪一面作为自己商店的正门，则成为一个十分重要的问题。一般的做法是，选择交通流量大的街道作为商店的正门，即店面；而交通流量小的街道一面则作为侧门。但在选择十字路口的哪一侧时，则要认真考察道路两侧，通常要对每侧的交通流向及流量进行较准确的调查，应选择流量最大的街面作为商店的最佳位置和店面的朝向。如果是三岔路口，最好将商店设在三岔路口的正面，这样店面最显眼；但如果是丁字路口，则将商店设在路口的转角处，效果更佳。同时，并非行人越多越兴隆，理想的黄金地点，应该是下班路线右边的地点。

另外，走向情况也要适当考虑，走向是指商店所选位置顾客流动的方向。

比如，我国的交通管理制度规定人流、车流均靠右行驶，所以人们普遍养成右行的习惯，这样，商店在选择地理位置进口时就应以右为上。如商店所在地的道路如果是东西走向的，而客流又主要从东边来时，则以东北路口为最佳方位；如果道路是南北走向，客流主要是从南向北流动时，则以东南路口为最佳。

还有商店选址与路面、地势、地形也有很大的关系，因为一般情况下，商店选址都要考虑所选位置的道路及路面地势情况，因为这会直接影响商店的建筑结构和客流量。通常，商店地面应与道路处在一个水平面上，这样有利于顾客出入店堂，是比较理想的选择。但在实际选址过程中，路面地势较好的地段地价都比较高，商家在选择位置时竞争也很激烈，所以，在有些情况下，商家不得不将商店位置选择在坡路上或路面与商店地面的高度相差很多的地段上。这种情况，最重要的就是必须考虑商店的人口、门面、阶梯、招牌的设计等，一定要方便顾客，并引人注目。

6．劳动力供应情况

劳动力供应情况主要是指当地用工的基本情况。

二、企业选址的程序

在满足上述条件的情况下，对选到合适的商铺还需要进行筛选，具体的程序包括：

（1）列出“必需的”和“希望的”选址条件；

（2）对照选址条件确定被选地点；

（3）造访被选地点，挑选三处较好位置；

（4）按照“必需的”和“希望的”选址条件，对选上的几个地点进行比较；

（5）在每天白天、晚上的各个时段到各个地点实地观察，计算客流量；

（6）咨询有经验人士，获得帮助；

（7）综合分析各种信息和意见；

（8）做出选址决策。

另外，在经各方的衡量基本能作出正确选择的同时，在企业选址过程中还要注意到下列的问题，包括：

（1）检验停车场的可用性；

（2）避免交通堵塞的区域；

（3）场所已于访问并且容易引起注意；

（4）注意附近不太协调的企业；

（5）检查空闲场地的所有权；

（6）所在地区的形象是否不佳；

（7）检查附近企业成功和失败的记录；

（8）评价这个地区每天、周末和晚上的客流量情况；

（9）注意避开高污染的区域。

本章小结

企业构思有两个要素：一个是从自己的技术专长；另一个是外在的市场需求。

创办新企业的原则：做你自己最擅长的事；做你自己最喜欢的事；做你自己最熟悉的事；做你自己最有人脉的事；做未来即将兴旺的事；做目前最有市场潜力的行业。

企业构思包括：研究大家都在做什么，做什么最挣钱；研究自己家庭生活经常需要什么商品和服务；研究当前及今后一段时间的社会热点，公众话题；研究社会难点，关注社会焦点；研究市场的地区性差异；研究生活节奏变化而产生的市场需求；研究人们生活方式，生活观念的变化而产生的市场需求；研究不同消费群体不同的需求特点。

企业法定分类的基本形态主要是独资企业、合伙企业和公司。法律对这三种企业划分的内涵基本作了概括，即企业的资本构成、企业的责任形式和企业在法律上的地位。

企业选址是关系小企业经营成败的重要因素。也是创业初期涉及的关键问题之一，一个好的地理位置虽然只可以使一个普通的企业生存下去，但一个糟糕的地理位置却可以使一个优秀企业失败，所以在新创办企业过程中一定要进行认真的衡量，仔细分析，找到适合新创企业的最佳位置。

思考题

1. 如何理解创业途径的内涵？
2. 新创企业的原则哪些基本内容？
3. 企业的构思思维包括哪些？具体应如何操作？
4. 新企业选址的因素包括哪些？
5. 新企业选址的基本程序包括哪些？怎样进行检验？

小组活动

1. 分组讨论创办企业时，选择一个合适的项目或一个行当来做，有哪些适合小企业去经营的类型呢？汇报各小组结果并相互点评，最后，老师对整个活动进行点评。

2. 对学校周边企业做一个调查，讨论创办哪种新企业的可能性。

案例分析

李慧的食品杂货店

李慧是一个刚下岗的中年妇女，已厌倦了打工。看到村口的杂货店生意比较好，收益也不错，她看着眼热，心里一动，也想开食品杂货店，自己当老板。于是，她把这一想法告诉了亲戚、朋友和邻居们。她家有一间房适合用来开食品杂货店。她丈夫帮她做了一些隔板和一个柜台。李慧有些积蓄，加上从亲戚那里借来的钱，足以进货。她在申请到了营业执照之后，就开业了。

一开业，李慧就遇到了问题。来她的商店的顾客远不及邻居店里的多。而且，孩子告诉她，邻居的店铺现在的经营情况也不怎么好。

思考：

1. 李慧的食品杂货店为什么会出现问题？

2. 在这种情况下，李慧还能做些什么？

CHAPTER11

第十一章 创业企业成长期管理

学习目标

- 理解企业生命周期理论
- 了解创业企业成长期的特征及存在的问题
- 了解创业企业成长期的主要模式
- 掌握创业企业成长期的战略管理

关键词

企业生命周期；成长期特征；成长期模式；成长期战略

引导案例

在线网络技术有限公司的成长分析

百度的创立，以中文搜索引擎为出发点，从创立之初，百度便将“让人们最便捷地获取信息，找到所求”作为自己的使命，创立十二年来，百度从未发生过战略性的变化，其核心产品依然是让用户们能以最快的速度找到他们需要的信息。在基本服务的基础上，百度不断创新，推出各种功能性搜索工具，丰富了网民的搜索需要。据第三方权威数据统计，百度在中国的搜索份额超过 70%。

百度积极实施国际化战略，百度日本公司正式运营，其核心价值也未发生变化，依然是提供互联网搜索服务，他依托于自身强大技术优势和简单有效的服务理念，正迅速成长为一个国际性的互联网服务提供商。

2005 年 8 月 5 日，百度在美国纳斯达克上市，其上市当日，股价持续上升，当日盘中一度超过 140 美元，公司成为了该年度全球资本市场上最为耀眼的新星，引起全球震惊。公司发展到今天，通过优秀的市场表现和良好的业绩和股东回报，企业股票复权价格已经超过每股 1000 美元，百度已经成为全球资本市场中中国优秀企业的典型代表。2011 年 3 月 24 日百度市值收盘市值 460.72 亿美元，超过腾讯（00700.HK）23 日收盘时的约 445 亿美元。截止到 2012 年 8 月，公司市值一直保持高位，一度达到 540 亿美元。

总体而言，百度公司已经完成了一个从创业企业过渡到成熟企业的历程，其依托于早期的搜索引擎平台，产品线不断丰富且富有竞争力，形成了广阔的发展空间。

第一节　企业生命周期理论

一、企业成长概述

企业成长如同人的成长一样，是一个从量变到质变的过程，是一种成长“基因”推动企业系统内部的组织与功能不断地分化，从而促进企业系统机体不断扩张，新陈代谢，不断适应环境，并与环境形成良性互动的过程。

无论是新古典经济学还是新制度经济学，对企业成长概念的概括，主要集中于企业规模的扩大，而竞争战略成长理论和战略管理视角的企业成长论，则将企业成长的概念扩展到质地优化的层面。如今，几乎所有学者都认同，企业的成长是企业“量”的扩大和“质”的优化两个层面的统一。创业企业，作为具有独特特征的一类企业，其成长的本质，无疑也包括“质”的成长和“量”的成长。但与成熟企业相比，创业企业的成长过程，更体现为一个质的变化过程，即一个从无到有，从脆弱到稳定的过程。我们研究的创业企业成长过程，并不是指一个企业从创业之初，到达到特定规模的过程，而是从一个不稳定的企业系统，成长为一个成熟企业的过程，创业企业的成长过程，是其内部结构、功能的完善过程与规模扩张过程的统一。因此，我们对创业企业成长的指标选取上，也将倾向于“质”这个方面。

二、企业生命周期理论

对企业成长过程理论研究的成熟，是以伊查克·爱迪思的代表作《企业生命周期》一书的出版为标志的。爱迪思认为，企业作为一个生命体，与自然生物一样，服从“生命周期”的普遍规律。在此之前，学者们将生物有机体的生命周期特征引入产品研究领域，形成了产品生命周期理论，爱迪思的企业生命周期理论，也可以理解为产品生命周期理论在企业研究领域的延伸。至此，较完整的企业生命周期理论形成了。该理论在提出后，形成了广泛的影响，为众多学者所采纳和沿用。其基本结论是：企业的成长过程与生物生命体一样，存在着明显的生命周期特征，是一个从幼体到成年到衰亡的过程。企业的成长过程，代表着企业拥有了更强大的处理更复杂问题的能力，而其老化过程，则意味着能力的下降。爱迪思还根据其研究成果，对企业生命周期的具体内容作了详细的划分，他将企业生命周期划分为十个阶段，即孕育期、婴儿期、学步期、青春期、盛年期、稳定期、贵族期、官僚化前期、官僚期、死亡期。其中，从大的阶段来看，盛年期是一个重要的分水岭，盛年期之前是企业的上升阶段，我们称之为成长阶段，盛年期之后是企业的下降阶段，我们称之为老化阶段，如图 11-1 所示。

总结起来，企业生命周期理论将企业的成长过程描述为生物的生命过程，虽然不同的学者对企业生命周期的不同阶段的划分方法不同，但总的框架基本类似。我们采用伊查克·爱迪思的观点来界定创业企业的成长阶段。我们所研究的创业企业成长阶段，针对创业企业的特征，不覆盖爱迪思的全生命周期阶段，而只是仅限于企业从孕育期、婴儿期、学步期到青春期的范围内。

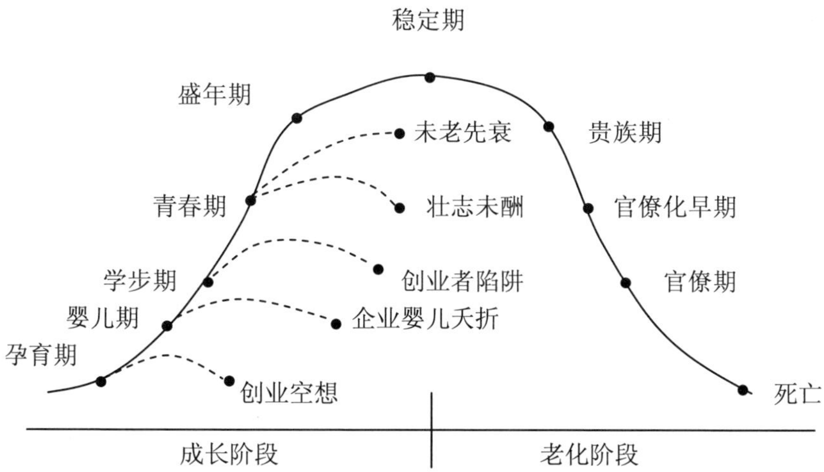

图 11-1 爱迪斯企业生命周期模型

1．孕育期企业特点

爱迪思认为孕育期是一个企业创立之前的梦想阶段，在孕育期，创业者们形成了创业理念，有了创业的想法，但对创业的整个计划还没有形成清晰的思路，对创业行为的把握程度也不是很强，因此，他们正在通过各种途径进行创业理念的论证，论证的方法往往是通过与各类相关者商讨他的创业计划，企业成立之前的创业融资行为，也属于论证过程的一部分。爱迪思还指出，孕育期还是一个创业企业家确立自身责任的阶段，这个责任将伴随创业企业家走完全部的创业历程。这种责任包括对风险的承担、对客户价值的承担、对创业目标的承担和对创业事业的承担，从某种程度上讲，这种承担决定着创业企业资源聚集、利用的效率和企业未来发展的空间。当企业创立之后，即进入婴儿期，此时，企业的创立者们面对的不再是思考的问题，而是企业生存的问题。

2．婴儿期企业特点

在婴儿期，对企业健康成长影响最大的因素是企业资金流的问题，这个阶段的企业的运营需要资金投入，增加销售收入，获得营业利润，是创业者们必须面对的第一现实问题。婴儿期的正常问题是完善产品与扩大销售的矛盾。产品未得到完善之前，企图获得高额的销售收入，是比较困难的，但这个阶段却是对销售收入极度需求的阶段。在这个阶段，由于企业资金的有限性，企业不可能在短时间内建设庞大的员工队伍，公司的管理业相对简单，大多数的企业会选择高度集权的管理模式。正如生物体的婴儿期充满风险一样，这个阶段的企业也充满着风险，企业是脆弱的，一个小问题都可能演化成导致企业倒闭的危机。因此，独断专行的领导风格在这个阶段是最行之有效的方法。

3．学步期企业特点

当企业运营相对稳定之后，企业的产品和服务在市场上进行尝试并得到初步认可之后，企业进入到学步阶段。这个阶段，企业的现金流压力逐渐减小，因为销售收入的增加缓解了资金需求的压力。这个阶段企业管理方面需要面临一个巨大的挑战，即管理风格的变化。在婴儿期阶段，企业更多的是依赖管理者的个人优势来获得生存机会，而这种个人优势的发挥，会形成惯性，这对于企业的持续成长是一个严重的阻碍。这时候的企业应该关注组织结构、分工、职责、激励机制等基本制度建设，但现实情况往往困难很多，由于没有成熟的经验可以依赖，企业在学步期往往只能通过反复的试错行为来获得进步，在经历了试错的学习过程后，需要创业企业形成相对稳定的系统，包括管理系统、生产系统、销售系统等，一系列的企业发展因素需要达到一个至少短期内的平衡状态，而不是持续的犯错与纠偏的交替。

4．青春期企业特点

青春期阶段的企业而言，最重要的事情是摆脱创业者的影响而进入经理人治理阶段，所以，爱迪思把这一阶段称为再生阶段，即脱离父母监护的独立阶段。从管理角度看，企业的青春期，要完成创业者向职业经理人的交棒过程，所以，这是一个痛苦的过程。这种管理上的转型，最明显的特征就是企业行为发生断层，行为特征不具备连续性，企业内部人员之间产生明显的隔阂，建立合适的规章制度和完成对下属的授权是青春期企业必须完成的工作。在企业成长的婴儿期不存在授权问题，创业者是企业的绝对权威和唯一领导者，全权负责公司各方面的运作，但到了青春期，由于企业规模不断扩大，创业者不可能实现对企业的完全掌握，授权成为唯一的出路。完成青春期转变的重点，是创业者与经理人之间的理解、信任与合作，没有这种信任基础，职业经理人以失败而告终，企业维持在学步期的管理混乱之中。即便是职业经理人成功接管企业，挤走富有开拓精神却在不断破坏制度的创业者，很可能引起企业未老先衰，有了“数字化管理”却失去了前瞻眼光，有了组织纪律性却失去了朝气活力，最终会丧失盛年期的收获而直接进入贵族期。

三、创业企业的成长阶段划分

依托爱迪思的划分方法，结合现代企业创业的实际过程，我们对创业企业的成长阶段，做以下几个阶段的划分。

1．创业企业的创建阶段

虽然爱迪思划分企业生命周期阶段的时候，划分了一个孕育期，即企业成立之前的阶段。但创业企业的实质性起步是新企业创立阶段。这个初始阶段，是创业企业从无到有的过程，从企业创立的谋划过程，到企业成立以后的团队构建等内容，都是这个阶段必须完成的任务。

在企业创建阶段，必须完成一个企业从无到有的过程，创业者们的工作主要包括以下内容：

首先，是企业构想和论证。创业者企图创立一个什么样的企业，面向哪一块具体的市场需求，向市场提供什么样的产品或服务，这些产品或服务以什么样的形式推向市场，推向哪块具体的市场等内容，都是需要提前进行设想的。

其次，是企业的创立工作，完成组织的法律地位确认。这个工作是一个程序性的工作，我们这里不做过多的讨论。

最后，是企业组织结构的创建工作，也是创业者们的主要工作之一，其实质内容就是构建企业最初的工作团队。构建的新企业组织机构和经营理念是否适合新形成的创业企业，是新企业能否健康成长的基础。通过创业者管理创新形成的组织，还需要配备以各种必要的硬件资源，新生成的创业企业才具备基本的运营能力，这种基本的运营能力，是创业企业之后发展的基础。

所以，这个阶段的风险也主要是两个方面。第一，是企业新的经营管理模式和组织机构是否能适应企业成长的需要并顺利运转。第二，即定位的风险，企业产品定位成功与否，产品最终能否研制成功以及产品市场前景不明朗成为定位风险的主要表现形式。而且，第二项风险往往比第一项更具有杀伤力，因为组织机构在企业发展的过程中还可以进行微调甚至是大的调整，由于创业企业成立初期，规模不会太大，也不会有过于复杂和稳定的行为惯例特性。但一旦方向定位错误，由于创业企业初期的资产的专用性非常强，企图调整企业发展方向付出的代价是沉痛的，甚至会导致企业倒闭。

企业面临的资金压力往往不是十分严峻。在新企业创建阶段，人员的引进、组织结构的完成、硬件设备的配置以及企业未来核心产品和发展方向的确定的工作，都需要创业者亲自去完成。这个阶段，创业者是企业的权威，任何成员的工作，必须围绕着创业者来进行。这个阶段，由于企业规模不会太大，创业者可以与企业内部任何一个员工进行直接的对话和有效的沟通，所以，管理难度相对较小。

2．创业企业的立足阶段

在完成企业创建阶段的工作之后，创业企业面临的是如何在市场立足的问题。这个问题涉及两个方面的内容，其一是创业企业的生存问题，其二是创业企业在市场中的地位确认问题。这个阶段的企业生存问题，最重要的方面是现金流问题，由于创业企业的资源局限性特征，企业一般通过获得销售收入来解决现金流问题，当销售收入不能及时满足企业投入的现金需要，则需要寻求外部融资。而企业的市场地位确认问题，则是通过不断的扩大销售、扩大市场份额来不断提高企业产品知名度和认可度来实现的。在这个阶段，企业需要完成的工作包括：企业产品或服务的研发工作、企业产品或服务的市场测试工作、企业产品或服务的量产工作、企业销售系统完善工作以及企业的组织结构完善工作。在企业完成创建之后，企业的组织结构已经基本形成，工作人员到位，相应的设备也已经能发挥作用，企业整体上进入一个相对平稳的发展阶段。

从要素投入角度来看，创业企业的立足阶段，是企业密集投入的阶段，这个阶段需要各种资源要素的投入。为了完成产品研发，需要投入技术、设备、资金等必不可少的要素，同时，由于新产品刚刚研发，生存性较弱，未必能迅速地得到市场的认可，所以企图通过产品销售来解决资金来源问题，是存在一定困难的。由于没有经营历史和经营业绩，这个阶段的企业很难得到正规金融机构的认可，现金流压力是创业企业发展到这个阶段比较大的困难，所以能否筹集到企业生存所需的足够资金和选择有效的筹资渠道，是这个阶段的主要问题之一。传统的创业企业，在这一阶段企业所需资金仍然更多地依靠创业者的资本投入。而一些具备广阔发展前景的项目和企业，则有可能得到风险投资商的青睐。企业产品的量产过程，也需要强大的要素投入。在着手开展量产工作之时，厂房、设备、人员的巨大投入，将带来大量的净现金流出。在实现量产之后，由于产品进行大规模销售阶段，现金回流明显，企业的资金投入量远远小于回收量，企业的主要要素投入变更为新产品的研发和技术更新。因为随着企业核心产品的大量销售，相关衍生产品的需求必然产生，企业要依托原有的技术基础，不断开发衍生产品保持持续盈利能力。同时，随着产品市场普及程度越来越高，必然形成模仿产品，出现潜在的竞争者，企业这个阶段要加大研发投入，确保核心产品优势地位的持续性。

3．创业企业的拓展阶段

一个创业企业，实现了市场立足之后，即进入第三个阶段，拓展阶段。这个阶段主要任务是形成企业突破成长限制的能力。经过立足阶段之后，企业的产品或服务在市场上形成了一定的市场占有率，获得了较大的销售收入和利润。由于产品的销量的扩大，企业员工人数迅速膨胀。产量与销售额的持续上升，逼迫企业内部部门不断增加市场覆盖面和销售地域网络越来越分散，企业内耗越来越大，如何对企业进行有效的管理，成了这个阶段的首先要面临的问题。由于销售量的急剧提升，往往能够掩盖住很多企业自身内部的问题，而且随着规模的不断扩大，新的问题也会不断出现，创业企业逐渐被新的危机所困扰，这些都是限制企业持续成长的因素。而要解决好这些因素的限制，实现企业的持续成长，依赖创业初期的管理方式，由创业者的控制权来化解问题，已经是不可能的。此时，需要企业开展新一轮的组织和制度创新。如果这一阶段企业的转型成功，可能使企业规模进一步扩大成为大中型企业，使得创业企业成功走完创业历程，转化为成熟企业，而如果转型不成功，则可能逐渐被市场淘汰。

面对拓展阶段的两个主要任务，这个阶段的主要要素依赖于创业企业家的战略和智慧。无论什么样的企业，在经过立足阶段的规模扩大之后，必然出现管理转型的问题，因为创业初期以创业者为家长的管理模式已经无法适大规模企业的管理要求。如果创业者本身具备着现代规模化企业的管理能力，则这一转变过程要顺利很多。优秀的创业者，甚至在前一阶段就为本阶段的管理工作做好了准备。如果创业者本身不具备这样的管理能力，则可以寻求外部职业经理人的介入。创业者只需要充分利用好职业经理人的能力，亦可完成这个阶段管理模式转变的工作。从技术创新的角度看，这个阶段企业在技术投入方面也应该进入一个相对稳定的阶段。在企业之前的发展阶段，所有的技术研发工作，都是有具体目标的，以核心产品的量产化为目标。但进入拓展阶段以后，企业的研发成为一种常态投入，企业要保持技术领先水平，就得保持一个合理稳定的研发销售投入比，并形成一个稳定的研发部门。企业发展到这个阶段，企业的资金来源则相对多元化，企业自有资金也相对充裕，资金压力不会对企业形成致命打击。企业的资金管理更多地转向战略性管理方法。经历了立足阶段之后，企业已经具有一定规模，企业的业务范围和地域范围也比较广泛，企业演变成一个较为复杂的包含产品分类和区域分类的系统。经过立足阶段的管理变革，授权管理已经成为企业管理的主要模式和方法。但一系列的授权所产生的各种各样的问题，在立足阶段被快速增长的业务所掩盖，这些问题，需要在创业企业成长的拓展阶段得到解决。

第二节　创业企业成长期的特征

企业成长期总体来说具有增长速度快、实力增强，专业化水平高、企业管理逐步走向正轨、创造力强、产品方向基本确定等综合特征，但也存在诸多问题和障碍，综合表现在以下几方面：

一、成长前景良好

由于成长期企业产品或服务已成功推上市场，并已建立一定的知名度，固定老客户的存在，以及潜在新顾客的不断被吸引，产品或服务需求不断走高，企业呈现出良好的发展态势。这时企业如果科学合理地支配企业的有限资源，能抓住自身产品或服务在市场上快速增长的有利时机，就能使得产品的销售总量持续稳定增长，并促进市场占有率的进一步扩大，形成企业的核心竞争优势。

另外，企业在创业之初，常常也会提出这样或那样的企业发展目标，但由于缺乏市场的检验与洗礼，企业目标往往是不切实际的。企业进入成长期阶段之后，迫于生存的压力，常常将企业的发展目标逐步淡忘了，或者与既定的目标出现较大的差距，这使得企业在未来的发展方向上出现了很大的盲目性。对成长期企业来讲，缺少一个长远的、明确的、有社会责任感的企业目标是一种致命的缺陷。它对成长期企业的发展产生诸多不利的影响，例如使成长期企业组织丧失活力，企业失去动力与方向，造成经营管理上的盲目性，使决策和投资出现重大失误，会分散组织的资源，降低资源利用率，使企业丧失竞争优势等。

二、经营风险仍然很高

成长期企业的产品或服务逐渐被市场所接受，销售能力增强，生产规模扩大，业务迅速增长，发展速度加快。但企业的经营风险仍然比较大，这主要是由于企业高速成长，开始引起竞争对手的注意，竞争对手通过设置进入障碍、低价倾销、垄断中间商等方式来限制、阻止成长期企业的进一步发展，从而使竞争风险进一步加剧引起的。此外，进入成长期的企业，由于市场的扩张与销售规模的扩大，管理者可能头脑发胀，制定不切实际的规划与目标，例如企业掉入多元化陷阱中去，导致企业规模迅速膨胀，造成企业资源分散，资源配置效率低，甚至给企业的经营管理和效益增长带来沉重负担随着企业规模的扩大，创业者在管理上会日感力不从心，如聘请职业化经理人，但往往又难以放权，造成新来的经理人员不能顺利地开展工作随着企业经营规模和人员规模的扩大，管理日益复杂，如果领导者的有限精力和原有组织的无规则等相互作用，导致企业的经营管理混乱等，这些因素都会加大企业成长期的风险。

三、管理活动逐步规范化

处于成长期的企业面对外界越来越大的竞争压力，管理者已无法做到面面俱到的集权式管理模式，企业逐步建立完整的组织体系，管理者开始放权。此时的组织结构倾向于扁平型组织结构，即半刚半柔组织。管理者直接管理较多部门，管理幅度较大，管理层次较少，上下信息传输容易且较迅速，各个管理岗位权利相对均衡但不失原则，各部门之间可以交叉补充，网络化联合，横向沟通方便，让公司内部充满弹性，对于外部的变化迅速做出反应，有利于组织较快地根据环境变化做出反应和决策，主要是最高管理者集权为主的管理模式。但此时企业内部的信息交流和结构配置基本上还是非正式。

另一方面，企业逐步建立内部控制制度。设置独立的财务部门，实施规范的会计核算制度。虽然涉及管理的需求，但由于企业的内部控制体系还未建立完善、正处于建立健全的过渡阶段，企业发展速度快，内部充满了前进的动力，所以在这一阶段，内部控制主要还是以内部会计控制制度为主。由于筹资是这一时期企业运营的重要环节，筹资内部控制成为这一时期企业内部控制的重点，而销售和应收账款内部控制、采购和应付账款内部控制等也逐渐趋于成熟。

四、市场份额不断扩大

企业规模不断扩大，发展速度上可能会有波动，但总体上保持较高增长速度。成长期是企业的快速发展阶段，此时企业产品或服务开始为客户接受，市场份额不断扩大，企业销售能力增强。企业的有形资源如厂房、机器设备、资金等已具有一定的规模同时，企业人力资源、技术、品牌、商业信誉等无形资源也在急剧增加，企业的产品或服务已在市场上立足，受到顾客的认可。处于这一阶段的企业即有很强的活力，又具有较强的实力，发展速度较快，但另一方面，企业在成长期的产品市场营销能否成功带有极大的不确定性，因为在技术、市场、信息上的不确定性均会给市场营销活动带来种种难题，也使其变得更富于挑战性。特别是实行“夹缝战略”的成长期中小企业所开发出的市场一般是新市场，它属于引导性需求，其市场容量多大更难以预测，使成长期企业特别是成长期中小型企业面临的风险更大。

五、投资需求增加

到了成长期以后，企业的生产经营活动相比创业期来讲已稳定和可靠得多，其强劲的发展势头处处显示出企业的巨大发展潜力。企业强劲有力的发展，导致企业销量不断增加，市场不断扩大，实力不断增强。企业在销售市场的优良表现，也促使了其在资本市场上的吸引力逐渐增强，能够得到投资者和潜在投资者的投资青睐。同时，产品或服务市场占有率的不断扩大，使得企业必须在生产和市场拓展方面投入大量资金，用于满足场地，生产设备、原材料、工人工资和广告宣传费用不断增长的需求，因此企业总体投资需求较高。较高的投资需求使得企业在这一期间的成本相对产品销售收入是较高的，也就是讲在这一期间企业是微利的。在这种情况下企业内部产生的有限现金并不希望大比例地作为股利和收益分配发放不断扩大，实力不断增强。

但由于企业在融资过程中的信息不对称、融资成本高、融资风险大等深层次问题没有得到根本性解决。我国成长期企业最为迫切的问题仍然是融资困难，融资过程中的结构性矛盾仍然十分突出。尽管国家制定了有关扶持成长期企业发展的多项政策，但实际操作起来困难很大，甚至政策不能到位，使成长期企业的融资问题非常突出。资金不足，已成为影响成长期企业发展壮大的一个主要障碍。

六、对人力资源数量和质量的需求不断增长

企业经历了创业期的艰难靠主创人员的激情和能力来维持企业运作的管理模式已经不再适应企业发展，需要更为有效的管理手段来促进保持企业快速发展。企业成长期阶段人力资源管理开始有比较正式的政策和工作程序，制度开始健全，开始引进更先进的管理方法。在这一阶段，人力资源管理由混沌逐步明朗，从而有了规范的雏形。企业存活以后，企业发展重点是如何获得持续、快速、稳定的发展。这一阶段典型的特征是产品或服务市场扩大、部门增多、规模扩大，生产人员和销售人员大增。企业需要留住专家。并且确保早期对企业的忠诚，不仅如此，企业对员工素质有更高的要求，不但要求拿来就能用，而且要求上手快。由于规模的扩大、人员的增多，因此需要设置不同的部门，这就要进行细致的工作分析，来界定各个部门与部门内部成员之间的工作与活动这要求人力资源必须改变状况，由专业的人力资源管理人员或部门实施管理。虽然企业在成长期，重

视人才的作用，进行人力资源开发，调动人的积极性，使之为企业做出更大的贡献，但这些大部分都是通过分配制度的倾斜实现的，特别在成长期中小企业并没有改变员工被动接受管理的局面，没有把握住人本管理是以自我管理为基础，以人的全面的自在的发展为核心的实质内容。

七、企业文化积累和发展的关键时期

在成长期，企业已经开始步入良性发展轨道，是企业经济发展的大好时机，同时也是企业文化积累和发展的关键时期。此时的企业从关注外部环境到关注内部因素的变换日趋明显。企业逐渐减少对外部顾客需求的注意力，开始优先考虑企业自己的需求。这时的企业经过一定时期的发展，各个方面日趋完善，随着企业规模的逐渐扩大，创业者渐渐无法对企业的各个角落进行亲历亲为的管理，创业者的角色要逐渐向管理者的角色转变，同时企业本身也要求管理系统化、制度化，在这种情况下加强组织建设、建立完善的规章制度、行为规范和道德准等则显得尤为重要。可以看到，随着企业进入成长期，企业文化由幼稚期的外层物质文化上升到中层制度文化，并逐步形成对企业持续发展有利的、被广大员工所认同的核心价值观。处于这一阶段的企业文化已经不单单由企业经营者的观念所构成，广大员工的思想、企业所处的时代特征都对企业文化有着强烈的影响。如果通过长时间的磨合、博弈和积淀，能够形成企业共同的价值观、企业精神和经营理念。从企业的经营实践来看，很多在成长期发展势头很好的企业寿命不长的重要原因之一便是没有很好地协调经济建设和文化建设之间的关系，没有注重企业文化理念的内核—核心价值观的建设。因此在成长期企业要构建与其特点相适应的发展式文化。

八、企业富有创造力且能较快的转化为生产力

在成长期企业不仅继承了初创期创新能力强的特点，而且还具有把这种创新能力迅速转化为生产力的资金和技术实力。处于成长期的企业不仅极富灵活性，而且把企业关注的重心从内部转移到了外部，也就是说越来越关注顾客的需求，企业的一切活动都是以顾客为导向的，价值链的方向发生了改变，即从资产—投入—产品—渠道—顾客变为从顾客—渠道—产品—投入—资产。

而到目前为止，中国的技术市场还没有真正形成，市场中介机构也很缺乏。企业的技术创新机制和风险投资机制尚未完全建立，使自主开发新技术的难度加

大，难以独立承担技术创新的风险。特别是处于成长期的中小企业，绝大部分技术自主开发能力不强，主要依靠模仿型技术创新发展起来，其优点是投资少、周期短、见效快，但也有致命的缺点，即知识产权模糊。另外，我国也缺乏一套支持企业技术创新的法律体系，这使得成长期企业实现技术创新更加困难。

第三节　创业企业成长期的主要模式

一、企业成长模式概述

企业成长的重要性对企业恰当地选择特定的方式、路径（模式）提出了更高的要求，我们认为：企业成长不存在固定的模式，是企业随着环境的改变而不断调整的动态过程。

尽管如此，我们依然可以通过对企业成长过程及其成长模式的剖析和研究，总结出可以借鉴的经验和规律，从而能够减少企业成长过程中的挫折和波动性，为企业的进一步发展提供更深层的参考。

目前，国内学者对企业成长模式的研究主要包括以下几种：

第一种观点是总结国外大企业的成长而得出的，主要有三种模式，即通过市场机制的调节并随市场发展而成长，如美国；通过政府与企业的相互协调合作而成长，如日本；由政府扶持而成长，如韩国、中国。

第二种观点是将企业成长模式划分为四种基本成长模式（尹义省，1999）：基于经营结构发展的成长模式；基于组织结构发展的成长模式；基于空间结构发展的成长模式；基于技术结构发展的成长模式。

贝茨（J. Bates）、帕金森（Parkinson）和萨缪尔森（P. A. Samuelson）对上述四大基本成长模式进行了更细的划分：分析了基于企业经营结构发展的企业成长原因，提出了三类细分成长模式，即以扩大某一产品产量为特征的规模型成长；以在新的产业从事新的业务为特征的多角化成长；以购买上游或下游企业扩展生产链为特征的纵向成长。分析了基于组织结构发展的企业成长模式主要是由于企业市场份额增长、雇员人数增加等原因引起的，提出了两类细分成长模式，即以企业分散和裂解为特征的分散化成长模式和集团化成长模式。分析了基于空间结构发展的成长模式是因为企业成长涉及地域变动，从而形成区域性企业和国际性企业。同时还提出，在实践中还存在这三种基本企业成长模式之间交叉融合，进而形成更为细化的企业成长模式。

第三种观点是从企业的不同层面来划分的：规模成长型，以规模效益的追求为企业成长之动因的一种企业发展模式；产权成长型，主要是产权落实和由一元向多元的转变问题；组织成长型，企业组织成长的方式是多种多样的，如管理手段的更新、人员结构的变化、岗位设置的变动等，它们最终表现为一种组织结构的变化，并以组织能力的成长来表现其成熟度；技能成长型，以技术创新和改造为发展核心的企业成长称之为技能型企业成长；资本成长型，优化企业的资本结构，使企业的资本能产生最大的利润。

第四种观点是从民营企业成长的角度来分析的：市场拉动型的集群式（Spuring on of Market）；企业孵化型的集群式民营企业成长模式（Enterprise Lncubation），企业孵化器（又称企业创业中心）是一种介于市场与企业之间的中间性经济组织，其主要目的是帮助初创阶段或刚成立的相对幼弱的新创企业发展成为能够独立运作并健康成长的企业；分工演进型的集群式民营企业成长模式（Evolution of Division）；外来移植型的集群式民营企业成长模式（Immigration）。

第五种观点则是分为三种模式：渐进型成长模式、跳越型成长模式以及阶梯型成长模式。

其他分类，如专业化模式和多元化模式等。以上不同企业成长模式分类的共性可以总结为：从不同的角度来分析企业的成长路径，实质上都是对企业成长的更深层次的思考、剖析和定位，企业成长过程对应不同的模式，通过选择企业成长模式（企业资源与能力的匹配过程）研究自己的优、劣势，从而进一步促进企业的成长。

二、选择企业成长模式对企业的影响

1．影响的方式

首先是企业选定的成长模式对企业成长的显性影响（直接影响），主要源于不同的成长模式对企业的成长提供了不同的发展思路。其次是企业成长模式的研究、选择过程对企业成长带来的隐性影响（间接影响），主要指的是伴随着企业成长模式选择过程对企业更深层次的思考、剖析和定位，而这对企业的发展起着关键性的作用。

2．影响的路径

选择企业成长模式可以通过横向和纵向（自上而下型）两种路径来影响企业。横向影响是指企业在选择的成长模式，必然会通过企业文化、组织、技术、产品等内部因素作用于企业自身。而纵向影响（自上而下型）则通过产业、市场、企业来影响企业的发展。企业的成长离不开特定的产业背景，不同的产业对企业成长提供不同的条件，产业的现状和演进趋势及产业的技术经济等特征的变化改变了企业生存与发展的环境，对企业成长模式提出相应的要求，产业特征、发展阶段、空间布局和组织关系等是企业成长模式选择的重要权变因素，因而企业想实现持续成长，就必须对其成长模式做出适应性调整。

3. 影响的体现

从表面上看，企业成长的模式选择是以规模为结果的，但本质上，企业成长受多个因素的制约，如产业、企业规模、产权、组织结构、文化、技能、资本等。选择企业的成长模式可以迫使企业管理者对企业成长进行更深层次的思考、剖析和定位，从而可以总结出企业成长的科学路径，并做出相应的其他发展战略决策。具体而言，企业成长过程对应不同的模式，通过选择企业成长模式（企业资源与能力的匹配过程）研究自己的优、劣势，从而更加明确企业在市场上的定位，有助于企业管理层做出适合企业自身发展的有效的成长战略，有助于企业获得科学、合理的成长路径，规划科学的企业发展方向，有助于企业设立必备的管理支撑，促进企业的进一步健康、持续的发展。

第四节　创业企业成长期的战略管理

新创企业的成长并不意味着企业的简单扩大生产，成长是一种变革，是一种质变而不仅仅是一种量变。企业不能仅靠增加雇员、资金、设备和厂房来应付其增长，它必须进行一种转变或转型。新创企业的快速增长需要进行规范化管理，包括制度不断创新、管理不断完善、组织不断变革。但现实中很多企业无法渡过这个难关，最终因管理资源的短缺制约了企业的成长，这既是一个企业成长的陷阱，也是企业成长的转折点。

当然，企业进入成长期，内外环境发生了变化，部分创业元老的创业激情很难和过去相提并论，其思维观念和管理方式逐渐落后于企业的发展速度。同时，随着企业的发展，许多新员工尤其是专业技术人员、管理人员纷纷加盟企业，新的文化观念与原来的企业文化、要求先进的管理方法与凭经验管理的矛盾日益突出，这些都要求新创企业必须高度重视管理规范化和运营系统的可控制性。

通过以上对成长期企业特征和存在的问题分析，成长期企业面临的典型问题是战略目标不清晰，战略选择盲目，企业组织体制不健全等制度缺陷，由管理观念落后、人力资源管理困境加大、市场营销不确定等带来的管理障碍，同时融资、技术创新也面临着巨大挑战。而战略对企业的发展起着举足轻重的作用，特别是对于处于成长期阶段的企业来讲，制定相应的发展战略，便成为企业实现可持续发展的关键举措，因此企业成长期阶段的战略选择研究便成为摆在企业面前的一个重要课题。

一、企业成长期总体战略选择

1．单一经营战略

企业单一经营战略是指企业将全部资源集中使用于最能代表自身优势的某一技术、某一市场或某种产品上的一种战略。在成长期阶段，企业的规模比较小，企业自身的核心竞争力还没有构建起来，此时创业者的动机不应当只是投资回报率，而更应当是满足市场某种需求、创造附加值。在立足本企业优势产业的基础上更多地采用单一经营战略，做精做专，以积蓄力量。单一经营战略可以集中各种资源优势，创造竞争优势，提高企业价值创造能力，实现规模经济。但单一化经营战略也存在一定的劣势，例如有可能造成资源浪费，与产业兴衰密切相关，存在较大的行业风险等。若成长期企业所在的行业市场规模较大、所进入的产业盈利空间大，产业发展的可持续性强，而企业生产技术的特点适应专业化经营，那么可选择单一化经营战略构建企业核心竞争力，实现企业的可持续发展。

2．纵向一体化战略

纵向一体化是企业一种重要的战略，它是企业沿产业链占据前后若干环节的业务布局，是企业核心能力在企业内部扩张的一种形式。纵向一体化的实质是指企业将生产与原料供应，以及生产与产品销售联合在一起的战略形式，是企业在前后两个方向上扩展现有经营业务的一种发展战略，是将企业的经营活动向后扩展到原材料供应或向前扩展到销售终端的一种战略体系，包括后向一体化战略和前向一体化战略。

（1）前向一体化战略是企业自行对本公司产品做进一步深加工，或资源进行综合利用，或公司建立自己的销售组织来销售本公司的产品或服务。如钢铁企业自己轧制各种型材，并将型材制成各种不同的最终产品。

（2）后向一体化则是企业自己供应生产现有产品或服务所需要的全部或部分原材料或半成品，如钢铁公司拥有自己的矿山和炼焦设施；纺织厂拥有自己纺纱、洗纱等。

纵向一体化的目的是为加强核心企业对原材料供应、产品制造、分销和销售全过程的控制，使企业能在市场竞争中掌握主动，从而达到增加各个业务活动阶段的利润。纵向一体化是企业经常选择的战略体系，是企业希望建立起规模强大的生产能力以获得更高的回报，并通过面向销售终端的策略获得来自于市场的各种信息的直接反馈，从而促进产品不断地改进并降低成本，取得竞争优势的一种方法。纵向一体化是一种典型的价值链体系，在这种体系下产生了完整的价值传递过程，作为企业的战略制定者可以不断做纵向渗透。例如：伊利奶业向后进入了奶源基地的建设，奥康皮鞋向前进入了专卖店建设。

3．多元化战略

多元化战略可以分散企业经营风险，创造协同效应，开拓经营市场，可以充分利用企业资源，实现稳定增长，但是也存在加大企业管理风险，企业难以形成经营特色的劣势，属于分析中的战略。当成长期企业所在某个产业已经饱和，其产业扩张的力度已经没有多少弹性，成长环境也随着市场饱和而不甚良好，而新进入的领域必有优势所在，也就是说有其核心竞争力优势，而企业又具备多元化的资源和能力时，可采用多元化战略风散企业风险。但是，实行多元化应围绕核心技术、核心能力实行。由于成长期企业自身的核心竞争力还没有构建起来，如果企业盲目进入新的业务领域，就很容易使企业陷入困境，造成经营上的失败。成长期企业选择多元化战略要慎重。

4．集团化战略

多元化战略基于企业的经营结构而言，而集团化战略则是基于企业间的组织结构。多元化是企业集团的一种成长扩张模式，但不是唯一模式，除了行业多元化，企业集团还可以通过横向并购实现规模增长，进行纵向一体化实现上下游整合，或扩展国际市场等。横向并购战略指获得与本企业竞争公司的所有权或对其的控制。竞争者之间的合并、收购和接管提高了规模经济和资源与能力的流动。通过并购战略，企业可以扩大规模，增强竞争优势。成长期企业实力较弱，技术水平差，难以形成大企业的规模优势，特别是成长期的中小型企业，企业可以在平等互利，风险共担的基础上协调发展，互相取长补短，共同积累资金，共同开拓新技术及新产品，共同开发市场，结成较为紧密的联系，有利于抵御大企业的竞争压力，有利于企业自身的生存和发展。企业集团化的形式是多样的，可以是同行业的联合，通过律师行业协会加强相互之间的合作和交流也可以是跨行业的联合，由不同行业的中小企业组成联合体，相互协作，开展互助合作活动。活动内容可以包括新技术开发、新产品开发等合作事项也可以包括经营、生产管理经验和市场信息的交流等。

二、企业成长期经营战略选择

1. 成长型战略

处在成长初期的企业，首先考虑的自然是以自我发展为主的成长型战略。它包括三种具体战略市场渗透战略、市场开发战略和产品开发战略。经过创业期的发展，企业开始走向正轨。企业在现有市场基本饱和的情况下，企业可以把精力用于市场开发，要努力把现有产品放到新市场中去销售，不断地通过市场开发来挖掘产品的潜力，从而实现规模更快的增长。同时还必须还要加强产品的开发，企业要改进老产品或对现有市场投放新产品或利用新技术增加产品种类，以扩大原有市场的占有率并增加销售额。只有进行产品开发，才能真正主动适应市场变化，把握市场脉搏。而前两种战略，只是对市场被动的反应。然而，成功地进行产品开发并非易事，它往往有很高的投资风险。

（1）市场渗透战略

市场渗透战略就是将现有产品更大量地投放到现有市场上，以进一步增加销售量，提高市场占有率，属于分析中的战略。市场渗透的做法包括增加销售人员、增加广告开支、采取广泛的促销手段或加强公关宣传能力。

（2）市场开发战略

市场开发战略指企业在现有市场基本饱和，把现有产品放到新市场中去销售的做法，属于分析中的战略，具体有三种实现形式：一是市场开发；二是寻找潜在的用户；三是考虑增加新的销售渠道。当成长期企业存在一些外部机会，但企业有一些内部的弱点，妨碍着它利用这些外部机会时，企业可采用市场开发战略。

（3）产品开发战略

产品开发战略指企业用改进老产品或对现有市场投放新产品或利用新技术增加产品种类，以扩大原有市场的占有率并增加销售额，属于分析中的战略。当成长期企业技术创新能力较强，只有进行产品开发，才能真正主动适应市场变化，把握市场脉搏。进入成长期的企业要迅速着手建立长期竞争优势，给市场设置合法的进入障碍，巩固市场地位。企业应由原来的产品导向转变为市场导向，满足顾客需求，在成长期，由于企业的销售大量增长，企业的利润也大幅增加，企业为了获得更大的市场份额，就必须投入更多的资源，进行技术创新，以领导市场潮流，获取持续的竞争优势。

2．竞争战略

竞争战略是指企业产品和服务参与市场竞争的方向、目标、方针及其策略。其内容一般由竞争方向市场及市场的细分、竞争对象竞争对手及其产品和服务、竞争目标及其实现途径如何获取竞争优势三个方面构成。在艰难度过投入期之后，企业便生存下来，这时企业实力获得了长足增长，市场份额不断增加，规模经济开始发挥作用，企业实力增强，这时企业往往很容易陷入两个陷阱：一是创业者陷阱，即创业者独断专行，导致决策和管理风险增大；二是战略盲动。由于高速的增长，决策者往往容易被胜利冲昏头脑，高估企业实力，从而陷入盲目扩张的陷阱中。因此，企业要根据自身的实力选择充当挑战者还是跟随者的角色。处于成长期的企业在采取成长型战略的同时，可以采用三种通用的竞争型战略低成本战略、产品差异化战略、市场集中战略。

（1）低成本战略

低成本战略指企业在较长时期内保持全行业范围内的低成本地位，通过低廉的价格扩张来扩大市场占有率，从而取得竞争优势的战略。中小企业要在做专、做精的基础上，通过企业组织结构调整，对现有生产能力进行改进，降低成本，提高市场竞争力。另外，企业可以通过实现规模经济、获得廉价的原材料、设计出便于制造的产品以及充分利用生产能力等实现其低成本战略。虽然成本领先可以给企业带来竞争优势，但采用这种战略也要面临一定的风险。首先，技术的迅速变化可能使过去用于扩大生产规模的投资或大型设备失效，而且，如果竞争对手进行了技术创新，也会造成现有生产设备的过时。其次，由于实施成本领先战略，高层管理人员或营销人员会将注意力过多地集中在成本的控制上，以致无法看到消费者选择偏好的变化，而忽视客户新的需求。

（2）产品差异化战略

产品差异化战略指企业提供的产品与服务在产业中具有与众不同的特色。差异化产品容易赢得用户的信任，对价格的敏感度下降，在特定领域形成独家经营市场，获利较高，可长期保持优势地位。尤其在竞争不断加剧，人们生活水准越来越高，同时更加追求多样化和个性化的经济和社会环境下更加有效。作为广泛被企业选择和采用的一种战略，产品差异化战略往往给企业带来相应的竞争优势，但是，产品差异化战略受客户购买力和经济环境影响较大。因此企业选择产品差异化战略时，应对市场的变化充分加以分析，并时时观察环境的变化。其次，竞争对手的模仿也会造成客户缩小产品差异性的感觉。这就要求企业的管理者，要不断地提高企业的技术水平，不断强化形成产品差异化所需要的资源和能力，降低竞争对手的模仿能力。当成长期企业能够通过多种途径创造出与竞争对手有差异，并且这些差异对消费者很有价值的产品，企业所处的行业采取类似差异化途径的竞争对手很少，行业所生产的产品技术创新能力强，消费者对产品的需求多样化，而企业具有很强的研究开发能力，市场营销能力强，在行业内有一定的声望，此时企业可采取差异化战略。

（3）市场集中战略

市场集中战略指通过满足特定消费群体的特殊需要，或者集中服务于某一有限的区域市场，来建立企业的竞争优势及市场地位。由于集中战略对外部环境变化的适应性较差，企业选择集中战略也会遇到风险。其风险之一在于竞争对手可能会集中在一个更加狭窄的细分市场上从而使集中不再集中，另外由于狭窄的竞争性细分市场中的客户需求可能会与一般客户需求趋同，从而集中战略的优势被削弱或去除。当成长期企业所处行业中各细分市场在规模、成长率、获利能力等方面存在很大差异，致使某些细分市场具有很大吸引力，而企业又能够发挥自己的优势，在此细分市场做得更好，同时在相同的目标细分市场中，没有其他竞争对手采取类似战略市场上具有不同的消费者群体，而且各消费者群体间在需求上存在显著差异，企业的资源不允许其追求更广泛的市场，同时企业具有相应的资源和能力能够比竞争对手更好地满足目标市场，此时企业可采取市场集中战略。

上述有关企业成长期总体战略和经营战略的选择分析是一种抽象的总结，管理者要根据企业的自身实力，以及外部环境的具体情况来选择具体战略的一种或是几种的组合。

本章小结

新创企业的成长是一个动态的过程，具有生命周期的特征。

爱迪思认为，企业作为一个生命体，与自然生物一样，服从“生命周期”的普遍规律。他将企业生命周期划分为十个阶段，即孕育期、婴儿期、学步期、青春期、盛年期、稳定期、贵族期、官僚化早期、官僚期、死亡。我们所研究的创业企业成长阶段，针对创业企业的特征，不覆盖爱迪思的全生命周期阶段，而只是仅限于企业从孕育期、婴儿期、学步期到青春期的范围内。

企业成长期总体来说具有增长速度快、实力增强、专业化水平高、企业管理逐步走向正轨、创造力强、产品方向基本确定等综合特征，但也存在诸多问题和障碍，综合表现在以下几方面：成长前景良好 、经营风险仍然很高、管理活动逐步规范化、市场份额不断扩大、投资需求增加、对人力资源数量和质量的需求不断增长、是企业文化积累和发展的关键时期、企业富有创造力且能较快的转化为生产力等。

在成长管理中，战略管理是重点，企业必须结合内外部的综合因素，作出正确的战略定位和战略选择，尤其要制定合理的竞争战略。

思考题

1. 什么是企业生命周期理论？
2. 企业成长期的主要特征有哪些？
3. 企业成长期的主要模式有哪些？
4. 企业成长期的总体战略选择有哪些？
5. 企业成长期的可以选择哪些经营战略？

小组活动

请大家将以下几种情况下创业者每天的主要工作写在不同的纸条上：

1. 公司只有创业者 1 人时。
2. 公司有 3 名员工时（包括创业者）。
3. 公司有 30 名员工时。

4. 公司有300名员工时。

5. 公司有3000名员工时。

你有什么新发现？请根据你的新发现，说明创业者应该如何管理成长型的公司。

案例分析

凡客诚品的成长分析

凡客认为用户体验是互联网品牌构筑的关键因素，是互联网品牌建设的必经之路。自成立以来，凡客公司就非常关注用户需要和用户体验，在产品设计、网络购买、物流服务到售后保障等多个角度提升用户感受。推出了一系列创新性的互联网购物服务内容，如当面验货、当面试穿、三十天无条件退换货等，这些服务大大提高了用户购买的便利性和保障性，使得凡客公司获得了良好的碑，形成了一定的品牌美誉度，最为关键的是，凡客公司积累了大量的忠实客户。

随着产品种类的不断丰富，以及对用户体验的关注，凡客在中国服装电子商务领域品牌影响力与日俱增，已经成为中国网民购买服饰的第一选择。全球著名会计师事务所德勤审计后认为：过去三年，凡客诚品是亚太地区成长最快的品牌。艾瑞咨询《2009—2010年中国服装网络购物研究报告》显示，凡客在自主销售式服装B2C网站中排名第一。

但是，凡客公司的成长历程也是布满荆棘的。2010年是中国电子商务行业最幸福的一年，麦考林成功上市融资，当当网的IPO也成功了，天猫成功从淘宝分拆，为其公司带来了数以百亿计的业务收入，在繁华的背景下，无数的资本都在拼命砸向电子商务领域。人们在沉浸于电子商务梦想的大背景下进入到2011年，但几个月之后，人们就意识到电子商务这辆快车的步伐减缓了，甚至可以说是遭遇到“寒冬”，业内人士大多措手不及，资本投入的降温，使得整个行业面临着前所未有的挑战。在这样的大环境下，凡客的上市计划破产，在几个月后，众多质疑开始包围凡客，在大环境变化的背景下，凡客确实也出现了成长瓶颈。

陈年作为一个电子商务领域的元老，更擅长的是对企业整体方向的运营和对资本的把握，而对企业层面的管理，则显得有所不足。在凡客短短几年的成长过程中，那种追求规模增长的管理文化，已经让凡客进入到一种失控的状态。增长性因素在发挥作用促进企业成长的同时，也在催生着抑制性因素的迅速膨胀。几年的成长历程，已经在凡客形成了强大的成王败寇文化，谁能扩大销售量，谁就有话语权，这种思想在凡客公司内部根深蒂固，这一方面使得公司内部的竞争加剧，各部门之间，已经不再是合作关系，而是在销售量上的竞争关系。各部门将精力集中在规模扩张上，人员不断增加，产品种类激增，但这些因素导致的产品销售额的提升，既没有为凡客带来高额的利润，也未能形成凡客核心的竞争优势，造就凡客的核心成长能力。一系列的变故，使凡客面临着内忧外患的不利局面。从内部上看，几年的无序扩张，造成了凡客大量的库存，库存压力已经成为凡客目前重要的资金压力来源。而且，内部的管理导向的错误，对企业成长也是非常不利的。从外部看，电商务行业所遭受的危机，使得凡客进一步大规模融资的计划不得不放弃。在内忧外患面前，陈年做出了沉思，凡客做了一个结构性的调整，即建立以数据中心为核心的运营控制体系。在之前的运营体系中，生产部门（对凡客而言，就是管理代工厂的采购部门）是整个体系的核心，销售部门的作法是有什么产品我就卖什么产品。而生产部门是不会考虑销售部门的感受，这样虽然造就了凡客产品特征的凸显，有利于品牌形象的塑造，但却由于生产和销售的脱轨，形成了巨大的库存。目前，凡客调整为以数据中心为核心，成立了五个事业部，每个事业部拥有自身的规划、设计和营销管理体系。而全国的三个生产中心，则不再影响规划和设计，而是按照数据中心的指示，实现事业部向生产中心下单生产的工作流程。

思考：

通过对以上案例的阅读，您认为凡客的企业成长期使用了什么样的战略管理方法?

CHAPTER12

第十二章 公司内部创业

学习目标

- 了解公司内部创业的内涵、原则和注意的问题
- 理解公司内部创业的模式
- 掌握公司内部创业的障碍及克服的方法

关键词

内部创业；内部创业原则；内部创业模式

引导案例

内部创业：在企业内有效释放创业梦想

在微软亚太研发集团上海园区里，有一间叫做创新空间的小屋，无论谁有好的创意都可以来这里寻找志同道合的人一起研究，如今它已成为许多微软员工进行内部创业的起点。“有一次我觉得自己有个不错的点子，但又不是很自信，于是就到创新空间里和大家说了一下。在场的很多人都觉得很有趣。后来通过私下联系，五个不同专业背景的人便组成了一个内部创业小团队。”微软用户体验设计师宋平是一个头脑非常活跃的人，经常会有很多奇怪的想法，创新空间让她有了用武之地，可以在做好本职工作的前提下，与不同部门的同事组成团队来实现自己的创意，并且会得到公司各类资源的支持。

“我想大多数公司是不希望员工花费时间去尝试非工作范围内的事情的。”微软亚太研发集团卓越工程总监 Alex Cobb 说，“但我们非常愿意为员工提供创新的自由度，让他们可以在工作范围之外做些感兴趣的事情，比如做服务器的员工可能会对手机产品、游戏软件感兴趣，那他就可以带着自己好的点子到创新空间里和同事聊一下，听听大家的反馈。合适的话就可以组成团队来实现自己的想法，公司会提供各方面的支持。如果产品做成了，他们就可以在大大小小的技术展示会上，向同事和管理层展示作品，针对消费者或客户的技术和产品还能通过微软的平台对外发布。如果失败了，员工也不需承担任何风险。”

Alex Cobb 指出，与一些公司内部孵化项目不同，员工的这些想法不需要经过上级批准，创新空间里也没有管理层对你指手画脚，任何员工都可以提出自己的创意。这种内部创业活动对公司的业务和员工的全面发展都会有良好的影响，唯一的风险是员工可能会在项目上花费太多的时间。

这个实例告诉我们，内部创业是企业持续成长的可行方式。目前，在产品创新方面，世界 500 强中名列前 100 位的大公司中在 20 世纪末就已有 65%采用了内部创业机制。国际上，内部创业已经被理论界和商界看作大型企业克服内部僵化的一种良药。

第一节　公司内部创业概述

近年来，公司大型化、集团化是全球化竞争背景下的一种趋势。在这个趋势下，公司只有做到既保持组织的动态灵活性，又克服庞大组织所带来的低效率，才能快速响应市场的需求，不断突破、超越自身生命周期的约束，维持竞争优势，实现可持续发展的目标。比如深圳华为集团为了解决机构庞大和老员工问题鼓励内部创业，将华为非核心业务与服务业务，如生产、公交、文英餐饮业以内部创业方式社会化，先后成立了广州市鼎兴通讯技术有限公司，深圳市华创通公司等。这些内创公司依托华为强大的经济实力与市场占有率为其产品提供相关技术服务，同时也成就了企业内部优秀员工的创业梦。

一、公司内部创业的内涵

“内部创业”这一概念最早于 1978 年由吉福特·平肖和他的妻子伊丽莎白·平肖在一篇论文《企业内部创业》中首先提出，并在其于 1985 年出版的《内部创业：为何你不再需要离开公司成为企业家》中结合 3M、杜邦、GE 等公司内部创业实践做了详细阐述。彼时，美国很多企业开始尝试内部创业，进行业务流程再造和结构重组，建立学习型组织、组织架构扁平化，以提高企业竞争力。随后，日本松下、富士通等企业也开始了内部创业机制。

国内企业大张旗鼓地推出内部创业项目，不得不提的是 2007 年盛大游戏推出“20 计划”，旨在鼓励游戏项目负责人在盛大内部创业，项目负责人最高可获得游戏 20%的收益分成。在这个计划下，内部员工创业可以获得盛大的全额投资。2009 年，盛大创新院成立，掀起了内部创业的高潮。它类似一个孵化器，曾推出盛大 Bambook 电子书、盛大手机、麦库等产品，吸引了“程序员之父”潘爱民、谷歌产品团队最早成员之一的杨巍、多媒体专家陆坚、国内知名语音交互专家黄伟等的加入。盛大创新院一度聚集了约 500 人，外部团队带着项目（成型或者想法）加入，公司内部员工也可以提出自己的项目立项，经过计委会评审投票，通过的就可以做，颇似节奏更快的天使投资。对于每一个项目，盛大集团都会承担全部的前期孵化成本。

作为互联网公司激活内部员工创造力的法宝，“内部创业”作为一个新名词逐渐进入大众视野。所谓公司内部创业是指由一些有创业意向的企业员工发起，在企业的支持下承担企业内部某些业务内容或工作项目，进行创业并与企业分享成果的创业模式。这种激励方式不仅可以满足员工的创业欲望，同时也能激发企业内部活力，改善内部分配机制，是一种员工和企业双赢的管理制度。

相对于另立山头，自力更生的创业方式，内部创业在资金、设备、人才等各方面资源利用的优势显而易见，由于创业者对于企业环境非常熟悉，在创业时一般不存在资金、管理和营销网络等方面的困扰，可以集中精力于新市场领域的开发与拓展。同时由于企业内部所提供的创业环境较为宽松，即使是创业失败，创业者所需承担的责任也小得多，从而大大的减轻了他们的心理负担，相对成功的概率大了许多。从另一方面来说，建立企业的内部创业机制，不仅可以满足精英员工在更高层次上的“成就感”，留住优秀人才，同时也有利于企业采取多种经营方式，扩大市场领域，节约成本，延续企业的发展周期。充满活力与创新思维的内部创业往往可以对组织结构臃肿，拘泥于传统工作方式的大企业带来强烈的观念冲击，从而彻底转变企业的经营理念，保持不断创新与持续发展。

二、公司内部创业的原则

越来越多的实践证明，内部创业已成为公司实现持续性成长的一种可行方式，同时也引发了很多学者的关注。通过研究发现，公司内部创业需要遵循一定的原则，主要体现在以下几个方面：

1．清楚陈述公司未来的远景与目标

远景与目标能使内部创业者从事创新活动时有一个遵循的方向，并能与公司的经营策略相结合。推动内部创业的企业首先在政策上要能够支持与鼓励创新行为，并向员工明确传达下述政策：只要是符合企业的发展策略，有助于实现企业的远景目标，由员工主动发起的创新活动将被容许，并且可获得资源上的支持。例如，3M 公司明确设定，员工可运用 15%的工作时间与资源，来自由从事创新有关的活动，且不必事先获得主管的同意。这类积极支持内部创业的公司认为，追求创新成功要重于执行制度规章，因此主管多半能够挺身支持创新，并愿意承担失败的风险。

2．发掘企业内部具有创业潜力的人才，并加以鼓励支持

企业内创业家追求的不只是金钱的报酬，还包括成就感、地位、实现理想的机会、拥有自主性以及自由使用资源的权力。一般内部创业家大都有远见，是一个行动导向的人，有献身的精神，能为追求成功，而不计眼前的牺牲代价。但创业行为也不能只凭一股热诚，创业家必须要有创意，并能提出具体可行的方案。

3．建立内部创业团队、寻找组织内保护人

内部创业家除了具有创意以外，也必须是一位好的领导人，能够在组织内部吸引所需要的专业人才，共同组成创业团队。同时新事业开创过程中，还需要一位具有影响力的高层支持者作为保护人，协助获得所需资源，并排除创业过程中的企业内部阻力，使创业团队能够安然度过最艰辛的创业初始期。

4．赋予创业团队行动自由，但同时要求成果责任

企业对于内部创业团队的创新与创业活动，应给予很大程度的行动与决策自主，在一定额度范围内，创业团队可拥有自由支配资源的权力。但同时也要设定查核点对成果课以责任，在未实现成果以前，创业团队必须放弃分享其他部门为企业的所创造的利益。

5．采用红利分配与内部资本的双重奖励制度

用双重奖励制度来激励内部创业行为，并能容忍犯错。一般员工对于企业奖惩的认知是，冒险创新成功的报酬太低，而失败时的惩罚太重，因此宁愿保守应对。但激励制度对于企业创新活动有至关重要的影响，所以重视内部创业的企业大都能够容忍创新时的犯错，对于创业成功的奖励，除给予升迁选择外，还设计分享成果红利，以及给予可供自由支配的内部资本作为额外的奖赏。

三、公司内部创业注意问题

改革开放初期我国将市场竞争机制引入到企业内部，而现在要做的则是将创业精神引入到企业中，让大企业具有创新性和灵活性，这对企业的持续发展和提高竞争力是大有裨益的。但公司进行内部创业需要注意以下问题：

1．内部创业要与本土企业文化相结合

企业实施内部创业战略一定要与本土企业文化有机结合，否则就会“水土不服”。2000 年初，华为内部创业的目的是通过给予一定的优惠政策，希望一部分难以发展、缺乏活力的老员工自愿退出，解决机构庞大的问题并保持企业活力。结果，有创新能力的员工纷纷响应号召去内部创业了，留下来的都是一些保守的老员工，他们对企业创新缺乏动力，却又占据着重要职位，以致没有更多职位招聘新人，造成企业新鲜血液的匮乏和创新能力的减弱。一流创新企业普遍注重选拔一流创新人才，这对习惯寻求职业稳定性的人员是一个挑战。企业人员必须先进行准确的职业定位。对于寻求保守稳定的人员来讲，进入工作具有挑战性的创新型公司显然是一个职业错位，他们应该选择更加稳定的工作环境避免出现诸多不适应。而对于具有创业精神的人来说，积极投身于内部创业是实现人生价值的一个重要体验过程。

2. 要了解企业内部创业机制的真实意图

对于企业内部创业，创业者一定要谨慎对待，尤其要通过各种渠道了解企业实行某种内部创业机制的真实意图，观察其前后行为的一致性。有的人听到企业实行内部创业机制很高兴，觉得是在鼓励创新，但企业的说法也可能是经过包装的，名义上鼓励创新，真实的目的却可能是裁员。有的企业还可能以此来试探新人的能力，虽然企业说失败没有任何风险，当事人却可能要承担个人名誉的风险。还有的主推人可能只是想创业绩。此外，面对内部创业机会，创业者还要考虑自己有没有能力，做不好可能会怎样，最好能让公司提供一些相关保障。

3. 勇于在内部创业平台上释放激情

对于想参与内部创业的员工，建议有想法一定要去实践。虽然成功的案例可能并不多，但不要怕失败。参与内部创业一定要合理管理时间，尤其不能影响本职工作。最后一点，一定要多与他人沟通，讲究团队合作。

第二节　公司内部创业的模式

公司会依据自身的具体情况以及外部环境的变化来选择不同的内部创业模式，不同的模式也会对公司的创业过程产生不同的影响效果。因此，选择合适的创业模式也是成功开展公司内部创业的关键环节。下面以几个著名企业开展内部创业的模式为例，介绍在实践中常见的公司内部创业模式。

一、公司先庇护再放手模式

在这种模式下，当创业机会出现时，公司鼓励内部竞标，中标者即成为创新项目的负责人；当项目逐渐成熟时，事业部可以形成新的子公司。这种模式的代表是宏基公司。

1. 给员工展翅的平台

宏基集团有 36 家子公司，各子公司通常是高度自治。对于进入公司 5 年以上的员工，宏基认为公司应该给他们提供舞台，包括通过内部创业机制为员工创造机会。他们鼓励员工参加内部竞标活动，让对项目感兴趣的员工参加竞标，中标者就是该项目的项目经理，负责项目的全过程实施。宏基是多元化的经营模式，采用相互关联的事业体渐进共生方式多角化发展，它的内部创业公司，通常与母公司在技术、渠道、上下游或人才方面有多项关联性。

2. 宏基的“最佳”模式

宏基内部创业最为成功的通常具有以下特点：一开始作为部门存在，新创部门在母公司的庇护下，集中优势资源开展业务。等新创事业在部门度过了生存期后，就可采取引入外部资金的形式组成新公司。通常，母公司会把在新公司的资本比例控制在 50%～80%，因为加入了互补性伙伴，增加了新的观点、文化和丰富的外部资源，新公司的老总及经营团队除了要达到母公司交付的目标及任务外，也必须用心应付其他大股东的监督和检验。

3. 宏基模式——华人企业的典范

宏基集团应该是研究华人企业创业的一个很好的控制实验室，因为它在同一个集团有同样的产业环境，也有类似的文化。不过，与华人企业盛行的中央集权管理方式不同，当宏基内部创业的企业成长到一定阶段后，宏基在各子公司通常只掌握较少的股份。例如，在 2002 年主动将所持有的明基股份减少到三成。宏基领军人物施振荣的特点是，刚开始的时候全力帮你，等大了，再全力给你更大的自由。至于过程中的度，则视具体情况而定，宏基奉行模糊管理。

如上所述，宏基内部创业机制的形成发展及成功运作，对于大多数的企业，特别是正在发展中的民营企业有着非同一般的借鉴意义。因为她是以中华文化为基础之上的一个成功典范，她让优秀的员工有了施展自己才华的机会，也让很多年轻人看到了创业的希望。宏基公司最大的魅力在于将自己的资源与内部优秀人才有效地结合，让优秀的员工可以释放自己的创业激情，在这过程之中公司先为其保驾护航，之后慢慢放开让其独立经营，给予相对的自主权。宏基公司的所强调的信任和利润分享机制，更是在文化上赢得了优秀人才加盟，这样良性的循环机制使得宏基公司越做越好。

二、转为代理商或外包业务商

在这种模式下，创业不是最终目的，而是企业解决其他问题的有效工具，这些措施只是在特定时期的特定政策，期中典型的代表企业是用友和华为公司。

1. 用友的“后辙”

用友在合肥、武汉和温州推行了“创业计划”，公司总裁王文京希望那些地区分公司的员工离开公司，转为自行创业的代理商。用友公司为离职做代理并成立公司的员工提供资金和产品的支持。员工级的能获得 8 万元、经理级的能获得 15 万元赞助。这是用友公司因原有的渠道成本压力太大，需要变革而采取的措施。

2．华为的“前车”

早在 2000 年，华为为了解决老员工的出路问题，也曾实施过类似的“内部创业计划”。当时公司把非核心业务和公交、餐饮等服务业务外包给老员工作为创业机会。华为鼓励员工离职创立新公司，帮助打通全国的分销网络，作为支持，为创业的员工免费提供价值相当于员工所持华为内部股 1.7 倍的公司产品。当然有条件，创业公司产品不能同业竞争，并且不能挖墙脚。今天，一些地方为华为做工程安装调试工作的公司就是华为当初内部创业的人创立的。

总之，内部创业的形式多种多样，关键是选择一种最适合公司的内部创业机制，兼顾公司的发展与员工的切身利益，让两者在动态之中保持平衡。无论是华为的“前车”，还是“用友”的后辙，都是在特定时期的特殊创业方式，既让公司的资源得到最大化的利用，也让员工将自己的才能最大限度地发挥。

三、计划书模式

鼓励公司全体成员递交商业计划书，有助于公司抓住创业机会，更有效地开展内部创业活动。运用这种模式的代表企业有富士通和松下公司。

1．富士通的“大赛”式创业

为推行内部创业，富士通成立了专门的基金，只要在富士通工作 3 年以上的员工，公司都鼓励他们申请创业基金。他们采取的是递交创业计划书的形式，公司每半年组织一次“大赛”，“大赛”主要考核两项：一是员工个人是否具有创业素质；二是创业领域、计划书的可行性以及是否风险较小，收益稳定。公司为此成立了专门的创业评定机构，那些被选上的员工，公司会给其投入创业基金。这笔钱被当成是以公司的资金入股，与员工的智力和技术共同新创公司，富士通在新公司所持的股份通常不会超过 50%。随即，公司与创业的员工解除劳动关系，但可以提供资源、业务、技术等方面的支持。

2．松下的“创业基金”

松下在 2000 年也投资 100 亿日元设立了公司创业基金，用于支持员工创业，方式也是通过商业计划书。为了鼓励员工创业，松下规定，创业者初期出资比例可以在 30%以下，以后再从松下公司回购股份，并且创业的员工可以签约成为松下的合同工，即使创业失败，5 年内仍可回公司继续工作。

如上所述，同样是成立创业基金，目的和运作各不相同，富士通的创业基金更利于让企业获得好的投资回报，而松下的创业基金则倾向培育员工成为勇于向新生事物挑战的创业人才。两家公司通过商业计划书的形式，让想要创业的员工放下包袱，不仅给予制度上面的保证，并且也给予资金上的支持。日本有许多建立鼓励员工创业制度的企业，当在公司内征得有发展潜力的创业计划时便全力出资提携，但一旦遇到挫失便失去扶持热情，最后不了了之。松下建立鼓励员工独立创业制度的根本宗旨，在于激发有创业志向的员工的创业热情，为松下本身的发展注入活力。这样的创业方式已经日趋成熟，而时下正是中国企业发展的良好时机，对于正在壮大的民营企业有着很好的借鉴意义。

四、15%模式

15%模式是公司员工可以用15%的工作时间来干自己感兴趣的事情，而公司高层会帮助员工排除新创过程的内部阻力，不同公司的百分比可能不一样。运用这种模式的代表企业有3M公司和Google公司。

1．3M的创新——15%模式

对创新型公司来说，最经典的案例莫过于3M的15%模式了。公司给予员工自由和开放的空间，预留出余地，不去对员工的任何创新进行限制，那些绝妙的创新很自然地进化到创业的实操阶段。几十年来，这个模式已使3M的骨子里渗透着创新的气息。它创造了一种组织的理念，为公司的创业文化赋予了灵魂。

2．Google的创意——20%模式

在Google，员工有20%的自由工作时间可参与Top100中的任何项目，Top100是个随时变动的项目列表，列表来自“想法邮递列表”，它像是一个面向所有员工的留言板，员工有了一个创意，可以写在上面，其他的员工则可以对该项目发表自己的建议并投票，很多好的项目会因为高的投票率而自然地凸显出来。当然，Google会通过技术的手段对员工的内部创业进行支持，如千万美元级别的“创始人奖”。Google这种鼓励创新的内部自由生态，把整个公司变成了一个小型的硅谷。

以上的这两家公司的制度既可鼓励员工创新发明，又可留住人才——防止员工因想创业而离职。他们充分利用公司有效的现有资源，让员工在自由的状态下学习他们的兴趣所在，提升自己对工作的热爱，让这种热爱催使他们更加地投入到内部创业之中。

五、公司风险投资模式

公司风险投资是指有明确主营业务的非金融类企业在其内部或外部进行风

险投资活动。公司从事风险投资的形式主要有两种：一种是把用于风险投资的资金委托给专业的风险投资公司进行管理，由其成立的投资基金根据委托方的战略需要选择投资目标；另一种是公司直接成立独立的风险投资子公司，其运作方式与专业的风险投资公司相似。不过，一项来自英国的研究表明，那些针对企业外部的风险投资，新创建的业务只有不到5%被母公司采纳。

自从风险投资被互联网掀起了热潮后，风险投资也就渐渐成为被采用最多的创业方式之一了。英特尔、微软等企业都成立了自己的风险投资公司或机构。

这种投资不仅可以针对公司外部的项目，同样也可以针对公司内的部门或创业者。不过，最常见的是整合资源，内外兼顾。如壳牌石油的“游戏改变者”项目，这是该公司勘探与生产部发明的，为了给公司寻找新的市场机会，特别是突破性的机会，项目组四处收集创意，并为最有希望成功的想法提供资助。公司将10%的技术预算按“风险投资”的方法来使用。

六、阶段管理模式

创业在不同阶段对资源和外部环境有不同的需求，内部创业同样存在规律，也会有相应的流程。将内部创业分阶段管理，不仅可以更好地满足每个阶段的要求，更能提升内部创业的效果。柯达公司内部创业的过程就运用了阶段管理模式，其具体做法是分4个阶段进行：

1．创业设想开发阶段

大约 10%有成功希望但与主营业务不符的创新提议，可以从 NOD（New Opportunity Development，新业务开发）部门获得高达2.5万美元的资助。这一阶段被称为创业设想的开发阶段，发起人可以将20%的工作时间用于完善创业设想。

2．业务开发阶段

如果设想可行，便可进入下一阶段，即业务开发阶段。这时发起人可以离开原有岗位，并可获得高达7.5万美元的项目资助。他此时必须组建项目小组，撰写项目规划书，开发产品模型。这时项目小组会得到NOD部门的咨询服务和其他支持。

3．运作启动阶段

如果进展顺利，创业项目可以再进一步进入运作启动阶段。在这一阶段，项目可获得高达25万美元的资金支持，并在通过严格的项目评审后还可获得更多的资金。这时，项目从属于柯达技术公司（KTI）。KTI 此时扮演控股公司和风险投资公司的双重角色。

4．子公司脱离

尽管 KTI 是柯达公司的子公司，但它所管理的诸多创业项目和柯达公司已经脱钩。KTI 在此就像一个孵化器，它对创业项目的投资回报率的最低要求是 25%。如果项目运转顺利，几年后，创业项目可以通过公开上市和转让，实现资本增值。

综上所述，创新在不同阶段对资源和外部环境有不同的需求，内部创业同样存在规律，也会有相应的流程。

第三节　公司内部创业的障碍及克服

从某种程度来说，公司内部创业是一个革新的过程。因此，从内部创业观点的形成到创业实践活动的开展都面临着一系列新的、复杂的挑战。公司内部创业障碍重重，而这些障碍大多来自公司的内部。了解这些障碍对推动公司内部创业是十分重要的。

一、公司内部创业的障碍

公司的传统管理方式注重的是程序化和稳定性，这与公司内部创业追求的创新和风险并不匹配。公司内部创业的障碍通常表现为传统管理方式无法适应公司创业与创业的要求。同时，传统管理方式带来的负面效应不利于员工施展创业才能，使其对创业行为望而却步。以下将从公司的内部，进一步归纳、阐述公司内部创业的主要障碍。

1．传统的管理技术

传统的管理技术应用于企业内创业往往是无效的，甚至是有害的。尽管这些管理技术的应用并非有意针对企业内创业和内企业家，但是其负面影响可能非常有碍内部创业，以至于事实上企业会尽力的避免内企业家的企业内部的创业行为。在传统的管理职能中，计划、组织、领导和控制的各个方面都有制约企业内部创业的因素，为了获得对内部创业的支持和培养内部创业的意识，高层决策者必须排除已经发现的障碍并寻求可行的管理举措以支持内企业家的企业内创业。

2．保守的企业文化

文化是企业的软环境和软约束，如果一个企业内部的文化对创业和创新没有持肯定的态度，没有形成一种内企业家发挥自己才能的空间和氛围，没有舆论和环境上的支持，没有形成对内企业家创业精神上的激励，那么内企业家在这样的企业文化中很难出现，或者即使有了苗头也会被扼杀在摇篮里。从这点上讲，要在企业内部形成不拘一格用人才的企业文化，支持创新，鼓励创业，对内企业家应该多给以正面的宣传，把他们树成典型，应形成明确的愿景和对创新的普遍支持的氛围。企业文化上的支持的潜力是很大的，只要能激发起个人进行创业的潜在欲望，整个企业就会有层出不穷的创新成果。

3．对于个人来讲，失败的成本太高以及成功的回报太少

失败对于创业来讲是家常便饭，因此企业应该给内企业家留有失败的空间和余地，给他们实践的机会，在遇到的失败的时候更多给予鼓励。当然，并不是说一味的宽容他们的失败，应该在企业内部形成一套评估机制，在遇到具体的失败时，要做具体的分析，看创业结果是内企业家的失误还是一些他们无能为力的外部因素的影响。而另一方面，对于成功的企业内部创业往往奖励的不够，企业家在进行创业时，一旦成功可以获得很大的收益，而内企业家成功时，却很难获得相应的报酬，因此，企业内部也应该完善对于企业内创业的激励机制。

4．现有组织的稳定状态所引起的惰性

企业往往包含一系列明确的或者暗含的规则和体系，一旦这些规则和体系确定下来，就很少有人愿意去改变。内企业家经常遭遇的问题就是企业内员工会说“我们一向如此，没必要变”，或者“变革会费事费力”之类的话。而且组织内人员往往还认为他们现有的工作程序都是最合理的，是解决问题的最恰当的办法。对于这种状况，除了企业文化上要做改变以外，企业的决策者一定要有意识地引入具有创业精神的内部企业家，正如著名的“鲶鱼理论”所揭示的那样，在沙丁鱼群中放一条鲶鱼，因为鲶鱼生性活跃，老在沙丁鱼群中窜来窜去，搞得沙丁鱼们都很紧张，处在紧张状态的沙丁鱼，就能保持较长久的生命力。

5．科层式组织本身

由于科层式组织造成的层级和部门之间的分割，组织内的知识和信息交流很不充分，内企业家要想发挥自己的才能空间有限，企业层级越多，新事物被采用的可能性越小。同时层级式组织容易造成思维和眼界狭窄，阻碍创业所需要的活跃思维。要想改变此现状一方面要提倡建立扁平化的组织结构，另一方面在组织的设计上，应该更注重有机式组织的采用，诸如项目小组和网络式组织的设立，在项目小组的运做中要使用并行方法，鼓励多个创业项目并行进行。还有就是加强企业内部的知识管理，形成知识的有效流动，建立学习型组织。此外，也可以考虑将企业内的创业部门与传统经营部门分开，进行各自不同的管理和考核。

6．缺乏有力的支持

企业家在企业内创业，需要多方面的支持，这首先就是高层决策者的支持，获得高层的支持是内企业家进行企业内创业的首要条件。此外，还有时间以及资金和人力上的支持，应该给内企业家充足的个人支配的时间，给其充足的经费，以及必要的人力，只有为创业提供了充分的条件，发挥企业的规模经济和范围经济的优势，才能更有效地在企业内部开展创业活动。很多企业没有看到内部创业存在的诸多困难。要么是观望性的尝试，既没有投入必要资源的决心也缺乏打持久战的耐心；要么是严格按照现有业务的管理模式，根本不考虑部门之间的协调配合与会遇到的困难；要么对创新的各个阶段缺乏清晰的认识，随意配置精力和资源，从而使得公司的创新成功率大幅降低。毫无疑问，离开企业一把手的亲自推动是根本不能做到的。因此老板必须要亲自督战，出面协调各方面所需配合的资源，并要制定严格的执行/考核计划，随时监控进展，只要稍一懈怠，必然导致各部门的推脱，致使新项目得不到及时、有力的资源支持。

除此之外，内部创业者的活力、生活态度、价值观等因素也都有可能成为公司内部创业顺利进行的障碍。

二、公司内部创业障碍的克服

要取得公司内部创业的成功，必须克服在创业之路上遇到的种种障碍。在对公司内部创业的障碍进行分析之后，下面将探讨能否克服这些障碍的相应策略。具体从企业和创业员工两方面考虑。

企业方面的考虑主要有以下几方面：

1．强大的资源支持

公司需要从利润中抽出一部分资金作为基金，用于资助那些具有可行性创业方案的员工，帮助其内部创业。除了资金支持外，企业在资源、机制上也要给予百分百的支持。企业的支持是员工内部创业成功最关键的因素。

2．宽松的创业环境

企业应该建立一个宽松的内部创业平台，为有潜质的员工尽可能地多提供发展机会，鼓励其去独立开拓某一领域，而非管头管脚。

3．必要的控制措施

企业要提供宽松的创业环境，但也不能对此不闻不问，而需要通过一些“遥控”措施来关心和指导员工创业。例如，企业投资的创业项目要与企业保持直接业务关系；企业要占有创业企业的一部分股份等，从而把员工的创业行为掌握在可控范围之内。

创业员工方面的考虑主要有以下几个方面：

1．周密的前期准备

员工内部创业的前提条件是知己知彼。一方面，要摸清企业的“底细”，了解公司是否具有一套完善的内部创业机制、能否给予创业员工各种支持、企业对创业失败的态度等问题；另一方面，要掂清自己的“分量”，看看是否具备了创业实力、创业计划是否具有可操作性、创业项目的市场前景是否乐观等。

2．合理的项目选择

任何一种创业方式都存在风险，内部创业虽然省去了自筹资金的烦恼，但在项目的选择、制度的建立、心态的调整等方面，都是考验创业者的一道道难题。特别是创业项目的选择，更是决定创业成功的关键因素。一般来说，创业公司的业务与母公司业务的关联性越大，就越容易成功，因此不要有“兔子不吃窝边草”的想法。

3．优秀的创业团队

在提倡合作的时代背景下，内部创业者除了具有创意以外，还必须是一名优秀的领导人，能在企业内部吸引所需的专业人才，共同组成创业团队，并同心协力，使创业团队能够安然度过最艰辛的创业初期。

4．最大化创造利润

记住，企业的资源不是“免费午餐”。企业投资支持员工内部创业，在帮助员工实现自我价值的同时，也希望员工为企业创造更多的利润。因此，对内部创业的创业者来说，虽执掌着创业企业的大权，但在项目决策、投资、管理时，要最大化地创造利润，达到“双赢”的目的。

本章小结

公司内部创业是增强企业核心竞争力、实现可持续发展的途径。其主要内容包括创新、价值创造、风险、战略更新等方面。

公司内部创业的原则主要有以下几个方面：清楚陈述公司未来的远景与目标；发掘企业内部具有创业潜力的人才，并加以鼓励支持；建立内部创业团队、寻找组织内保护人；赋予创业团队行动自由，但同时要求成果责任；采用红利分配与内部资本的双重奖励制度。

公司进行内部创业需要注意以下问题：内部创业要与本土企业文化相结合；要了解企业内部创业机制的真实意图；勇于在内部创业平台上释放激情。

公司内部创业活动的展开有多种模式，要取得内部创业的成功，就要选择与公司实现情况相匹配的创业模式。

公司内部创业存在传统的管理技术、保守的企业文化、失败的成本太高以及成功的回报太少等诸多障碍，只有克服了这些障碍，才能推进内部创业的顺利进行。

思考题

1. 如何理解公司内部创业的内涵？
2. 公司内部创业的基本原则有哪些？
3. 什么是公司内部创业模式？常用哪些模式？
4. 公司内部创业的障碍有哪些？如何克服？

小组活动

1. 分组研究一家内部创业做得比较好的公司，写出《汇报提要》并制作 PPT，汇报各小组的研究成果并相互点评，最后，老师对整个活动进行点评。

2. 对学校周边企业做一个调查，讨论其内部创业的可能性。

案例分析

海尔的内部创业生态

80后的路凯林在海尔工作了11年，曾负责整个海尔的笔记本业务（也称笔记本平台主）。2013年，路凯林发现传统的笔记本电脑并不能够很好地满足游戏发烧友的需求，于是带领四五个人聚焦于游戏本的研发和销售。他们在互联网上收集了3万多条意见，归纳成13类问题，然后整合了全社会的设计、研发和制造资源，开发出了一款全新的游戏本“雷神”。如今你上京东买笔记本电脑，就会发现“雷神”占据了显要的位置。

2013年12月雷神游戏本上线。随后，路凯林开始向海尔集团的孵化平台部门提交小微创业申请，并进行了相关路演。

2014年4月成立独立法人机构——雷神科技有限公司，由苏州海尔控股75%，团队持股25%，八个月后便获得了来自林喜创投的500万元天使投资。2015年4月获得来自紫辉创投的1500万元A轮融资。

2015年雷神科技全年收入2.5亿元，净利润1200万元。目前没有分红，而是设有超利分享原则，超出预期利润多少的不同会按照不同比例进行分享。路凯林说，去年他们的工资至少都是原来工资的几倍。

路凯林说，海尔的小微模式之所以能够做起来，除了架构独立之外，还有更重要的一点是，海尔平台资源的前期喂哺。供应链走的是苏州海尔工厂，借助其规模优势，上游广达、蓝天等模具供应商会给雷神同样的账期，下游互联网电商平台又必须提供部分定金。上下一抵消，使得雷神只需投入少量资金就可进入良性循环。

实际上，目前海尔集团内部已经有200多个小微企业，路凯林和他的“雷神”只是其中之一。

思考：

1. 路凯林在海尔的内部创业是属于哪种公司内部创业的模式？为什么？

2. 点评雷神游戏本的成功之处。

CHAPTER13

第十三章
创业风险与信用管理

学习目标

- 理解创业风险与创业信用管理的含义
- 了解大学生创业风险的来源和种类
- 了解我国企业信用管理的三种模式
- 掌握企业基本风险防范管理的方法
- 掌握创业信用管理的主要内容

关键词

创业风险；创业信用；风险防范方法；信用管理模式

引导案例

养鱼不当，血本无归

小刘毕业后凭借自己的努力，在电信公司谋了一份尚且稳定的工作，并且和恋爱多年的女友结了婚，一切似乎都很稳定。但渐渐地，小刘感觉到这样的生活并不是自己所希望的，他更想在一个属于自己的舞台上展现自己的风采。自己的命运要自己掌握，自己的天空要靠自己来打拼。凭借着这个人生信条，小刘毅然在2008年辞职，借着国家大力支持“三农”的春风下海经商，学农民搞养殖。

怀揣着3万元的小刘，走进了农村选择养鱼。那时，小刘是标准的城里人，按他的话说，就是“没摸过锄头的人”。他对怎么养鱼还是一无所知，于是他请教当地的养殖户、买养殖的书、问相关的专家，还要自己动手锄地，开垦鱼塘，从早忙到晚。

然而那一年，他的养殖场所在村搞土地调整，他的场子要被推倒重新划分，为配合当地整治，他只能亲手把养殖场推了，一下子血本无归。

这个实例告诉我们，在创业过程中存在多种风险，有的风险大，有的风险小，风险种类也不尽相同。要创业就要根据项目本身切实分析可能面临的创业风险，做到有备无患，否则容易血本无归。

第一节　创业风险管理

一、创业风险的来源

创业风险是由于创业环境的不确定性，创业机会与创业企业的复杂性，创业者、创业团队与创业投资者的能力与实力的有限性，而导致创业活动偏离预期目标的可能性及其后果。具体来说，外部经济市场与技术环境的不确定性变化，如宏观经济的波动或产业的巨变等都是创收风险的可能来源之一。然而，更深入的研究表明，由于创业的过程往往是将某一构想或技术转化为具体的产品或服务的过程，在这一过程中存在几个基本的、相互联系的缺口，它们是上述定义中不确定性的来源之一，以及复杂性和有限性的主要来源。也就是说，创收风险在给定的宏观条件下往往就直接来源于这些缺口。

1．融资缺口

融资缺口存在于学术支持和商业支持之间，是研究基金和投资基金之间存在的断层。其中，研究基金通常来自于个人资产、政府机构或公司研究机构，它既支持概念的创建，又支持概念可行性的最初证实；投资基金则将概念转化为有市场的产品原型（这种产品原型有令人满意的性能、对生产成本有足够的了解，并且能够识别是否有足够的市场），即创业者可以证明其构想的可行性，但往往没有足够的资金将其实现商品化，从而给创业带来了一定的风险。通常，只有极少数基金愿意鼓励创业者跨越这个缺口，包括富有的个人（通常在建立公司或开发新产品方面有非常丰富的经验）、专门投资于早期项目的风险投资公司以及政府资助计划等。

2．研究缺口

研究缺口主要存在于仅凭个人兴趣所做的研究判断和基于市场潜力的商业判断之间。当一个创业者最初证明一个特定的科学突破或技术突破可以成为商业产品基础时，他仅仅停留在自己满意的论证程度上。然而，这种程度的论证后来不可行了，在将预想的产品真正转化为商业化产品（大量生产的产品）的过程中，即具备有效的性能、低廉的成本和高质量的产品。在从市场竞争中生存下来的过程中，需要面对大量困难且可能投入耗资巨大的研究工作（有时需要几年时间），进而形成创业风险。

3．信息和信任缺口

信息和信任缺口存在于技术人员和管理者或投资者之间。也就是说，在创业中存在两种不同类型的人：一是技术专家，二是管理者/投资者。这两种人对创业有不同的预期、信息来源和表达方式。技术专家比较了解哪些内容在科学上是有趣的，哪些内容在技术层面上是可行的，哪些内容根本就是天方夜谭，无法实现。在失败的案例中，技术人员要承担的风险一般是在学术上声誉受到影响，以及没有金钱上的回报。管理者或投资者通常比较了解将新产品引进市场的程序，但当涉及具体项目的技术部分时，他们不得不相信技术人员。如果技术人员和管理者或投资者不能充分信任对方，或者不能进行有效的交流，那么这一缺口将会变得更大，带来的风险也更大。

4．资源缺口

资源与创业者之间的关系就如同颜料和画笔与艺术家的关系。没有颜料和画笔，艺术家的构思则无从实现。创业也是如此，没有所需的资源，创业者将一筹莫展，创业也就无从谈起。在大多数情况下，创业者不一定也不可能拥有所需的全部资源，这就形成了资源缺口。如果创业者没有能力弥补相应的资源缺口，要么创业无法起步，要么在创业中受制于人。

5. 管理缺口

管理缺口是指创业者并不一定是出色的企业家，不一定具备出色的管理才能。进行创业活动主要有两种，一是创业者利用某一新技术进行创业，他可能是技术方面的专业人才，但却不一定具备专业的管理才能，从而形成管理缺口；二是创业者往往有某一“奇思妙想”，可能是新的商业点子，但在战略规划上不具备出色的才能或也不擅长管理具体的实务，从而形成管理缺口。

二、大学生创业的主要风险

1. 管理风险

创业失败者基本上都是管理方面出了问题，其中包括决策随意、信息不通、理念不清、患得患失、用人不当、忽视创新、急功近利、盲目跟风、意志薄弱等。特别是大学生知识单一、经验不足、资金实力和心理素质明显不足，更会增加在管理上的风险。

2. 资金风险

资金风险在创业初期会一直伴随在创业者左右的。是否有足够的资金创办企业是创业者遇到的第一个问题。企业创办起来后，就必须考虑是否有足够的资金支持企业的日常运作。对于初创企业来说，如果连续几个月入不敷出或者因其他原因导致企业的现金流中断，都会给企业带来极大的威胁。相当多的企业会在创办初期因资金紧缺而严重影响业务的拓展，甚至错失商机而不得不关门。

3. 竞争风险

寻找蓝海是创业的良好开端，但并非所有的企业都能找到蓝海。更何况，蓝海也只是暂时的，所以，竞争是必然的。如何面对竞争是每个企业都要随时考虑的事，而对初创企业更是如此。如果创业者选择的行业是一个竞争非常激烈的领域，那么创业之初极有可能受到同行的强烈排挤。一些大企业为了把小企业吞并或挤垮，常会采用低价销售的手段。对大企业来说，由于规模效益或实力雄厚，短时间的降价并不会对它造成致命的伤害，反之对初创企业则可能意味着彻底毁灭的危险。因此，考虑好如何应对来自同行的残酷竞争是企业生存的必要准备。

4. 团队分歧的风险

现代企业越来越重视团队的力量。企业在诞生或成长过程中最主要的力量来源一般都是创业团队，一个优秀的创业团队能使企业迅速发展起来。但与此同时，风险也就蕴涵在其中。团队的力量越大，产生的风险也就越大。一旦创业团队的核心成员在某些问题上产生分歧不能达到统一时，极有可能会对企业造成强烈的冲击。事实上，做好团队的协作并非易事。特别是出现与股权、利益相关联问题时，很多初创时合作良好的伙伴都会闹得不欢而散。

5．核心竞争力缺乏的风险

对于具有长远发展目标的创业者来说，他们的目标是不断地发展壮大企业，因此，企业是否具有自己的核心竞争力就是最主要的风险。一个依赖别人的产品或市场来打天下的企业是永远不会成长为优秀企业的。核心竞争力在创业之初可能不是最重要的问题，但要谋求长远的发展，就成为最不可忽视的问题了。没有核心竞争力的企业终究会被淘汰出局。

6．人力资源流失的风险

一些研发、生产或经营性企业需要面向市场，大量高素质专业人才或业务队伍是这类企业成长的重要基础。防止专业人才及业务骨干流失应当是创业者时刻注意的问题，在那些依靠某种技术或专利创业的企业中，拥有或掌握这一关键技术的业务骨干的流失是创业失败最主要的风险源。

7．意识上的风险

意识上的风险是创业团队最内在的风险。这种风险来自于无形，却有强大的毁灭力。风险较大的意识有投机的心态、侥幸心理、试试看的心态、过分依赖他人的心理、回避的心理等。

三、一般企业的风险管理

风险管理是指人们对各种风险的认识、控制和处理的行为，它要求人们研究风险发生和变化的规律，估算风险对社会经济生活可能造成损害的程度，并选择有效的手段有计划、有目的地处理风险，以期用最小的成本代价，获得最大的安全保障。成熟企业都有一个专门部门和高层经理主管企业所面临的风险，以使风险损失对实现企业目标的负面影响最小化。企业规模较小的，其风险管理的任务主要落在创业家身上。

迄今为止，风险管理已经形成了一般的管理原则，成熟企业通常依此来管理其所面临的风险。风险管理的程序一般包括以下几个环节：风险识别、风险评估、风险管理方法的选择和风险管理效果的评价等环节。

1．风险识别

企业和个人都会面临许多潜在的风险。识别风险是管理这些风险的第一步，它是指对企业面临的现实以及潜在的风险加以判断、归类并鉴定风险性质的过程。存在于企业周围的风险多种多样，这些风险在一定时期和某一特定条件下是否客观存在，存在的条件是什么，以及损害发生的可能性等都是风险识别阶段应该回答的问题。识别风险主要包括感知风险和分析风险两个方面。风险的识别对传统的经营管理有至关重要的意义，识别如经营活动、财务活动、战略活动等风险暴露来源为主的企业风险，有助于企业目标的实现，也有助于企业的健康发展。

2．风险评估

风险评估是指在风险识别的基础上，通过对所收集的大量的详细损失资料加以分析。这一阶段可按照相关损失发生的概率进行分类，进行损失概率的评估，同时对损失的规模与幅度进行分析，从而使风险分析定量化。把风险发生的概率、损失的程度与其他综合因素结合起来考虑，确定系统发生风险的可能性及其危害程度，通过比较管理风险所支付的费用，决定是否需要采取风险控制措施，以及控制措施采取到什么程度，从而为管理者进行风险决策、选择最佳风险管理技术提供可靠的科学依据。

3．风险管理方法的选择

在风险评估的基础上，为实现风险管理的目标，选择最佳的风险管理技术是风险管理的实质性内容。风险管理技术分为控制型与财务型两大类。前者的目标是降低损失的频率和减少损失的幅度。重点在于改变引起意外事故和扩大损失的各种条件。后者的目的是以提供基金的方式，消化发生损失的成本，即对无法控制的风险进行财务安排，对于有些情况，最好的计划是什么也不做，但在大多数情况下，可能要安排复杂的方法为潜在的损失融资。

4．风险管理效果的评价

在作出风险管理方法选择的决策后，个人或企业必须实施其所选择的方法。风险管理应该是一个持续的过程，对实施的效果进行评价是必需的。有时新出现的风险暴露与预期的损失概率或损失幅度发生了明显的变化，需要对原有决策进行重新评价。

风险管理的效果评价是指对风险管理技术的适用性及其收益情况进行的分析、检查、修正和评估，这是风险的动态性所决定的。通过效果的评价，以保证具体管理方法与风险管理目标相一致，并使具体的方案具有可操作性和有效性。

常用的风险处理方式有以下几种：

风险处理是指通过不同的措施和手段，用最小的成本达到最大安全保障的过程，风险处理的方式很多、但最常用的是避免、自留、预防、抑制和转嫁。

（1）避免

避免是指设法回避损失发生的可能性。即从根本上消除特定的风险单位或中途放弃某些既有的风险单位。它是处理风险的一种消极方法。避免方法通常在两种情况下采用：一是某种特定风险所致损失的频率或损失的幅度相当高时，二是在用其他方法处理风险而成本大于收益时。

没有风险就没有收益、避免风险虽然简单易行，但它却意味着收益机会的损失。因此、对企业而言、采用避免的方法在经济上是不适当的。在某些情况下避免了某一风险又会产生新的风险。

（2）自留

自留是指对风险的自我承担，是企业自我承担风险损失的一种方法。自留风险有主动自留与被动自留两种。风险自留常常在风险所致损失概率和幅度较低、损失短期内可以预测，以及最大损失不影响企业财务稳定性时采用。在这样的情况下采用风险自留的成本要低于其他风险处理方式的成本，且方便有效。但是，风险自留有时也会因为风险单位数量的限制而无法实现其处理风险的功效。一旦发生风险事故，可能导致财务上的困难而失去其作用。

（3）预防

损失预防是指在风险损失发生前为了消除或减少可能引发损失的各种因素而采取重于人类行为教育的一种方法，如企业安全教育、消防培训等。

（4）抑制

损失抑制是指在损失发生时或在损失发生后为缩小损失幅度而采取的各项措施。损失抑制的一种特殊形态是割离，它是指将风险单位割离成很多小的独立单位而达到缩小损失幅度的一种方法。损失抑制常常是在损失幅度高且风险又无法避免或转嫁的情况下采用，如损失发生后的各种自救和损失处理等。

（5）转嫁

转嫁是指一些企业或个人为避免承担风险损失，有意识地将损失或与损失有关的财务后果转嫁给另一个单位或个人去承担的一种风险管理方式。风险管理者会尽一切可能回避并排除风险，把不能回避或排除的风险转嫁给第三者，不能转嫁的或损失幅度小的可以自留。

转嫁风险的方式主要有两种：保险转嫁和非保险转嫁。保险转嫁是指向保险公司缴纳保险费并同时将风险转给保险公司承担。当风险事故发生时，保险人按照保单的约定得到经济补偿。非保险转嫁又具体分为两种方式，一是转让转嫁，二是合同转嫁。前者一般适用于投机风险，如当股市行情下跌时卖出手中的股票。后者适用于企业将具备风险的生产经营活动承包给他人，并在合同中规定由对方承担风险损失的赔偿责任，如通过承包合同将某些生产、开发程序或产品销售转给他人等。

对企业而言，究竟选择哪种风险管理方式更合理，则需要根据对风险评估的结果和具体的环境进行选择。对于损失金额很小的风险宜采用自留的方式。而对那些出现概率大，损失金额高的风险，如财产责任风险，则宜采用转嫁的方式。而对诸如人力资源风险、财务风险、项目选择风险、环境风险等其他风险则宜采用预防和抑制的方法来处理。

四、企业的基本风险防范管理方法

当需要用综合的办法来管理风险的时候，很多处于创业阶段的企业所采用的仅依靠通过购买商业保险来分散风险的方法，对于一个希望健康成长的企业来说是远远不够的，因为它们所面临的风险远远不止这些可保风险。所以，企业的管理者必须了解风险的来源、并在此基础上建立一整套风险管理的程序，在需要的时候可以分别或综合地加以使用。

1．预防风险

企业所面临的各种风险，可以用众所周知的方法加以减小，预防办法是消除可能产生风险的条件。例如，一中小企业可以采用多种方式来预防火灾，使用更安全的建筑结构，如使用防火的建筑材料、能够承受最大的使用载荷的电线；在需要的地方使用报警设施和安全门；安装一套自动喷淋系统。对其他风险也可从风险产生的环境入手进行分析，找到相应的减小甚至消除风险的办法。

2．自我保险

明智的财务计划总是未雨绸缪，这一理念与企业的风险管理也是相适应的。这种风险管理方式常被称为自我保险，尽管在实际的商业运作中很难实施，因为这需要付出一定的成本。

自我保险可以采用一般方式或特殊方式。在一般方式中，企业每年必须从营业利润中拿出一笔钱作为未来可能发生损失的基金，无论风险的来源如何，其带来的损失都可从这笔基金中得到补偿。在特殊方式中，自我保险的程序是指定基金的专门用途，用于某些特定的风险损失，如财产、医疗或对职工的补偿。

很明显，自找保险计划并不是每个企业都可以提供的，因为企业的资金状况往往并不很宽裕。据美国学者对创业小企业风险管理的研究，一个小公司必须具有至少 25 万美元的净值、并至少有 15 个人时，才有可能从事这方面的工作。当然，这并不是一个绝对的条件。当面临较大的责任风险险时，企业就应该创造条件进行自我保险，除非这些企业在可能的损失领域都进行了商业保险，使其免于遭受较大的损失。

3．风险分担

随着科学技术的发展，市场竞争程度的加剧，产品的生产周期越来越短，市场对产品的要求不断提高，这样企业不仅要有高水平的各类研究开发人员，还要具有优良的研究设施和成熟稳定的销售渠道。但是，企业的规模、企业科研实力和财力总是有限的，技术创新的能力和市场营销的能力也是有限的，要求一个企业在一切领域有高水平的各类人才和设备，对企业来说不太现实，因此，在创业过程中的许多方面寻求协作和联盟是必不可少的。

另外，由于创新具有较大的风险，为了加强企业的薄弱环节和分散创新风险，与其他企业和科研单位共同研究开发的情况也屡见不鲜。因为这样既可以极大地减少投资风险，也可以弥补大多技术型创业者管理能力的相对欠缺。市场开拓能力是决定企业成败的关键因素，因此，联合开发、共同营销策略不失为减少创业风险的有效。

无论企业的性质的差异有多大，风险管理对企业来说都是一个严肃的课题，对创业企业来说更重要。过去，企业的失败率很高，最主要的原因是由于它们没有足够的风险管理技术、或者是其主要的管理者对风险管理没能给予足够的重视。这种情况经过主观努力是完全可以改变的，企业的管理者必须在其公司进行风险管理的过程中起到积极作用。

第二节　创业信用管理

企业信用管理是企业管理的一个重要组成部分，是有效防范和控制信用风险发生及发生程度的一种管理机制。

一、创业信用管理概述

1．创业信用管理的内涵

创业信用管理是指创业企业通过制订信用政策，指导和协调与信用销售有关的部门，在信用销售各个环节中开展的客户信息收集和评估、信用额度的授予、债权保障、回收账款等一系列管理活动。

广义的信用管理是指企业为获得他人提供的信用或授予他人信用而进行的以筹资或投资为目的的管理活动都属于企业信用管理的范畴。

狭义的信用管理是指企业为提高竞争力，扩大市场占有率而进行的以信用销售为主要内容的管理活动。具体来说，狭义的企业信用管理是指通过制定信用管理政策，指导和协调内部各部门的业务活动，对客户信息进行收集和评估，对信用额度的授予，债权保障，应收账款回收等各交易环节进行全面监督，以保障应收账款安全和及时收回的管理。

在现代社会中，不论企业是普通制造业、商业和服务业，还是金融和外贸行业。只要企业采用赊销的交易方式，信用管理就是必不可少的。

创业企业不确立信用管理思路，没有信用管理程序的设计和企业管理职能的重新分配，也就没有科学的企业管理，企业的赊销目标很可能会被与之俱来的信用风险给抵消，造成总体利润的降低。

2. 创业信用管理三种模式

目前，我国企业的信用管理，大致有以下三种模式：由销售部门负责信用管理工作；由财务部门负责信用管理工作；建立独立的信用管理部门从事相关工作。

（1）由销售部门负责信用管理工作

这是我国最流行的信用管理方式，在进出口企业尤为突出。企业采用这种方式的原因主要是：一方面，信用管理贯穿于营销业务的始终，从资信调查、评估、债权保障，到应收账款的回收等，无不与销售业务密切相关，所以销售人员比任何人员都清楚业务进展情况和客户的信用履行状况；另一方面，销售人员处在经营活动的第一线，直接面对和接触客户，对于客户的品格、经营情况、资金状况、信誉等方面情况相对更加了解一些或掌握得更为全面。

以上两方面的原因往往是企业产生大量坏账的根源。创业企业最为突出的一个问题是，如果把授予客户信用的权利和业务执行的权利集中在销售部门，就缺乏了应有的监督和控制机制。业务人员或业务部门为追求销售额和销售业绩考核指标，往往就会降低对客户的信用要求，甚至不考虑客户的信用。

在创业初期，销售人员会受到来自客户信用销售的压力，在千方百计地谋求扩大业务量的心理驱使下，销售人员往往会降低客户信用的要求，或扩大信用限额，或改变付款条件，或延长放款期限。

（2）由财务部门负责信用管理工作

由于财务部门对应收账款的管理起着举足轻重的作用，对企业信用政策的松紧程度极为敏感，作为流动资产组成部分的应收账款管理被“理所当然”地划归财务部门来管理。持这种观点的企业管理者还认为，信用额度的授予关系到企业资金的分配，在这种分配过程中，只有财务人员才能够更好地将企业有限的资金统筹安排。

然而，事实证明，创业企业财务部门负责信用管理往往是失败的管理，这主要与财务部门的工作性质有关。一方面，他们对于信用管理的大多数知识知之甚少，不能够像业务人员一样与客户讨论销售合同条款的细节或起草正规的追讨信函。另一方面是保守。正是由于财务人员这一“先天缺陷”，当财务部门被委以信用管理的重任后，企业会逐步呈现出业务量下降、客户减少、利润降低的衰退现象，甚至走向保守销售的极端。

（3）建立独立的信用管理部门从事相关工作

企业信用管理部门是平行于企业其他各业务部门的独立部门，它保证信用管理人员客观、公正和独立地开展工作，增强信用部门的制约力，充分发挥其特有的信用管理作用。信用管理人员熟悉信用管理各个环节，他们可以在不同的情况下确定合适的成交条件，实行全程信用管理和监督。

由于不论是财务部门负责还是销售部门兼管，都不能够把开展信用管理作为主要的工作职责和范围，这些部门或多或少都会对从事的工作有所偏重，甚至会被利益驱动而不顾信用管理的工作责任。

信用管理部门的建立，既控制了销售部门只追求数量、不考虑风险的轻率和盲目，防止坏账的产生，又推动企业使用更灵活的贸易方式寻找商机，扩大业务。信用管理部门企业是内部各部门之间的相互配合、相互促进和相互制约的统一体。

在企业创业初期，企业规模小，资源有限，往往信用管理意识比较薄弱，设立独立的信用管理部门进行信用管理的难度较大。但是，在市场经济越来越成熟、企业不断发展的条件下，设立信用管理部门完全是出于企业管理的现实需要：一是实现对客户信用资信管理的需要；二是促进有效销售的需要；三是强化信用风险控制的需要；四是增强企业内部风险意识的需要。

二、创业信用管理的主要内容

1．制定信用管理政策

信用管理政策，又叫信用政策，是指企业为避免和减少信用销售（赊销）带来的损失而制定的一系列业务管理原则、标准和风险控制方法。

2．做好客户资信调查

客户资信调查属于前期信用管理范畴，是企业防范风险的第一步。它的实质就是探求调查对象（客户）的事实和真相，借以判断其信用的优劣，并作为是否决定授予信用的重要依据。

客户资信调查具有真实性、综合性、前瞻性、合作性、机密性和差别性等特点。做好客户资信调查，可以起到如下作用：（1）避免及减少信用风险；（2）提高社会道德水准；（3）活跃金融市场；（4）促进交易，协助市场经济发展。

3．做好客户信用核查

企业在与一家客户有长期交易时，对客户的赊销额是不断变化的。企业要有相应的机制来监控这种赊销额的变化——即风险的变化，以决定与客户进行信用交易的策略。

4．做好客户信用评估

信用管理部门可以利用客户的付款记录、财务情况、内部信息、外部信息等进行综合加权平均来评估客户，评估结果用于确定客户的信用额度和信用条款。

5．设立客户信用额度

确定客户的信用额度通常采用的方法有：

（1）参考其他债权人所给予的信用额度；

（2）低额启动，随经验增长；

（3）按时间段确定购买数量；

（4）以信用调查机构的评级为基础；

（5）计算客户信用额度。

6．做好企业赊销管理

企业赊销管理的基本工作有：

（1）了解企业客户；

（2）计算允许的赊销额；

（3）稳妥签订赊销单；

（4）及时收取账款。

7．做好应收账款管理

这一部分内容主要包括对企业债权的保障、管理和追收做出规定。

在保障措施中，企业要针对不同业务的风险，对风险较大的业务采用信用保险、保理、信用证、动产和不动产抵押等债权保障措施，同时规定业务操作的规范。在管理和追收过程中，企业要对如何管理应收账款进行详细规定。通常，企业将这一部分做成专门的收账手册。

8．做好企业担保管理

担保是指保证人和债权人双方的约定。当债务人不履行债务时，保证人要按照约定履行债务或者承担责任。企业担保管理工作的任务就是防范担保风险的发生。为此应做到：

（1）要做好事先预防；

（2）要做到事中监督；

（3）对出现的问题，需事后及时补救。

9．确立企业内部控制机制

企业的内部控制机制主要为3个方面：

（1）交易前期信用管理——客户信息审查机制

客户是企业交易的对象，通过交易能够满足企业利益最大化的需求。客户是企业的财富来源，也是信用风险产生的来源。企业要想规避风险产生，在交易之前就必须做好对客户信用信息的收集和风险评估工作 。

（2）交易中期信用管理——控制保障机制

企业在交易过程中产生的风险主要根源在于企业内部的管理和控制，由于相关人员和相关部门在销售业务上缺乏规范和控制，对客户资料收集不全面、客户资料评审不认真、授信额度确定不严谨等等任何一个环节的松懈和不负责任都会导致风险发生。

实践证明，信用管理人员良好的素质与负责的工作责任是防止风险发生的一个重要环节。

为此，企业要严格控制程序，严格授信制度，使企业与客户建立直接的信用关系，保障信用交易的顺利进行。

（3）交易后期信用管理——账款回收机制

为保证账款及时收回，企业应制定和实施相关的管理制度：应收账款总量控制制度；销售分类账款管理制度；账款控制与货款回收管理制度；债权管理制度。

10．做好信用风险管理

信用风险管理是指企业运用信用工具从事信用活动时，对所面临的各种风险的识别、衡量、控制与转移的科学管理方法。

信用风险分为可控风险和不可控风险。所谓可控风险，是指企业可以通过提高信用管理水平和借助信用管理服务来规避、控制、降低、转移的风险。所谓不可控风险，是指那些因“不可抗力”引起的风险。

三、创业信用管理流程

所谓创业信用管理流程，是一个从调查了解客户开始、经过赊销决策、账款产生直至账款回收的全程信用管理监控流程，它是一个动态的过程，主要包括事前控制、事中控制和事后控制 3 个阶段。

1．事前控制

事前控制侧重于客户选择。

通过对客户的初步筛选，排除掉交易价值不大和风险明显较大的客户，选择有潜力客户和风险不确定客户进行资信调查，调查时广泛利用企业内外部渠道，以确保客户信息的完整和准确；

有关客户信用信息的收集、使用和维护，应有统一的管理规定和制度，这些规定和制度要明确到具体业务流程中去，并有考核和激励措施；

有条件的企业对客户信息管理要实现计算机化，即建立客户数据库，并配备信用管理软件或客户关系管理软件。

2．事中控制

事中控制侧重于科学地发放信用和应收账款管理。

基于业务人员收集到的信息和销售建议及外部渠道对客户的资信调查结论，由专门的人员对客户信用进行分析，得出结论和信用销售决策意见，交给主管部门或经理审批，科学地发放信用。

企业应有明确的客户信用审批程序，针对不同类型客户和不同情况的信用政策，外挂于计算机系统上的自动信用评估模型，使评估分析和信用决策能够较快做出，并实现与客户数据库和日常监控工作的集成。

企业应不断完善自己的标准合同文本，使其漏洞和条款风险尽量减少，非标准合同文本要经过严格的评审，避免合同条款风险和履约风险。事中控制中最重要的工作是应收账款的跟踪和管理。

3．事后控制

事后控制侧重控制履约风险和逾期账款追收。

一方面，加强对客户账款的监控，提醒客户付款的时间越早，提醒的方式越高明，越能及早收回账款，对于逾期账款则要尽早采取恰当的催收方式。

另一方面，企业内部要协调好各部门的关系，做好合同履行工作，对于经常出现的履约问题应反馈到签约前，做到签约前就注意不再出现类似问题。

对账款回收工作要制定考核指标体系，方便考核和改进工作，并很容易发现问题所在，及时纠正。

企业信用管理流程的三个过程的每一步流程，都要有具体的管理方法和控制措施，并形成企业管理制度体系以确保实现。

信用管理部门对企业经营管理全过程以及每一个关键的业务环节和部门进行综合性的风险控制，尤其重视正式签订合同之前对客户的资信调查评估，即“事前控制”，对交易决策的审核，即“事中控制”，以及应收账款的专业化管理，即“事后控制”。

据有关权威部门统计，实施事前控制可以防止 70%拖欠风险；实施事中控制可以避免 35%的拖欠；实施事后控制可以挽回 41%的拖欠损失；实施全面控制可以减少 80%的坏账。

四、企业信用管理流程的操作方法

企业信用管理流程其实就是一项赊销管理业务的全过程，其信用管理操作方法主要表现为下列工作过程中：

（1）当业务部与客户达成合作意向后，以赊销方式交易的业务应转向信用管理部。信用管理部负责通过各种渠道全面了解这家客户的信息。

（2）收集到的信息反馈给业务部，以确认是否与业务部门所掌握的情况一致。

（3）在第 2 步的同时，信用管理部利用掌握的信用资料对客户的信用状况进行审查，以确定使用的赊销条件是否合理。

（4）在信用管理部对该业务发放信用额度后，合同也就可以进入执行阶段。

（5）货物发出后，信用管理部要对发货单和发票等凭据的开出和寄给客户的时间做详细登记和跟踪，到货后要求客户出具书面的确认说明货物已到达并且符合要求，以保证客户不会因单据问题或货物质量问题而拖延或拒付货款。

（6）在信用期内，信用管理部要在适当的时候与客户进行联系。一方面提醒客户按时付款；另一方面可以对客户的经营状况做及时的了解 。

（7）信用期过后，如果客户没有按时付款，信用管理部应将该业务置于收账流程之中。信用管理部利用各种可能的手段进行货款的回收，包括内部催收和外部的追讨。

（8）收到货款之后，作为一项业务已经结束了，但信用管理部的工作没有结束。信用管理部应对整个业务过程中有关客户的信用信息、付款习惯和拖欠的行为整理归档。

本章小结

创业风险是由于创业环境的不确定性，创业机会与创业企业的复杂性，创业者、创业团队与创业投资者的能力与实力的有限性，而导致创业活动偏离预期目标的可能性及其后果。

创业风险的来源是多方面的，概括起来主要包括：融资缺口、研究缺口、信息和信任缺口、资源缺口和管理缺口。

大学生创业的主要风险有：管理风险、资信风险、竞争风险、团队分歧的风险、核心竞争力缺乏的风险、人力资源流失的风险和意识上的风险。

一般企业的风险管理包括风险识别、风险评估、风险管理方法的选择和管理效果的评价四个环节。

企业的基本风险防范管理方法主要有三种：预防风险、自我保险和风险分担。

创业信用管理是指创业企业通过制定信用政策，指导和协调与信用销售有关的部门，在信用销售各个环节中开展的客户信息收集和评估、信用额度的授予、债权保障、回收账款等一系列管理活动。

目前，我国企业的信用管理，大致有以下三种模式：由销售部门负责信用管理工作；由财务部门负责信用管理工作；建立独立的信用管理部门从事相关工作。

创业信用管理的主要内容包括：制定信用管理政策、做好客户资信调查、做好客户信用核查、做好客户信用评估、设立客户信用额度、做好企业赊销管理、做好应收账款管理、做好企业担保管理、确立企业内部控制机制和做好信用风险管理。

所谓创业信用管理流程，是一个从调查了解客户开始、经过赊销决策、账款产生直至账款回收的全程信用管理监控流程，它是一个动态的过程，主要包括事前控制、事中控制和事后控制三个阶段。

思考题

1. 创业风险有哪几个主要来源?
2. 大学生创业风险有哪几种?
3. 一般企业常用的风险处理方式有哪些?
4. 企业基本风险防范管理的方法有哪些?
5. 如何理解创业信用管理?
6. 目前，我国企业的信用管理有哪几种模式?
7. 创业信用管理的主要内容包括哪些方面?

小组活动

1. 讨论某一具体创业项目，列出经营中可能存在的各种风险，并提出应对措施。

创业风险	分析	对策

2. 讨论并编写一份企业信用管理流程及每阶段的信用管理措施。

案例分析

杨慧的第二次创业遇到了哪些风险?

杨慧是广州某职业技术学校毕业生。由于学的是计算机应用，电脑编程、硬件维护等，他在读书的时候便开始帮助顾客装配电脑。刚毕业时，他将在读书时挣到的几万元钱全部投资，在龙洞开了一个小电脑店，以装机、维修服务为主要经营业务。

一年之后，杨慧得知他的母校正想投资建设机房。经过反复商谈，他和母校定下了合作模式：他出资为学校购置电脑，在学校需要上课的时候免费为学生提供上机时间；学校则为其提供机房来交换。杨慧的盈利，则来自学校上课时间之余向学生有偿开放的收入。只用了两年时间，他和朋友投资的十几万元便收回了。高峰的时候，他拥有400多台电脑，个人每个月收入达到数万元之多。

机房业务走入正轨，杨慧却突然宣布：将所有机房的业务交给家里人，并规定自己不能再拿机房的收入开销，他要孑然一身进行自己的二次创业!恰在此时，一个朋友刚开发出来一套超市收银系统软件。杨慧再次发现了其中的商机，决定将这个产品商业化。他联系上另一位同学，3个人一起创办了一家软件公司。

公司创办伊始，他们身兼数职：开发、公司行政、产品推销、客户服务。起初几个月，3个人每人每月只有1000多元的工资，勉强够自己生活，还经常在公司打地铺……如何打开业务局面?三个人边干边思考着。

他们的竞争对手太多，有的也很强大。于是，他们将目光投向竞争对手不屑于做的二线城市市场。一次，他们为一家新开业的小超市提供服务时，杨慧几人为赶在开业之前装好系统，整整三天两夜没有合眼。这样拼命的态度给对方留下了深刻的印象!在开业的时候，客户将杨慧等人介绍给所有到来捧场的同行，说“这几个年轻人很实在”。杨慧他们一下子在业内打出了自己的名气。

不久，那家新开的小超市在当地又开了30多家分店，其中的25家都使用杨慧公司的软件和服务。而来找他们的其他超市也越来越多。到2007年，杨慧的公司拥有五六十家超市客户，公司规模也不断扩大。此后，公司将产品交给了代理商，由其为自己打开市场，这时候的产品，除了珠三角地区之外，还卖到山东、福建等地，杨慧的第二次创业再次宣告成功。

2008年9月，公司发展到最高峰时却陷入困境。因为经济形势不好，客户回款滞后，公司后续资金出现紧张，进货与开拓市场都受到严重限制。

在公司处于半倒闭状态下，3个创办人的理念出现了分歧。最后的结果是走了两个，只留下了杨慧自己。经过一年多艰苦的跋涉，杨慧终于又挺了过来，公司再次显现生机！杨慧深有感触地说："这些年我得到最宝贵的经验便是——坚持是最重要的，只要心中有梦想，就不要轻易放弃！"

思考：

1. 创业没有常胜将军，遭遇风险时该怎么办？

2. 杨慧的第二次创业遇到了哪些风险？这些风险是如何产生的？应如何应对？

[1] [美]罗伯特·D. 赫里斯，迈克尔·P. 彼得斯. 王玉，王蕾，等译. 创业学【M】. 北京：清华大学出版社，2004.

[2] 鲁百年. 创新设计思维——设计思维方法论以及实践手册【M】. 北京：清华大学出版社，2015.

[3] 杨家军. 机械创新设计与实践【M】. 武汉：华中科技大学出版社，2014.

[4] 奚国泉. 创业基础【M】. 北京：清华大学出版社，2013.

[5] 郭占元. 创业基础：理论应用于实训实练【M】. 北京：北京大学出版社，2014.

[6] [美]吉姆·斯担塞. 创业融资【M】. 上海：复旦大学出版社，2012.

[7] 郎宏文，郝婷，高晶. 创业管理【M】. 北京：科技出版社，2011.

[8] 刘沁，陈文化. 创业学【M】. 北京：北京大学出版社，2012.

[9] 胡剑锋，彭学兵. 创业管理：理论、流程与实践【M】. 北京：高等教育出版社，2012.

[10] 张可君，吕时礼. 创业实务【M】. 北京：北京师范大学出版社，2011.

[11] 刘沁玲，陈文化. 创业学【M】. 北京：北京大学出版社，2012.

[12] 陈德明. 大学生创业规划【M】. 广州：广东高等教育大学出版社，2014.

[13] 李敏等. 企业信用管理【M】. 上海：复旦大学出版社，2015.

[14] 刘晋波. 大学生创业指导与风险规避【M】. 上海：立信会计出版社，2013.

[15] 杜俊峰. 大学生就业与创业指导【M】. 天津：南开大学出版社，2012.

[16] 李伟，唐新国，何斌. 大学生创新创业指导教程【M】. 北京：中国书籍出版社，2013.